Gesegnetes Leben

Gesegnetes Leben

Spirituelle Vorträge
von
Swami Ramakrishnananda Puri

Mata Amritanandamayi Center, San Ramon
Kalifornien, Vereinigte Staaten

Gesegnetes Leben
Spirituelle Vorträge von Swami Ramakrishnananda Puri

Herausgegeben von:
Mata Amritanandamayi Center
P.O. Box 613
San Ramon, CA 94583
Vereinigte Staaten

–––––––––––––––– *The Blessed Life (German)* ––––––––––––––––

Erstausgabe vom MA Center: September 2016

In Deutschland: www.amma.de

In der Schweiz: www.amma-schweiz.ch

In India:
inform@amritapuri.org
www.amritapuri.org

Widmung

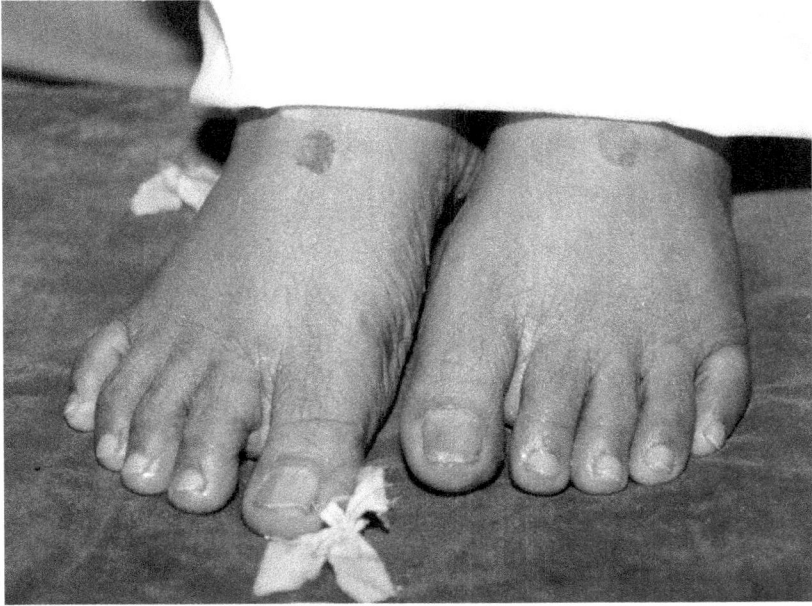

In Demut bringe ich dieses Buch den Lotosfüßen meiner
geliebten Meisterin Sri Mata Amritanandamayi dar.

Durlabham trayam ev'aitat daiv'ānugraha-hetukam;
manuṣyatvaṁ mumukṣutvaṁ mahā-puruṣa-saṁśrayah.

Drei Dinge sind wahrlich schwierig und nur
durch göttliche Gnade zu erreichen: Das Dasein
als Mensch, die Sehnsucht nach Befreiung und die
Zufluchtnahme bei einem Mahapurusha.

—Viveka Chudamani (I.3)

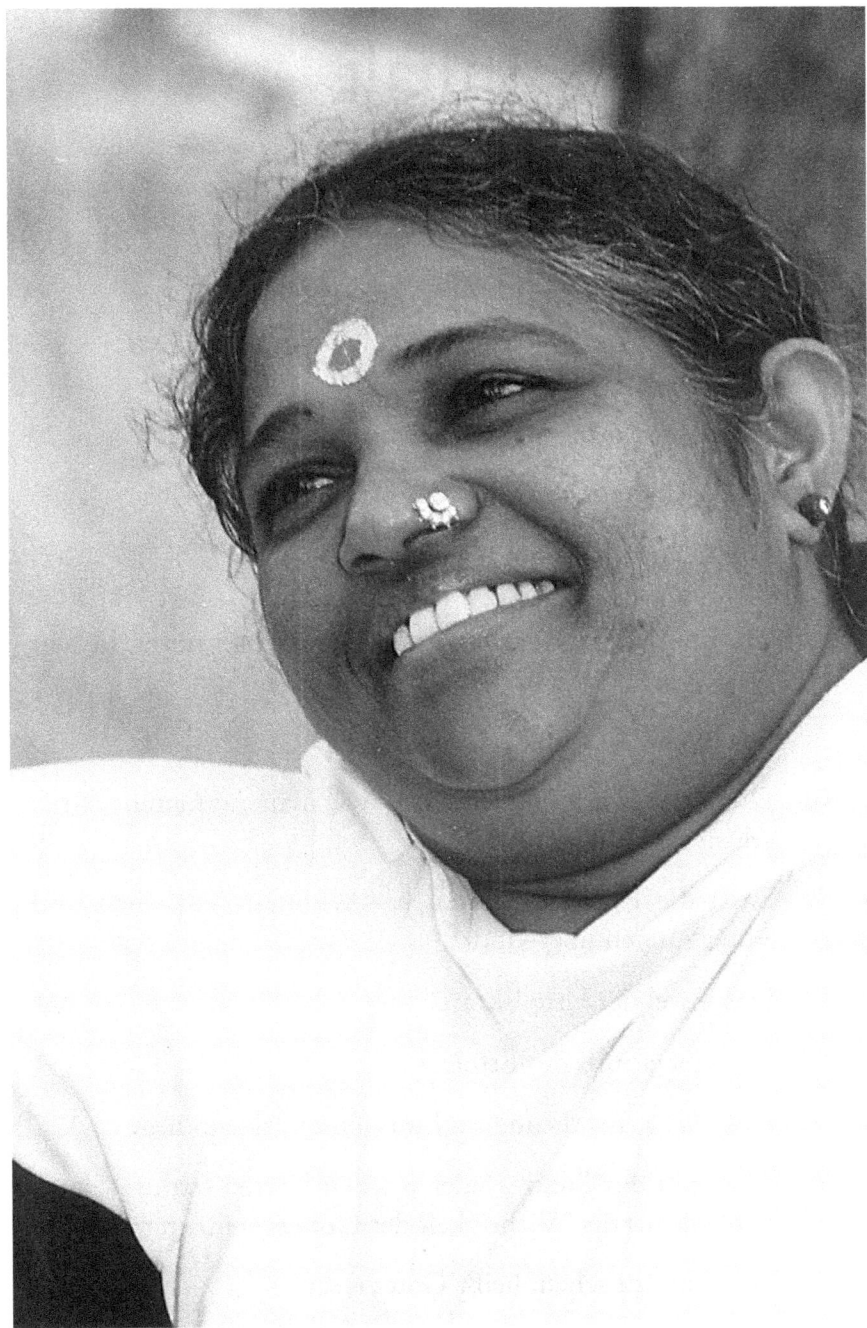

Inhalt

Einführung

Im Alter von 22 Jahren arbeitete ich in einer Bank in Südkerala. An Spiritualität war ich nicht besonders interessiert. Zwar war ich in einer traditionellen Brahmanenfamilie aufgewachsen, doch hatte ich der Religion oder dem geistigen Leben niemals viel Beachtung geschenkt. Eines Tages kam ein Kunde in die Bank und erzählte mir von einer jungen Heiligen, die unter dem Namen „Amma" bekannt war. Sie lebte in einem nahe gelegenen Fischerdorf. Eines Abends entschied ich mich aus einer Laune heraus, zu ihr zu fahren. Ich wollte in eine Bank nahe meiner Heimatstadt versetzt werden und dachte, wenn sie denn wirklich eine Heilige wäre, könnte ihr Segen mir vielleicht bei der Erlangung dieses Zieles behilflich sein.

Amma saß in einem kleinen Tempel. Zu meiner Überraschung stellte ich fest, dass ihre Art, Menschen zu segnen, darin bestand, jeden einzelnen zu umarmen. Als die Reihe an mich kam, machte ich dasselbe wie alle anderen: ich kniete mich vor sie hin und legte meinen Kopf in ihren Schoß. Als sie mich dann aber umarmte, fing ich spontan überaus heftig zu weinen an. Ich hatte seit meiner Schulzeit nicht mehr geweint, doch in Ammas Armen waren meine Wangen von Tränen überströmt. Ich hatte keine Erklärung, was mir da widerfuhr und dachte nur: „Nichts läuft falsch in meinem Leben; ich bin nicht im geringsten traurig. Warum weine ich also? „ Ich fühlte mich so, als ob sich mein Herz vollständig geöffnet hätte – ich empfand völlige Verwundbarkeit und zur gleichen Zeit absolute Geborgenheit, erfuhr eine wunderbare Leichtigkeit im innersten Wesen. Obwohl ich Amma eigentlich um einen Segen bitten wollte, wurde ich mir bewusst, dass ich nicht imstande war, ein Wort herauszubringen.

An diesem Abend geschah noch etwas anderes, das sogar einen tieferen Eindruck auf mich machte. Als der *darshan*[1] sich dem Ende zuneigte, wurde noch eine Person hineingerufen. Ein Leprakranker namens Dattan betrat den Tempel und ging zu Amma hinauf. Er besaß eine besondere Art von Lepra, die seinen Körper an bestimmten Stellen aufgerissen hatte; Eiter und Blut liefen von den Wunden herab. Ein äußerst widerwärtiger Geruch ging von ihnen aus.

Fast jeder im Raum machte ein entsetztes und angeekeltes Gesicht. Die Leute hielten sich mit den Zipfeln ihrer Kleidung die Nase zu. Einige von ihnen – offenbar besorgt, Dattans Krankheit könnte ansteckend sein – liefen geradewegs aus dem Tempel hinaus. Ich war versucht, es ihnen gleich zu tun, doch irgendetwas hielt mich davon ab. Was aber dann geschah, überschritt all meine Vorstellungskraft.

Ohne das geringste Zögern und mit einem Ausdruck glühenden Mitgefühls auf ihrem Gesicht ließ Amma Dattan, der vor ihr kniete, seinen Kopf in ihren Schoß legen und begann seine Wunden zu untersuchen. Zu meinem Erstaunen saugte sie den Eiter aus ihnen heraus und spuckte ihn in eine Schüssel. Andere offene Stellen leckte sie ab und benetzte sie mit ihrem Speichel[2]. Während ich mir dies anschaute, drehte sich alles in mir und ich dachte, ich würde ohnmächtig werden. Einige andere Personen,

---

[1] Das Wort *darshan* bedeutet wörtlich „sehen". Traditionell ist der Anblick eines Heiligen, eines Standbildes Gottes gemeint oder einer Vision des Herrn. In diesem Buch bedeutet „*darshan*" Ammas mütterliche Umarmung, die ebenfalls eine Segnung ist.

[2] Es wird gesagt, dass der Speichel eines wahren Meisters Heilkräfte besitzt. Tatsächlich schlossen sich innerhalb von ein paar Jahren die wunden Stellen Dattans; noch heute besucht er hin und wieder den *ashram* - zwar mit einigen Narben versehen, doch inzwischen befreit vom Leid dieser schrecklichen Krankheit.

die in der Nähe standen, schlossen ihre Augen, unfähig, den Anblick des Ganzen zu ertragen.

Amma benötigte etwa zehn Minuten, um diese Prozedur zu beenden. Danach trug sie etwas heilige Asche auf seinen Körper auf. Ich dachte: „Träume ich oder ist es Wirklichkeit, was da vor meinen Augen geschieht?" Hier, so empfand ich, war jemand, der sogar Gott in seiner Liebe und seinem Mitgefühl übertraf. Selbst eine Mutter würde zögern, etwas derartiges bei ihrem eigenen Kind zu tun, doch hier war jemand, der es bei einem fremden, an Lepra erkranktem Bettler tat! Instinktiv begriff ich, dass der Kranke bei ihr besser aufgehoben war als irgendwo sonst auf der Welt. In diesem Augenblick entschied ich, dass ich, komme was da wolle, immer bei Amma bleiben würde; niemals würde sie verlassen.

Als ich sie das nächste Mal besuchte, hieß sie mich nahe bei ihr sitzen und forderte mich auf, zu meditieren. Ich eröffnete ihr, dass ich niemals zuvor in meinem Leben meditiert hatte. Sie lächelte nur und meinte: „Kein Problem. Setz' dich hier hin und mache die Augen zu." Ich tat einfach, was sie mir sagte. Ich schloss also meine Augen und erlebte wenig später einen tiefen, unsagbaren Frieden. Nach einer Weile – ein paar Minuten, wie mir schien – öffnete ich die Augen und stellte fest, dass ich drei Stunden dort gesessen hatte! Ich dachte, mit meiner Uhr könnte etwas nicht stimmen und fragte jemand anderen, wie spät es sei. Es stimmte tatsächlich: drei Stunden waren vergangen. Ich empfand tiefe Freude und Zufriedenheit.

Auch am nächsten Tag hielt die Erfahrung dieses wunderbaren Gefühls von Leichtigkeit noch an. Ich ging zur Bank, konnte mich aber nicht auf die Arbeit konzentrieren. Ich fühlte mich völlig losgelöst von allem. Es dauerte fast eine Woche, bis ich wieder zurück bei meinem „alten Selbst" war. Trotzdem konnte ich Amma und das unaussprechliche Geschenk, das sie mir gemacht hatte, nicht vergessen – faktisch bestand es ja in nichts anderem, als dass sie einfach nur sie selbst war.

Als ich Amma das dritte Mal besuchte, überreichte sie mir ein Bild von *Madurai Minakshi*, einer Gestalt der Göttlichen Mutter, deren Standbild im bekannten, gleichnamigen Tempel Madurais, meiner Heimatstadt, zu finden ist. Immer hatte ich diese besondere Gottheit angebetet, doch wie konnte Amma das wissen?

Nach diesen anfänglichen Erfahrungen fragte ich mich oft: „Wer ist Amma eigentlich wirklich?" Manchmal fragte ich sie ganz direkt. Niemals gab sie darauf eine Antwort; sie lächelte einfach nur. Eines Tages aber, als ich über die Gestalt von *Minakshi Devi* meditierte, sah ich mit meinem inneren Auge, wie Amma auf die Gestalt dieser Göttin zuging und schließlich mit ihr verschmolz. Mir wurde klar, dass das die Antwort auf meine Frage war – Amma war niemand anderer als die Göttliche Mutter selbst. Dies ist mein fester Glaube.

Bevor ich Amma traf, bestand meine größte Sorge darin, ob das Bett in dem Zimmer, das ich gemietet hatte, auch bequem und das Essen schmackhaft genug sei. Ich sehnte mich die ganze Zeit nach den Gerichten, die meine Mutter zubereitete und nach meinem weichen Bett zu Hause. Jetzt aber, da ich bei Amma lebte, war es normal für mich, jede Nacht auf dem sandigen Boden zu schlafen. Das wenige, was es zu essen gab, war extrem schlicht, und dennoch war ich vollkommen zufrieden.

Amma zeigte mir, dass das wirklich Wichtige im Leben nicht in körperlichen Bequemlichkeiten besteht, auch nicht in materiellen Vergnügungen und weltlichen Beziehungen, sondern in der Verwirklichung des Atman, des Lichts des Bewusstseins, welches das gesamte Universum durchdringt, stützt und erleuchtet: es ist das wahre Selbst aller Wesen (sarvatma).

Diejenigen von uns mit religiösen Vorprägungen glauben vielleicht, dass sie eine Seele haben, doch normalerweise betrachten wir sie als ein endliches, abgetrenntes Wesen, das fast denselben Begrenzungen wie der Körper unterliegt. *Sanatana dharma*³ sagt uns jedoch, dass es nur eine Seele gibt, die in allen Wesen präsent ist. Diese Seele oder das Selbst kann am besten als Gewahrsein beschrieben werden, als das „Ich", das losgelöst ist von allen Bedingungen und Umständen. Wenn wir tief nach innen schauen, werden wir feststellen, dass dieses „Ich" das einzig Beständige in einer Welt der Vergänglichkeit darstellt, dass es alldurchdringend ist und die Erfahrung seines reinen Zustandes dazu führt, in höchster, ewig andauernder Wonne aufzugehen.

Dem Mullah Nasruddin wurde einmal die Frage gestellt: „Was ist für die Menschheit von größerem Wert, die Sonne oder der Mond?" „Natürlich der Mond", antwortete der Mullah ohne das geringste Zögern. „Nachts brauchen wir das Licht viel mehr als tagsüber."

„Ebenso wie der Mullah nicht begriff, dass der Mond sein Licht einzig und allein der Sonne verdankt, vergessen auch wir, dass die Schönheit und Anziehungskraft des Universums dem *Atman* entliehen sind.

Wenn wir wirklich das gesegnete Leben führen wollen, das Amma uns anbietet, müssen wir lernen, uns mehr auf unser wahres Selbst zu konzentrieren. Das bedeutet nicht, dass wir die Dinge, die die Welt uns zu bieten hat, nicht mehr genießen sollen; doch können wir die Q u e l l e ihrer Existenz auch nicht mehr so einfach ignorieren. Amma macht das am Beispiel eines Picknicks deutlich. Obwohl wir uns im Park entspannen, die Aussicht und die Leckereien genießen, die wir mitgebracht haben, vergessen wir dennoch nie unser Zuhause und die Tatsache, dass wir bald dorthin zurückkehren werden. In ähnlicher Weise

---

³ *sanatana dharma* = „ewiges Gesetz" oder auch „ewige Religion", „ewige Essenz"; dieser Begriff ist die ursprüngliche Bezeichnung dessen, was in der modernen, westlich geprägten Zivilisation „Hinduismus" genannt wird.

sollten wir niemals unser wahres Selbst, den *Atman,* vergessen und ebenso wenig die Tatsache, dass dieser allein für ewig bei uns bleibt. Ammas Segnungen sind ewig für uns da. Ob wir sie empfangen, hängt von unserer Aufnahmebereitschaft ab. Wenn ein Eimer umgedreht wird, kann er nicht voll werden, selbst nicht beim heftigsten Regenschauer. Ein Zimmer bleibt selbst am hellsten Sommertag dunkel, wenn wir keine Anstalten machen, die Fenster zu öffnen. Ebenso müssen wir möglicherweise einige Änderungen in unserer Lebensführung vornehmen, wenn wir empfänglich werden wollen. Wir werden in diesem Buch die Arten von Handlungen und inneren Einstellungen erörtern, die wir uns zu eigen machen können, um geläutert zu werden. Sie werden uns dazu verhelfen, Ammas Gnade in uns einfließen zu lassen, damit unser Leben zu einem wirklichen Segen wird

Swami Ramakrishnananda Puri
Amritapuri, 27. September 2005

Ammas Leben: in ihren eigenen Worten

„Solange in diesen Händen genug Kraft ist, sie denjenigen entgegenzustrecken, die zu ihr kommen, ihre Hand auf die Schulter eines Weinenden zu legen, wird Amma damit fortfahren, Menschen zu liebkosen, sie zu trösten und ihre Tränen fortzuwischen bis zum En de dieser sterblichen Hülle – das ist Ammas Wunsch."

—— Amma

Amma, die in einem abgelegenen Küstendorf im südindischen Kerala geboren wurde, sagt von sich selbst, dass sie schon immer um eine höhere Wirklichkeit jenseits der veränderlichen Namen und Formen wusste. Sogar als Kind brachte sie jedermann Liebe und Mitgefühl entgegen. In ihren eigenen Worten: „Ein ununterbrochener Strom von Liebe fließt von Amma zu allen Lebewesen in diesem Kosmos. Es ist ihre angeborene Natur."

Über ihre frühen Jahre sagt sie: „Seit ihrer Kindheit fragte sich Amma, warum die Menschen dieser Welt leiden müssen. Warum müssen sie arm sein? Warum hungern? So sind etwa die Menschen der Region, in welcher Amma aufwuchs, Fischerleute. Manchmal fahren sie zum Fischen hinaus, fangen aber überhaupt nichts. Aus diesem Grund gibt es Zeiten, in denen sie ohne Nahrung auskommen müssen, manchmal für mehrere Tage. Amma kam diesen Dorfbewohnern sehr nahe und hatte viele Gelegenheiten, durch Beobachtung ihres Lebens und ihrer Schwierigkeiten etwas über die Natur der Welt zu lernen.

Amma erledigte alle Aufgaben im Haushalt. Eine davon bestand darin, die vielen Kühe und Ziegen der Familie zu füttern.

Daher musste sie täglich 30 bis 40 Häuser in der Nachbarschaft aufsuchen, um Tapiokaschalen und andere Essensreste zu sammeln. Wann immer sie diese Wohnungen aufsuchte, stellte sie fest, dass die Menschen leiden mussten, sei es aufgrund hohen Alters, sei es aufgrund von Armut oder Krankheit. Amma saß bei ihnen, hörte sich ihre Probleme an, nahm Anteil an ihrem Leid und betete für sie."

Wann immer sie Zeit fand, brachte sie diese Menschen zum Haus ihrer Eltern. Dort machte sie ihnen ein heißes Bad und fütterte sie, gelegentlich stahl sie auch Dinge aus dem eigenen Haus, um sie diesen hungernden Familien zu geben.

Amma fand heraus, dass Kinder, wenn sie jung und von ihnen abhängig sind, für ein langes Leben der Eltern beten. Wenn diese Kinder aber erwachsen geworden sind, empfinden sie ihre nun alt gewordenen Eltern als eine Last. Sie denken: ‚Warum soll ich für sie all diese Arbeit machen?' Sie zu füttern, ihre Kleider zu waschen und sie zu umsorgen erscheint denselben Kindern, die früher für das lange Leben der Eltern beteten, nun als eine Bürde. Amma fragte sich immer: Warum gibt es all diese Widersprüche in der Welt? Warum gibt es keine wirkliche Liebe? Was ist die wahre Ursache für all dieses Leid und worin besteht die Lösung?

Schon von früher Kindheit an wusste Amma, dass einzig Gott – das Selbst oder die höchste Kraft – Wahrheit ist und dass die Welt keine absolute Realität besitzt. Daher war sie für lange Zeitabschnitte in tiefer Meditation versunken. Ammas Eltern und Verwandte verstanden nicht, was da vor sich ging. Aufgrund von Unwissenheit begannen sie, sie zu beschimpfen und sich ihren spirituellen Übungen entgegenzustellen.

Amma jedoch lebte ganz in ihrer eigenen Welt und blieb von der Kritik und den Bestrafungen ihrer Familie völlig unberührt. Während dieser Zeit musste sie die Tage und Nächte draußen unter freiem Himmel verbringen und auf Nahrung und Schlaf verzichten. Es waren Vögel und andere Tiere, die sich nun um sie kümmerten, ihr etwas zu essen brachten und sie aus ihren tiefen Versenkungszuständen aufweckten."

Amma sagt: „In der Meditation und den ganzen Tag hindurch suchte Amma nach der Quelle aller Sorgen und Leiden, die sie um sich herum wahrnahm. An einem bestimmten Punkt fühlte sie, dass das Leid auf karma-phala, auf die Früchte der vergangenen Taten der Menschen zurückzuführen ist. Doch damit war Amma nicht zufrieden und suchte tiefer. Daraufhin kam von innen die Antwort: ‚Wenn es ihr karma ist, zu leiden, ist es dann nicht dein *dharma*¹, ihnen zu helfen?' Wenn jemand in eine Grube fällt, ist es dann richtig, einfach vorbeizugehen und zu sagen: ‚Oh, es ist sein karma, auf diese Art zu leiden'?

Nein, es ist unsere Pflicht, ihm herauszuhelfen. Indem sie ihr Einssein mit der gesamten Schöpfung wahrnahm, erkannte Amma, dass ihre Aufgabe im Leben darin besteht, der gequälten Menschheit zu helfen. Damals begann sie ihre spirituelle Mission und verbreitet seither die Botschaft von Wahrheit, Liebe und Mitgefühl überall in der Welt, indem sie alle und jeden empfängt."
Heute verbringt Amma die meiste Zeit des Jahres damit, die Welt innerhalb und außerhalb Indiens zu bereisen, um die leidende Menschheit durch ihre Worte und den Trost ihrer liebenden Umarmung aufzurichten. Ihr ashram ist für 3000 Menschen das Zuhause, abgesehen von tausenden täglichen Besuchern aus Indien und der ganzen Welt. Sowohl die Ashram-Bewohner als auch die Besucher werden durch Ammas Beispiel inspiriert und widmen sich dem Dienst an der Welt. Innerhalb von Ammas weitem Netzwerk karitativer Projekte

---

¹ *dharma* heißt im Sanskrit eigentlich: „das, was (die Schöpfung) aufrechterhält." Das Wort besitzt je nach Kontext verschiedenartige Bedeutungen. Hier bedeutet es „Pflicht".Weitere Bedeutungen sind „Eigenschaft", „universelles Gesetz", „Rechtschaffenheit", „Individualseele" oder „Harmonie".

bauen sie Häuser für die Obdachlosen, zahlen armen Menschen Altersrenten aus und gewährleisten die ärztliche Versorgung von Kranken. Zahllose Menschen aus aller Welt tragen ihren Teil zu diesen liebevollen Anstrengungen bei. Erst kürzlich erfuhr Amma internationale Anerkennung für die Tatsache, dass sie 23 Millionen Dollar für die Direkthilfe und Rehabilitation von Tsunamiopfern in Indien, Sri Lanka sowie den Andaman- und Nicobarinseln zur Verfügung stellte.

„Am Ende", sagt Amma, „ist Liebe die einzige Medizin, die die Wunden der Welt heilen kann. In diesem Universum ist sie es, die alles miteinander verbindet. Wenn dieses Bewusstsein in uns dämmert, wird alle Disharmonie verschwinden. Dann wird beständiger Frieden herrschen."

Teil 1

Wir haben Grund, dankbar zu sein

„Die menschliche Geburt ist kostbar. Sie ist ein Geschenk Gottes.“

– Amma

KAPITEL 1

Der Segen des Daseins als Mensch

Obwohl Gott in allen Lebewesen, in allen Gegenständen, wie auch in dem Raum zwischen ihnen gegenwärtig ist, so besitzen doch nur wir Menschen die Fähigkeit, unser angeborenes Einssein mit dem höchsten Bewusstsein, das die gesamte Schöpfung durchdringt, zu erkennen.

Diese Einsicht (Verwirklichung) zu erlangen ist in der Tat der eigentliche Zweck unseres Daseins. Wenn wir unser Leben nicht dazu nutzen, Anstrengungen zu unternehmen, besagtes Ziel zu erreichen, werden wir nur immer tiefer im Sumpf der Anhaftung und dem damit verbundenen Leid versinken. Wenn wir in unseren Gedanken, Worten und Handlungen nachlässig sind, kann es sogar sein, dass wir in einer niedrigeren Lebensform wiedergeboren werden.

Es wird gesagt, dass die Seele sich durch Millionen niedrigerer Lebensformen entwickeln muss, bis sie die menschliche Stufe erreicht – da ist der Grashalm, der Baum, der Wurm, der Vogel, welcher diesen frisst und so viele andere Lebensformen verschiedenster Größe und Gestalt. In der buddhistischen Überlieferung wird folgender Vergleich angeführt: ein Vogel hält einen Streifen Seide in seinem Schnabel. Einmal im Jahr fliegt dieser Vogel über die Spitze eines Berges und streift dabei den Gipfel ganz leicht mit dem Stück Seide. Es wird nun gesagt, dass die Zeit, die der Vogel benötigt, um den ganzen Berg durch die kurze Berührung mit der Seide abzutragen, in etwa der Zeitdauer entspricht, die eine Seele braucht, um sich zu einem menschlichen Wesen hinaufzuentwickeln. Daraus mag man ersehen, wie wertvoll das menschliche Leben ist.

In der Tat ist das menschliche Dasein ein Segen, allerdings kann es zu einem Fluch werden, wenn wir von ihm nicht in der rechten Weise Gebrauch machen. Wir alle haben von Menschen gehört, die in einem Augenblick der Verzweiflung sagen: „Ich wünschte, ich wäre tot."

Aber angenommen, man geht zu diesen verzweifelten Personen hin und bietet ihnen eine Million Dollar im Tausch für ihre Hände an – sie werden vielleicht auf eine Niere verzichten, aber niemals auf ihre Hände. Auch werden sie nie ihre Beine, ihre Augen, ihren Kopf oder ihr Herz aufgeben; diese Liste lässt sich beliebig fortsetzen. Kürzlich las ich in einer Zeitung, dass man nicht etwa nur eine Maschine, sondern eine ganze Fabrik im Werte mehrerer Millionen Dollar benötigte, würde man alle Funktionen der menschlichen Leber mechanisch erzeugen wollen. Wenn man derartige Berechnungen anstellt, kann man sich klar darüber werden, dass Gott einiges in uns Menschen „investiert" hat. Amma sagt, dass selbst ein normaler menschlicher Körper, ganz abgesehen von den ihm zugehörigen menschlichen Qualitäten, von unschätzbarem Wert ist. Unglücklicherweise haben die meisten von uns nicht die leiseste Idee, wie man von diesem kostbaren Geschenk des menschlichen Daseins den rechten Gebrauch macht. Bevor ich Amma traf, befand ich mich in einer ähnlichen Situation. Ich hatte keinen Begriff davon, worauf es im Leben wirklich ankommt oder wie es gelebt werden sollte.

Wenn wir uns ein neues Gerät anschaffen, finden wir in der Packungsbeilage immer auch eine Gebrauchsanweisung, die alle wichtigen Informationen enthält, die wir benötigen, um den Gegenstand auf eine sichere und effektive Weise zu benutzen – damit wir das Beste von ihm haben. Doch gibt es eine

Anschaffung, für die wir keine Gebrauchsanweisung besitzen. Wenn wir geboren werden, bekommen wir keine Gebrauchsanweisung für unseren Körper mitgeliefert und auch keine darüber, wie wir friedvoll und glücklich leben und den Sinn unserer Geburt in dieser Welt realisieren können.

Wenn solch eine Gebrauchsanweisung existierte, würden wir sie dann nicht zu sehen verlangen? Würden wir sie nicht jeden Tag sorgfältig durchlesen? Es gibt eine solche Gebrauchsanweisung für die menschliche Geburt. Das Leben und die Unterweisungen eines *sadgurus* (wahrer Meister) wie Amma stellen die klarste und beste Anleitung dar, das volle Potential unseres Lebens zu nutzen, und zwar in der größtmöglichen Harmonie mit der gesamten Schöpfung.

Der Mensch wurde nicht geschaffen, um sich einfach wie irgendein Tier mit Essen, Schlafen, Fortpflanzung und bloßem Überleben zu begnügen. Der Zweck der menschlichen Geburt und des menschlichen Körpers besteht darin, die Höhen der Selbst-Erkenntnis *(Atma-jñana)* zu erreichen, d.h. die Erkenntnis, dass unsere wahre Natur nichts anderes ist als das höchste Bewusstsein. Natürlich wird es Schwierigkeiten und Hindernisse geben – je höher das Ziel, desto größer die Hindernisse. So ist zum Beispiel der Abschuss einer Rakete in den Weltraum mit vielen Gefahren und Herausforderungen verbunden: die Rakete muss zunächst einmal jenseits der Erdanziehungskraft gelangen. Sie muss der ungeheuren Hitze der äußeren Atmosphäre standhalten und in ihrer Umlaufbahn bleiben. Wenn irgendetwas schief geht, können die Menschen im Inneren der Raumkapsel ihr Leben verlieren - und dennoch riskieren sie alles für dieses Ziel. Würde die Rakete auf dem sicheren Erdboden verbleiben, gäbe es nicht die geringste Gefahr; das eigentliche Ziel einer Rakete ist jedoch die Erforschung des Weltraums, nicht wahr? Was ist der Nutzen einer Rakete, die niemals die Erde verlässt?

In ähnlicher Weise existiert auch für einen Menschen, der wie ein Tier dahinlebt und sich lediglich mit Essen und Schlafen beschäftigt, keine große Gefahr – doch werden von ihm aller Wahrscheinlichkeit nach auch keine großen Ziele erreicht. Niemand zwingt uns auf den spirituellen Pfad; es hängt von jedem einzelnen ab, zu entscheiden, was er aus seinem Leben machen will. Doch nachdem wir einmal die Gebrauchsanweisung für ein bestimmtes Gerät durchgelesen haben, fühlen wir uns auch dazu gedrängt, es so wirkungsvoll wie nur möglich zu benutzen. In ähnlicher Weise werden wir dann, wenn wir das Leben und die Lehren der großen Meister aufrichtig studiert, die Schriften gelesen und die dort niedergelegten spirituellen Prinzipien in die Praxis unseres eigenen Lebens umgesetzt haben, sicherlich auch das Beste aus dieser seltenen und kostbaren Segnung eines Menschenlebens machen wollen.

❁

KAPITEL 2

Wissen, was wir nicht wissen

Ein Mann kommt in eine psychiatrische Klinik und sieht zwei Herren an einem Tisch sitzen. Beide sind hervorragend gekleidet, gut aussehend und wirken vollkommen normal. Beeindruckt von ihrer Erscheinung geht der Mann auf einen der beiden zu und fragt ihn: „Entschuldigen Sie, mein Herr, können sie mir sagen, warum der andere Mann sich hier in dieser Klinik befindet? Er wirkt so normal."

Der erste Mann antwortet: „Oh nein, er ist völlig verrückt. Er glaubt, er sei Jesus Christus." Amüsiert fragt der Besucher ihn: „Und woher wissen sie, dass er es nicht ist?"

Der erste Mann antwortet: „Weil ich Gott bin – und ich kenne ihn überhaupt nicht!"

Diese Antwort scheint verrückt zu sein, aber was er sagt, ist wahr: „Ich bin Gott, und kenne ihn nicht einmal." Wir sind tatsächlich alle Gott, aber wir sind uns dessen nicht bewusst. Selbst wenn wir es auf eine intellektuelle Weise „wissen", ist es nicht Teil unserer Erfahrung.

Alle großen Meister haben versucht, uns zur Verwirklichung dieser einen Wahrheit zu führen. Christus sagt: „Liebe deinen Nächsten wie dich selbst." Mohammed sagt: „Wenn der Esel deines Feindes krank wird, sorge für ihn wie für deinen eigenen." Amma formuliert es sogar noch deutlicher: „Ihr seid nicht verschieden von mir. Ich bin ihr und ihr seid ich."

Wir mögen die Richtigkeit ihrer Worte anzweifeln, doch kein Zweifel kann daran bestehen, dass es sich hier – jenseits von bloßem Glauben – um Ammas persönliche Erfahrung handelt.

Wenn Amma unsere Sorgen und Schmerzen nicht als ihre eigenen erfahren und unsere Probleme nicht als ihre Probleme betrachten würde, wäre es ihr dann möglich, die Welt derart lange Zeit – Tage, Monate und Jahre – auf ihren Schultern zu tragen? Wir mögen schon oft gehört haben, dass Amma in den letzten Jahren 24 Millionen Menschen *darshan* gegeben hat, doch haben wir je darüber nachgedacht, was das eigentlich bedeutet? Als Dr. Jane Goodall Amma im Jahr 2002 den Gandhi-King-Preis für Gewaltlosigkeit überreichte, beschrieb sie Amma als jemanden, der 21 Millionen Menschen *darshan* gegeben hat. Dann hielt sie einen Augenblick inne und sprach, zum Publikum gerichtet: „Bedenken Sie: 21 Millionen Menschen." Das Publikum dachte darüber nach und brach sofort in donnernden Beifall aus. Wenn wir einen Schritt zurücktreten und ihr Leben, wie sie es wirklich gelebt hat, Revue passieren lassen, können wir klar erkennen, dass Amma das vollkommene Beispiel der höchsten Wahrheit darstellt, wie sie in den vedischen Schriften formuliert wird: Ich bin Du und Du bist ich.

Sie weiß, dass die verbale Vermittlung von Theorien allein nicht ausreicht, um eine Veränderung in der Welt zu bewirken. Daher spricht sie für etwa 30 bis 45 Minuten und gibt dann für 6 bis 24 Stunden *darshan*. Auf diese Weise zeigt sie uns, wie man Gott in jedem Lebewesen und in allen Dingen wahrnehmen kann. Ohne ein solches Beispiel vor Augen tendieren wir dazu, den Befehlen unseres Gemütes zu folgen, die durch nichts anderes als unsere eigensüchtigen Zu- und Abneigungen motiviert sind. Das leuchtende Beispiel der Weisen aus alter Zeit lag immer in unserer Reichweite – und Amma ist hier und jetzt für uns verfügbar. Wenn wir es unterlassen, uns darum zu bemühen, von Amma zu lernen, wie man diese menschliche Geburt angemessen nutzt und das Ziel des Lebens erreicht, ist es sinnlos, unseren Schöpfer – Gott – für die Probleme verantwortlich zu machen, die wir selbst erschaffen.

Der griechische Philosoph Epiktet schrieb: „Es ist für jeden Menschen unmöglich, etwas zu lernen, wovon er glaubt, er wisse es schon."

Um aus der Gelegenheit, von einem wahren Meister zu lernen, Vorteil zu ziehen, müssen wir bereit sein zuzugeben, dass wir augenblicklich nicht die geringste Ahnung haben, wie man sein Leben auf intelligente Weise gestaltet. Zumindest sollten wir einsehen, dass es Dinge gibt, die wir nicht kennen. Während einer von Ammas letzten Europatouren betrat eine Gruppe wild aussehender Jugendlicher die Darshan-Halle. Sie verhielten sich rüpelhaft und lärmend, so dass sich einige Leute bei den Organisatoren über ihr respektloses Verhalten beschwerten. Sie schienen betrunken zu sein oder möglicherweise Drogen konsumiert zu haben und man betrachtete sie misstrauisch. Nach einer Weile erfuhren die Organisatoren, dass einer von ihnen ohnmächtig geworden war. Sofort nahm jeder an, dass es auf übermäßigen Alkoholkonsum oder auf eine Überdosis an Rauschmitteln zurückzuführen sei. Nachdem man einen Notarzt bestellt hatte, wurde Amma über die Situation informiert und man teilte ihr mit, dass er vermutlich betrunken sei. Amma verlangte, man solle den Jugendlichen sofort zu ihr bringen.

Sie schaute ihn an und steckte ihm ein Bonbon in den Mund. Sie wies die Anderen an, ihn irgendwo hinzulegen. Die Devotees sahen argwöhnisch zu, wie sie mit der Situation umging. Auch ich war ziemlich besorgt und sagte zu Amma: „Einem berauschten Menschen Süßigkeiten zu geben wird seinen Zustand nur verschlechtern."

Wie üblich gab Amma mir einen sehr guten spirituellen Ratschlag: „Sei ruhig."

Einige Minuten später trafen die Notärzte ein und untersuchten den Jungen gründlich. Entgegen der allgemeinen Erwartungen bestand das Problem des Jungen darin, dass sein Blutzuckerspiegel gefährlich niedrig war. Die Ärzte sagten, Amma habe genau das Richtige getan, als sie ihm eine Dosis Zucker gab. Als Amma das nächste Mal in diese Stadt kam, brachte der junge Mann viele seiner Freunde mit, um Amma zu sehen. Das erste Mal war er nur gekommen, um Spaß zu haben, aber diesmal suchte er wirklich Ammas Gnade zu erlangen.

Natürlich ist die menschliche Natur so beschaffen, dass wir immer denken, wir seien im Recht. Wir haben so viele Vorurteile und irrige Vorstellungen über uns selbst und andere; darüber, was das Beste für sie und für uns ist. Selbst wenn sich herausstellt, dass sie völlig falsch sind, empfinden wir trotzdem Widerwillen, uns von den Vorurteilen zu lösen.

Dies erinnert mich an eine Geschichte, die ich einmal über einen Mann gehört habe, der auf der Straße zufällig mit einem alten Freund zusammenstieß. Er musterte die Person, die vor ihm stand, und obwohl er ihn fast nicht erkannt hätte, war er sich sicher, dass es sich um einen alten Freund handelte. Er lief auf ihn zu, schlug ihm auf den Rücken und rief aus: „Hey Joe! Wie ist es dir ergangen, altes Haus? Ich hab' dich ja ewig nicht mehr gesehen. Du hast ja bestimmt 30 Pfund zugelegt! Siehst aus, als ob du einen halben Meter gewachsen wärst. Und wie ich sehe, hast du deine Nase durch plastische Chirurgie verändern lassen. Sogar deine Haare hast du gefärbt! Ich traue meinen Augen nicht!"

Der vollkommen verblüffte Fremde erwiderte: „Ich bitte um Entschuldigung, aber mein Name ist nicht Joe."

Bestürzt antwortete der erste Mann: „Oh mein Gott, selbst deinen Namen hast du geändert!"

Auch wir versuchen immer – unbeeindruckt von den offensichtlichen Fakten vor unseren Augen – die Dinge mental so zu drehen und zu manipulieren, dass sie in den Rahmen unserer Vorurteile passen und wir unser Verhalten und unsere Denkmuster nicht zu ändern brauchen. Auch wenn Ammas Worte und Anleitungen das beste Mittel für uns sind, aufzuwachen und unsere Unwissenheit zu beseitigen, wird unser Gemüt versuchen die Tatsachen zu ignorieren, um seine eigenen Ideen und Meinungen zu rechtfertigen.

Zum Beispiel rät sie uns, weder traurig zu sein, noch über die Vergangenheit nachzugrübeln oder sich Sorgen um die Zukunft zu machen.

Ein Schüler, der dies gehört hatte, sagte deshalb einmal zu ihr: „Da Du uns rätst, uns nicht um die Zukunft zu kümmern, habe ich mich entschieden, nicht für die anstehenden Prüfungen zu lernen. Stattdessen schaue ich mir Filme an und gehe Surfen."

Ganz offensichtlich war das eine Fehlinterpretation von Ammas Lehren. Es ähnelt der Geschichte von dem Arzt, der sich entschied, einem Mann, der nicht mehr lange zu leben hatte, die Wahrheit zu sagen. „Wenn Sie die harten Tatsachen wissen wollen, ich glaube nicht, dass Ihnen noch viel Zeit bleibt. Sie sind ein sehr kranker Mann. Gibt es noch jemanden, den Sie sehen möchten?"

Er beugte sich nieder zu seinem Patienten und hörte diesen mit schwacher Stimme sagen: „Ja."

„Wen?", fragte der Arzt.

„Einen anderen Arzt", sagte der Kranke in etwas kräftigerem Ton.

Dies ist auch die Geschichte unserer Beziehung zu Amma. Glücklicherweise gibt sie uns unaufhörlich Gelegenheit zu lernen und hilft uns dabei, unsere Denkweise zu ändern. Sie hat sogar gesagt, dass sie bereit ist, jede Anzahl von Geburten für das Wohlergehen ihrer Kinder auf sich zu nehmen. Durch ihre

Lehren und das Beispiel ihres Lebens entfernt sie unsere vorgefassten Ideen über die Wirklichkeit und ersetzt sie durch einen klaren Blick auf die Welt und die Natur unseres wahren Selbst. Durch dieses Verständnis können Frieden, Liebe und positive Eigenschaften wie Geduld, Freundlichkeit und Mitgefühl auf natürliche Weise in uns erblühen.

❀

KAPITEL 3

Die veränderliche Welt – das unwandelbare Selbst

Eines Tages fasste der hebräische König Salomon den Entschluss, seinen treuesten Minister zu demütigen. Er sprach zu ihm: „Benaiah, es gibt einen bestimmten Ring, von dem ich möchte, dass du ihn mir innerhalb von sechs Monaten bringst."

„Wenn er irgendwo auf dieser Erde existiert, Eure Majestät, werde ich ihn Euch bringen", antwortete Benaiah voller Selbstvertrauen. „Aber was ist so besonders an diesem Ring?"

„Er besitzt magische Kräfte", antwortete der König mit unbewegter Miene. „Wenn ein trauriger Mensch ihn anblickt, wird er glücklich, und wenn ein glücklicher Mensch ihn anblickt, wird er traurig."

Salomon wusste, dass kein solcher Ring auf der Welt existierte. In der Absicht, seinem Minister eine Lektion in Demut zu erteilen, schickte er ihn auf eine unmögliche Mission.

Frühling und Sommer vergingen, doch obwohl Benaiah die ganze Länge und Breite des Königreiches abgesucht hatte, hatte er noch immer nicht die geringste Idee, wo der Ring zu finden sein könnte. In der letzten Nacht vor Ablauf der Frist – und er wusste, er würde mit einer Niederlage zum König zurückkehren müssen – entschied er sich, einen Spaziergang durch eines der ärmsten Gebiete Jerusalems zu machen. Dort begegnete er einem alten Kaufmann, der gerade dabei war, die Tagesware auf einem ärmlichen Teppich auszustellen. In dem Bewusstsein, nichts mehr zu verlieren zu haben, fragte Benaiah ihn: „Hast du vielleicht irgendetwas von einem Zauberring gehört, der den Glücklichen ihre Freude und den Menschen mit gebrochenem Herzen ihre Sorgen vergessen lässt?"

Der alte Kaufmann sagte kein Wort, nahm einen schlichten goldenen Ring von seinem Teppich und gravierte etwas in ihn ein. Als Benaiah die Worte las, legte sich ein breites Lächeln auf sein Gesicht. An diesem Abend trat Benaiah vor den König, der mit allen seinen Ministern Hof hielt. „Nun, mein Freund", grinste Salomon, „hast du mir gebracht, wonach ich dich ausgesandt habe?" Alle Minister glucksten aus vollem Halse, begierig darauf, mitanzusehen, wie ihr Kollege seine peinliche Niederlage eingestehen müsste.

Zur allgemeinen Überraschung hielt Benaiah den kleinen Goldring in die Höhe und erklärte: „Hier ist er, Euer Majestät!" Sobald Salomon die Inschrift gelesen hatte, verschwand das Lächeln aus seinem Gesicht. Der Kaufmann hatte in den Ring folgenden Satz eingraviert: „Auch dies geht vorbei." In diesem Augenblick wurde Salomon klar, dass sein Reichtum, seine Macht und sein Einfluss tatsächlich verschwinden würden und dass auch er der Tatsache nicht entgehen könnte, eines Tages ebenso wie jeder andere zu Staub zu zerfallen.

Im *Dhammapada* sagt der Buddha:

„Nicht im Himmel,
nicht inmitten des Ozeans,
noch hoch in den Bergen –
nirgendwo
vermagst du deinem Tod zu entfliehen."

Amma hält uns dazu an, uns jederzeit der Tatsache zu erinnern, dass alles, was wir in der Welt um uns herum finden – unseren eigenen Körper eingeschlossen – wandelbar und vergänglich ist.

Doch dieses Bewusstsein sollte nicht Anlass dazu geben, in Verzweiflung zu versinken. Zusammen mit der Erkenntnis, dass unser wahres Selbst unveränderlich, ewig und von der Natur höchster Wonne ist, kann dieses Gewahrsein uns dazu verhelfen, Prioritäten zu setzen. Es kann uns dazu inspirieren, dem höchsten *dharma* der Selbstverwirklichung zu folgen. Amma sagt, dass wir unserem Körper jederzeit den ersten und Gott bzw. dem Selbst immer den letzten Platz einräumen, wo doch eigentlich das Letztere die höchste Stelle einnehmen sollte. Wenn wir dagegen lernen, dem Körper und den anderen Dingen der Welt ihren angemessenen Wert zuzuweisen – und dem *Atman* den seinigen – dann können wir den vergänglichen Körper als ein Vehikel zur Verwirklichung des Ewigen benutzen. Wenn auch der Schatten, der von einem Baum geworfen wird, letztlich von vorübergehender Natur ist, so ist er doch nützlich: wir können bei ihm Schutz vor der heißen Sonne finden. In ähnlicher Weise haben auch der Körper und die Dinge der Welt ungeachtet ihres vergänglichen Charakters einen praktischen Wert. Probleme ergeben sich nur dann, wenn wir ihnen zu große Wichtigkeit beimessen oder die Erwartung hegen, wir könnten etwas von ihnen erlangen, was sie uns nicht geben können.

In der Geschichte Indiens stoßen wir auf den Namen eines großen und machtvollen Königs mit Namen *Bhartrihari*. Ebenso wie König Salomon erhielt auch er seine Lektion in Sachen Vergänglichkeit.

Nachdem er zum König gekrönt worden war, verfiel er seiner Frau, der Königin *Pingala*, so sehr, dass er den größten Teil seiner Zeit mit ihr verbrachte und darüber seine königlichen Pflichten vernachlässigte. Als einer seiner Berater versuchte, ihn zur Vernunft zu bringen, verbannte er ihn aus der Stadt.

Eines Tages schenkte ein Einsiedler dem König eine besondere Frucht. Er eröffnete ihm, von dieser Frucht zu essen würde demjenigen, der sie esse, ewige Jugend schenken. Aufgrund seiner extremen Anhänglichkeit an *Pingala* aß der König nicht selbst von der Frucht, sondern gab sie der Königin, denn er konnte den Gedanken nicht ertragen, dass ihre jugendliche Schönheit mit fortschreitender Zeit dahinwelken würde.

Die Königin nahm die Frucht vom König und versprach, sie nach dem Bad zu essen. Was der König nicht wusste: *Pingala* war verliebt in einen der Stallknechte. In jener Nacht schmuggelte sie die Frucht aus dem Palast und gab sie ihm. In der Zwischenzeit – und ohne dass die Königin davon etwas wusste – hatte der Stallknecht sein Herz an eine Prostituierte verloren, und auch er aß die Frucht nicht selbst, sondern schenkte sie seiner Geliebten. Trotz ihres Lebenswandels hatte die Prostituierte doch einen Sinn für Rechtschaffenheit und kam zu dem Schluss, die Frucht dürfe nicht vergeudet werden sondern gebühre allein dem König. So geschah es, dass einen Tag, nachdem der König seiner Frau die gesegnete Frucht geschenkt hatte, die Prostituierte an seinen Hof kam, wo er sich gerade mit seiner Ratsversammlung aufhielt, und überreichte ihm schüchtern die Zauberfrucht. Auch erklärte sie ihm deren besondere magische Kraft.

Als er die Frucht in ihrer Hand sah, geriet der König in Verwirrung. Er verlangte, dass sie ihm geradeheraus erklärte, von wem sie diese bekommen habe. Sie gestand, sie habe sie von dem Stallknecht des Palastes erhalten. Umgehend rief er den Stallknecht an seinen Hof. In dem Glauben, sein Leben nur durch Ehrlichkeit retten zu können, gab dieser zu, dass er sie von niemand anderem als der Königin selbst bekommen habe.

Diese Nachricht war für König *Bhartrihari* ein großer Schock. Gleichzeitig war es ein großer Segen – er war nun fähig, die große Anhänglichkeit an seine Frau zu überwinden und erkannte, dass alle weltliche Liebe Begrenzungen unterliegt. Tatsächlich wurde der König so gleichgültig gegenüber allen Glücksversprechen weltlicher Gegenstände, dass er das gesamte Königreich mit all seiner Macht und Vergnügungsmöglichkeiten aufgab, um sich in die Wälder zurückzuziehen, wo er sich auf die Suche nach dem immerwährenden Frieden des *Atman* begab.

Dies bedeutet nicht, dass wir auf einen großen Schock in unserem Leben warten müssen, um die Unbeständigkeit all dessen zu begreifen, was wir unser eigen nennen. Wir können diese Überzeugung leicht nachvollziehen, wenn wir auf die Worte der heiligen Schriften und der großen Meister hören. Wenn das nicht ausreicht, so ist in der Welt um uns herum eine Fülle von Anschauungsmaterial für diese Tatsache vorhanden. Nach der Tsunamikatastrophe im Dezember 2004 sagte Amma, bei dieser Flutwelle habe es sich um eine Warnung gehandelt, doch keiner habe auf sie gehört. Sie forderte die Ashram-Bewohner und andere auf, darüber nachzudenken, was man aus dem Tsunami lernen könnte.

„Unerwartete Situationen wie diese lehren uns, dass nichts wirklich uns gehört. Wir hängen uns an Dinge, an Menschen und glauben, sie seien unser Eigentum, doch solche Ereignisse zeigen uns, dass uns nichts gehört. Nicht einmal unser Leben ist unser Besitz."

Wenn wir einen Unfall auf der Straße sehen, der sich direkt vor unseren Augen abspielt, so dient er dazu, uns wacher zu machen. Solche Geschehnisse helfen uns dabei, eine innere Bewusstheit zu entwickeln. Sie weist uns den Weg und zeigt uns, wie wir vorwärts kommen.

Wir halten an der Idee von „ich" und „mein" fest. Jeder sagt: Ich habe dies getan, ich habe jenes getan, aber woher kommt dieses „Ich"? Wir sehen die Sonne nur durch ihr eigenes Licht. Was wir unser Eigen nennen, gehört uns nicht wirklich. Was Er gibt, nimmt Er auch wieder fort. Er gibt und wir empfangen. Und wenn Er es wünscht, zieht Er es zurück..., mit dieser Haltung sollten wir den Lebenssituationen begegnen."

Ammas Worte rufen einem die inspirierende Reaktion von Dorfbewohnern in Gujarat ins Gedächtnis, nachdem das verheerende Erdbeben von 2001 alle ihre Gemeinden dem Erdboden gleichgemacht hatte. Die meisten Haushalte hatten den Verlust eines oder mehrerer Familienmitglieder zu beklagen, auch hatten sie kein Dach mehr über dem Kopf. Als Amma sie dort besuchte und sie fragte, wie es ihnen gehe, antworteten sie mit überraschendem Gleichmut und Gelassenheit: „Uns geht es gut, was Gott gegeben hat, hat er wieder genommen."

Während wir die Gegenstände dieser Welt genießen, erfahren wir vorübergehendes Glück. Statt zu erlauben, dass diese Freude unser Vertrauen in die Welt wachsen lässt, sollten wir uns erinnern, dass unser Leben einem Pendel gleicht. Während wir noch Glück erfahren, sammelt das Pendel nur Kraft, um in Richtung Kummer zu schwingen. Amma sagt, dass wahrer Frieden und Glück nur möglich sind, wenn das Pendel im Zentrum stillsteht. Dies ist nicht bloß ein willkürliches Gesetz; es ist die logische Konsequenz aus einer Haltung, die sich darauf verlässt, dass äußere Bedingungen uns Glück schenken. Wenn die Bedingungen sich ändern, werden wir Kummer erfahren. Selbst wenn sich die Bedingungen nicht ändern, kann das Glück nicht bleiben. So mögen wir zum Beispiel an einem bestimmten Film Gefallen finden. Doch angenommen, es würde uns jemand mitteilen, dass der Film immer weitergeht und wir nicht in der Lage wären, das Kino zu verlassen - unsere Freude würde im Nu verschwinden. Wir essen vielleicht gerne Eiscreme. Doch wie viel Eis können wir genießen, bevor uns schlecht wird? Es kommt der Moment, wo wir nicht einmal einen einzigen Löffel mehr vertragen können. Dies zeigt, dass Glück nicht in diesen Gegenständen und Erfahrungen liegt, sondern dass selbst das matte Glück, welches wir aus der Welt schöpfen, ständig im schwinden begriffen ist. Der einzige Weg, wahrhaft glücklich zu sein, besteht darin, nach innen zu schauen und das unwandelbare Selbst zu finden.

Gewöhnliche Menschen erfahren Glück nur durch ein bestimmtes Medium – meistens durch irgendeine Art sinnlicher Vergnügungen, durch das Hören lobender Worte oder durch das Erlangen eines besonderen Ziels. *Mahatmas*[1] hingegen sind fähig, Glück ohne jegliches Medium zu erfahren. Als Amma gezwungen war, draußen zu leben und die glühende Sonne ebenso wie den strömenden Regen, ja sogar Anschläge auf ihr Leben zu ertragen, war sie stundenlang in tiefer Meditation versunken. Was würden wir wohl in einer ähnlichen Situation tun? Wir würden nicht ruhen, bis wir ein nettes Hotel gefunden hätten oder zumindest einen Freund, wo wir die Nacht verbringen könnten.

Unsere nächste Sorge wäre, etwas zu essen zu finden, vorzugsweise bei einem Freund, dem wir unser Herz ausschütten und mit dem wir über all die Ungerechtigkeiten reden könnten, die man uns angetan hat. Und doch war Amma nicht im geringsten von diesen Umständen beunruhigt. Obwohl sie weder Nahrung, Unterkunft noch einen Freund besaß, an den sie sich wenden konnte, war sie vollkommen gleichmütig. Sie braucht kein äußeres Medium, um Zufriedenheit zu erfahren, und doch ist ihre Zufriedenheit um so viel tiefer als die unsere. Ob wir uns dessen

---

[1] „*Mahatma*" bedeutet wörtlich „Großes Selbst" oder „Große Seele". Obwohl der Begriff heutzutage in einem weiten Sinne verwendet wird, bezieht er sich in diesem Buch auf jemanden, der die Erkenntnis besitzt, dass er das universelle Selbst, der *Atman* ist. Alle *sadgurus* oder wahren Meister sind *mahatmas*, doch sind nicht alle *mahatmas sadgurus*. In vielen Fällen zeigt der *mahatma* keinerlei Interesse, andere aufzurichten und zieht es vielmehr vor, in der Wonne des *Atman* absorbiert zu sein. Der *sadguru* ist jemand, der sich dazu entschließt, auf das Niveau gewöhnlicher Menschen herabzukommen, um ihnen bei ihrem spirituellen Wachstum zu helfen, während er gleichwohl die Seligkeit des *Atman* erfährt.

nun bewusst sind oder nicht, so hegen wir doch immer Vertrauen in irgendjemanden oder irgendetwas, das fähig ist, uns Glück zu vermitteln. Wir nehmen Zuflucht zu etwas und hoffen, dass es uns dem Glücklichsein näher bringt. Wenn es nicht die eine Sache ist, dann eine andere. Amma sagt, dass unsere „Zuflucht" einfach dasjenige ist, von dem unser Gemüt fortlaufend angezogen wird und wohin unsere Gedanken fließen; mit anderen Worten, das, bei dem unser Gemüt ständig verweilt. Wenn wir diese Definition im Kopf behalten, ist es nicht schwer, herauszufinden, worin wir im Augenblick gerade Zuflucht suchen: in unserem Besitz, unserem Beruf, unseren Freunden, unserer Erholung, unseren Gefühlen. Sind das nicht die Dinge, über die wir die ganze Zeit nachdenken?

Es heißt, dass Thomas Edison, bevor er herausfand, dass Wolfram ein wirkungsvoller Faden zur Verwendung in Glühbirnen darstellt, mehr als zweitausend Experimente durchführte, bei welchen er verschiedene Materialien benutzte, die alle nicht dazu taugten, Elektrizität zu leiten und Licht zu produzieren. Viele andere Wissenschaftler machten seine Versuche lächerlich und sagten: „Selbst nach 2000 Experimenten bist du nicht fähig, irgendetwas zu beweisen."

Edison entgegnete: „Überhaupt nicht – ich habe bewiesen, dass es mit all diesen Materialien nicht funktioniert."

In entsprechender Weise brauchen auch wir uns bei unserer Suche nach weltlichem Glück nicht schlecht zu fühlen, vorausgesetzt, wir lernen die richtige Lektion. Wenn wir anderseits – ebenso wie die Wissenschaftler, die auf Edison folgten, nicht mehr dieselben 2000 Experimente durchführen müssen – in die Fußstapfen der großen Meister treten, dann brauchen wir nicht mehr nach Glück außerhalb unserer selbst zu suchen.

Man sollte in diesem Zusammenhang nicht unerwähnt lassen, dass die Dinge dieser Welt zwar nur eine begrenzte Fähigkeit besitzen, uns glücklich zu machen, ihre Fähigkeit, uns Leid zu bescheren aber unbegrenzt ist. Jene etwa, die das Glück in Zigaretten suchen, bekommen schließlich unter Umständen Lungenkrebs und sterben nach langwieriger Krankheit eines frühen Todes. Andere, deren Glück eine geliebte Person ist, begehen vielleicht Selbstmord, wenn diese Person sie für jemand anderen verlässt. Jeder möchte in einem großen Haus wohnen – je größer, desto besser – doch je größer das Haus ist, desto mehr Reparaturen und Instandhaltungsarbeiten fallen auch an.

Lao Tse sagt im Tao Te King:

„Jage nach Geld und Sicherheit –
und dein Herz wird sich niemals öffnen.
Richte dich nach der Zustimmung der Leute,
und du wirst zu ihrem Gefangenen."

Noch bevor er zum *Buddha* – dem Erwachten – wurde, besaß der junge Prinz Siddharta offenbar eine klare Vorstellung von der Natur weltlichen Glücks. Dies könnte der Grund sein, warum er seinen Sohn „*Rahula*" nannte, was Fessel oder Knechtschaft bedeutet. Das klingt vielleicht hart, aber vergleichen wir es doch einmal mit unserer eigenen Erfahrung. Wir empfinden möglicherweise ein neugeborenes Kind als die Quelle unerschöpflichen Glücks, doch was passiert, wenn es das schreckliche Zweijährigen-Alter erreicht? Später, wenn es ein Teenager ist, mag es in schlechte Gesellschaft geraten, ein brutaler Schläger werden oder sogar seine Eltern hassen. Es gibt viele Fälle, in denen Kinder ihre Eltern sogar enteignen, sobald sie erwachsen geworden sind. In solchen Fällen wird das, wovon wir glaubten, es sei eine Quelle unbegrenzten Glücks, zu einer Quelle endlosen Kummers.

Das bedeutet nicht, dass wir keine Kinder haben sollten oder nicht nach Glück in der äußeren Welt suchen sollten, doch sollten wir auf Glück ebenso gefasst sein, wie auf Unglück und uns darauf vorbereiten, beides mit völligem Gleichmut zu ertragen. Immer gilt es, sich daran zu erinnern, dass von Dingen und Menschen nicht zu viel zu erwarten ist und dass Gott allein für immer bei uns bleibt. Mit anderen Worten, es ist völlig in Ordnung, die flüchtigen Gegenstände der Welt zu genießen, doch ohne bei ihnen Zuflucht zu suchen. Stattdessen sollten wir lernen, bei Gott oder beim *guru* Zuflucht zu nehmen, d.h. unsere Gedanken zu ihnen hinfließen zu lassen. Macht es nicht Sinn, Zuflucht einzig bei demjenigen zu nehmen, das uns niemals verlässt?

Ebenso wie ein Schlangenhändler weiß, dass es die Natur der Schlange ist, zu beißen, haben wir die Tatsache zu akzeptieren, dass es die Natur der Menschen ist, ihre Denkgewohnheiten, Einstellungen und Meinungen zu ändern. Wir sollten niemals erwarten, dass ein Mensch, ein Gegenstand oder eine Situation dieselbe bleibt. Mit diesem Verständnis zu leben und entsprechend zu handeln – darin zeigt sich Intelligenz. Amma gibt das Beispiel, die Gänge in einem Auto zu wechseln. Wenn wir einen steilen Hügel hinauffahren und nicht in einen niedrigeren Gang zurückschalten, werden wir nicht in der Lage sein, uns vorwärts zu bewegen. Wenn wir stattdessen schnell fahren und nicht in einen höheren Gang schalten, werden wir den Motor ruinieren. In ähnlicher Weise müssen wir, wenn wir mit verschiedenen Lebenssituationen konfrontiert sind, in der Lage sein, unser Gemüt auf rechte Weise den Umständen anzupassen und alles, was auf uns zukommt, mit gelassener Haltung entgegenzunehmen.

Niemand will Kummer erfahren, und sei es auch nur kurzzeitig. Aber wir sind nicht zufrieden mit der bloßen Beseitigung der Sorgen; wir wollen auch dauerhaft glücklich sein. Ein junger Mann kam einmal zu mir und sagte: „Ich habe keinerlei Probleme und Sorgen, und doch fühle ich mich nicht zufrieden. In meinem Leben fehlt etwas. Ich habe bis jetzt schon viele Dinge ausprobiert, nur Spiritualität noch nicht. Deswegen bin ich hierher gekommen." Dieser junge Mann hatte keinerlei Probleme zu lösen, und doch fühlte er sich nicht erfüllt. Er ging berechtigterweise davon aus, dass Spiritualität den Schlüssel bereithalten würde, die unerklärliche Leere in seinem Leben zu füllen.

Andauerndes Glück kann nicht von etwas herstammen, das selbst von begrenzter Dauer ist. Die Situationen und Gegenstände der Welt wandeln sich ständig, und unser Bewusstsein ist normalerweise auf diese sich wandelnden Umstände gerichtet und mit ihnen identifiziert. Das Ergebnis davon ist, dass wir, sobald diese Umstände wechseln, davon in Mitleidenschaft gezogen werden. Es ähnelt dem, was passiert, wenn wir uns einen Film anschauen. Die vielen Begebenheiten hinterlassen auf emotionaler, ja selbst auf physiologischer Ebene ihre Spuren in uns. In den Ortschaften Tamil Nadus gibt es Filmstars, die so populär sind, dass Kinobesucher sich vollständig mit ihren Charakteren identifizieren. Wenn der Held während einer Kampfszene auch nur einen kleinen Kratzer abbekommt, werfen sie Steine und Flaschen gegen die Leinwand. Wenn er während einer anrührenden Szene zu weinen anfängt, kann man im Kinosaal viele Menschen schluchzen hören.

Das Publikum nimmt an der Geschichte so regen Anteil, dass es sogar bereit ist, alle natürliche Skepsis über Bord zu werfen, um nur ja von dem Drama des Films mitgerissen zu werden, selbst dann, wenn die dargestellten Handlungen vielleicht unrealistisch sind. Ich habe von einem Film gehört, der kürzlich in den Kinos lief, in welchem der Held und der Bösewicht während einer bestimmten Szene in einen Schusswechsel verwickelt sind. Dabei gehen dem Held in einem gewissen Augenblick die Kugeln aus. Der Schurke bemerkt die für ihn vorteilhafte Situation und schießt eine Ladung Kugeln ab, die den Helden in den Oberschenkel trifft. Für einen Augenblick ist das Publikum starr vor Schreck. Sie denken vielleicht daran, das Kino niederzubrennen.

Doch im nächsten Moment zieht der Held die Kugel, die in seinem Oberschenkel steckt, heraus, lädt damit seinen eigenen Revolver, schießt und tötet den Schurken. Das Kino tobt, sie klatschen frenetisch Beifall, und niemand ist im Geringsten bekümmert über die Absurdität der ganzen Szene.

Inmitten all dieser Aufregung gibt es einen Gegenstand, der in den Film zwar in höchstem Maße einbezogen, gleichzeitig dem dargestellten Drama gegenüber aber völlig indifferent ist. Es ist die Filmleinwand. Ohne die Leinwand könnte der Film nicht gezeigt werden. Und doch bleibt sie völlig unbeteiligt; sie ist das unveränderliche Substrat inmitten all der wechselnden Szenen.

Ebenso gibt es auch für all die Erfahrungen, die wir durchleben, ein unwandelbares Substrat. Es ist der *Atman* oder das Selbst. Dieses Selbst manifestiert sich als Bewusstheit, die es uns ermöglicht, sowohl die äußere Welt als auch den eigenen Körper, unsere Gedanken, Emotionen, Wünsche und Anhaftungen wahrzunehmen. In Wahrheit sind es nicht diese sich wandelnden mentalen Formationen, sondern die unveränderliche Bewusstheit hinter ihnen, die unser eigentliches Ich darstellen.

Anstatt mit dem unwandelbaren Selbst identifiziert zu sein, identifizieren wir uns mit den verschiedenen Erfahrungen, und so wird unser Leben zu einer emotionalen Achterbahn. Deshalb leiden viele von uns an dieser Art von „Identitätskrise". Es handelt sich hier nicht um die Art von Identitätskrise, an die wir gewöhnlich denken; sie hat ja mit dem Beruf, mit der Persönlichkeit, den Beziehungen zu anderen usw. zu tun. Die Krise, um die es hier geht, liegt jedoch tiefer. Wenn wir also auch nicht die sichtbaren Symptome einer gewöhnlichen Identitätskrise aufweisen, so sind wir doch alle in verschiedenem Grad der Verwirrung im Hinblick auf unser wahres Selbstsein unterworfen.

Je mehr wir uns mit unserem wahren Selbst identifizieren, desto weniger leiden wir. Die *mahatmas* leiden niemals an irgendeiner Art von Identitätskrise. Im strengsten Sinne kann nur ein selbstverwirklichter Mensch beanspruchen, seine wahre Identität zu kennen. Wie Amma sagt: „Niemals gab es eine Zeit, in welcher Amma nicht wusste, wer sie ist."

Als Amma eine junge Frau war, drohten einige der Dorfbewohner, die argwöhnisch wegen ihres seltsamen unorthodoxen Verhaltens und eifersüchtig auf ihre wachsende Popularität waren, sie umzubringen und hielten ihr sogar ein Messer vors Gesicht. Amma blieb völlig unbeeindruckt von ihren Drohungen. Sie trat ihnen mutig entgegen und erklärte: „Ihr könnt zwar den Körper töten, aber nicht die Seele berühren."

Auch heute hat sich Ammas Haltung in Hinblick auf solche Situationen nicht geändert. Im August 2005, als ein Fremder sich ihr mit einem versteckten Messer näherte, offenbar mit der Absicht, ihrem Leben ein Ende zu machen, blieb sie absolut unbeeindruckt. Sie stand nicht einmal von der Bühne auf und fuhr fort, *bhajans* zu singen; später gab sie, wie vorher angekündigt, *Devibhava-Darshan*[2].

Obwohl die Ashram-Bewohner und Devotees in der ganzen Welt wegen dieses Vorfalls sehr beunruhigt waren, wurde sie spielend mit der Situation fertig. Im Laufe des Tages beantwortete sie die Fragen einer Gruppe von Reportern, die unmittelbar nach dem vereitelten Attentat in den *Ashram* gekommen waren. Mit sorglosem Lächeln erklärte sie den Reportern:

„Ich habe zu diesem Vorfall nichts Besonderes zu sagen. Vor dem Tod habe ich keine Furcht… was immer zu geschehen bestimmt ist, wird geschehen, wenn die Zeit kommt. Ich will das tun, was ich zu tun habe. Irgendwie werden wir alle eines Tages

---

[2] Amma gibt regelmäßig eine bestimmte Art von *darshan*, bei welchem sie in der Stimmung und der Kleidung der göttlichen Mutter erscheint. Während dieser Zeit ist sie völlig mit Gott in der Gestalt der Göttlichen Mutter identifiziert. Früher gab sie auch noch *Krishnabhava*

sterben müssen. Deshalb ist es besser, durch die Arbeit für andere verschlissen zu werden, als dahinzurosten."

Selbst inmitten zahlloser weltlicher Verantwortlichkeiten behält Amma immer einen spirituellen Blickwinkel bei. Bei uns ist es umgekehrt: selbst während unserer spirituellen Übungen bleibt unser Blick auf die weltlichen Dinge gerichtet.

Amma sagt, dass der ganz Zweck von Spiritualität darin besteht, eine Art Umschaltung in unserer Wahrnehmung herbeizuführen – weg vom Weltlichen und hin zum Geist; weg vom Äußeren und hin zum Inneren. Aufgrund unserer Unfähigkeit, diese Umschaltung vorzunehmen, verschwenden wir jede Menge Zeit und Energie bei dem Versuch, unsere Probleme zu lösen.

Aufgrund eines Mangels an geistiger Weite, sind wir nicht in der Lage, den Umständen des Lebens entgegenzutreten. Wie Amma oft sagt, versuchen wir gewöhnlich auf dreierlei Weisen, mit unerfreulichen Umständen im Leben fertig zu werden: 1. fortlaufen; 2. unter Klagen akzeptieren; 3. versuchen, die Umstände zu ändern. Niemand versucht das, was Amma *mansthiti* (mentale Haltung) nennt, zu ändern, um mit den Herausforderungen fertig zu werden. Dieser Prozess, die mentale Einstellung und nicht unsere äußeren Umstände zu ändern, ist es, welcher dem Geist Ausdehnungsvermögen verleiht. Die Veräußerlichung im gesellschaftlichen und kulturellen Bereich veranlasst die Menschen heutzutage, den Grund für Leid in äußeren Umständen zu suchen und zu finden. Selten versuchen wir zu lernen, wie wir unsere Aufmerksamkeit nach innen wenden, den Geist weit machen und die Probleme auf diese Art lösen können.

Es ist wahr, dass die Lösung einiger Probleme wie Hunger oder die Suche nach einer Unterkunft außerhalb von uns selbst gefunden werden kann. Doch selbst in diesem Bereich wird manchmal eine äußere Lösung nicht möglich sein. In den frühen Tagen des *ashrams* kam es häufig vor, dass für Amma und die *brahmacharis* nicht viel zu essen übrig blieb, nachdem alle Devotees ihr Essen erhalten hatten. Dessen ungeachtet war eine Menge körperlich anstrengender Arbeit zu tun, und niemand sonst war da, der sie hätte erledigen können.

Dank der Inspiration, die wir von Amma erhielten, schafften wir es irgendwie, unsere Lebenskräfte zusammenzuraffen, um neben der körperlichen Arbeit auch spirituelle Praxis auszuüben, sogar auf der Grundlage einer kärglichen Ernährung.

Alles hängt von unserer Konditionierung ab. Amma sagt, dass Spiritualität darin besteht, den Geist so zu konditionieren, dass er sich jeglichen Umständen anpasst und das Glück im Inneren findet, unabhängig von dem, was im Äußeren vor sich geht. Tatsächlich kann die Lösung der meisten Probleme des Lebens nur von innen kommen. Man nehme zum Beispiel die Probleme des Ärgers, des Hasses, der Enttäuschung und des Neides. Für diese Dinge kann es keine äußeren Lösungen geben; wir müssen sie innen finden. Wenn wir nach äußeren Lösungen suchen, kann das zu noch größeren Problemen in der Zukunft führen.

Kürzlich kam ein Mann aus dem Westen nach Amritapuri. Jahrelang hatte er alleine gelebt, doch als er in den *ashram* kam, hatte er sein Zimmer mit jemand anderem zu teilen. Er fand heraus, dass er sehr empfindlich gegen Lärm war. Sein Zimmernachbar arbeitete an einem Laptop in dem gemeinsamen Raum, und der Neuankömmling stellte fest, dass das Klicken der Maus ihn beim Versuch zu meditieren sehr störte. Er wollte seinen Nachbarn nicht auffordern, seine Arbeit einzuschränken, also entschied er sich, eine besonders geräuschlose Maus für ihn zu kaufen. Danach, so dachte er, würde er fähig sein, in Ruhe zu meditieren und zu studieren. Doch nun, da das Klicken der Maus nicht mehr störte, wurde er sich plötzlich des klappernden Geräusches eines Ventilators bewusst, der im Zimmer ein Stockwerk unter ihm rotierte. Nach Wochen ruhelosen Meditierens und nächtlichem Hin- und Herwälzen entschied er schließlich, einen leisen Ventilator für seine unteren Nachbarn zu kaufen. Nun war er sich wirklich sicher, dass es keine Störungen mehr geben würde. Doch ohne das Rattern des Ventilators wurde er nun darauf aufmerksam, dass aufgrund der Tsunami-Hilfsaktionen in der Umgebung viele LKWs auf der Straße vor dem *ashram* vorbeifuhren. Das Dröhnen der Motoren der Lastwagen störte ihn gewaltig, aber er wusste, dass es nicht möglich sein würde, einen ganzen Fuhrpark leiser Lastwagen zu kaufen. Nun begriff er, dass er versucht hatte, ein inneres Problem mit äußeren Mitteln zu lösen. Das was wirklich Not tat, war die Reduzierung seiner eigenen inneren Lärmempfindlichkeit.

Viele von uns beten zu Amma, unsere Probleme zu lösen, und natürlich ist sie froh, diesen Bitten durch göttlichen Entschluss nachzukommen. Doch für jedes Problem gibt es eine separate Lösung. Die beste Lösung, die wir erhalten können, ist eine solche, die auf viele unserer Probleme anwendbar ist. Diese Lösung auf breiter Basis besteht in der „Umschaltung" der Wahrnehmung, die Amma in uns zuwege zu bringen beabsichtigt. Wie kann ein einfacher Wechsel der Wahrnehmung solch einen Unterschied ausmachen?

Man stelle sich folgendes vor: es gibt zwei Wellen. Die eine ist die „Welle der Unwissenheit", die andere die „Welle der Weisheit". Die Ignoranz-Welle betrachtet sich selbst lediglich als Welle und denkt: „Ich bin eine Welle von der und der Größe, ich entstand zu dem und dem Zeitpunkt aus einer anderen Welle und werde in der nahen Zukunft verenden."

Die weise Welle denkt anders: „Ich bin überhaupt keine Welle. ‚Welle' ist nur ein Name, der mir gegeben wurde. Eigentlich bin ich Wasser, und als solches wurde ich niemals als Welle geboren. Ich war Wasser, bin Wasser und werde ewig Wasser sein. Selbst wenn diese besondere Welle zu existieren aufhört, werde ich als Wasser doch weiter bestehen."

Eine unwissende Welle hält sich für eine sterbliche Welle, eine weise Welle für unsterbliches Wasser. In dem Moment, wo die Ignoranz-Welle sich als Welle betrachtet, sieht sie in den anderen Wellen alle möglichen Arten von Unterschieden. Weiterhin wird sie die anderen Wellen als verschieden von sich selbst auffassen: als potentielle Mitstreiter, groß oder klein, friedvoll oder gewalttätig – und dies wird zu Konkurrenz, Neid, Gier und anderen negativen Empfindungen beitragen.

Hingegen sieht die weise Welle sich selbst ebenso wie die anderen Wellen als Wasser. Sie betrachtet alles nur als Wasser und macht infolgedessen keinen Unterschied zwischen sich und den anderen Wogen oder zwischen sich und dem Ozean.

In der gleichen Weise sieht ein weiser Mensch alles und jedes als das eigene Selbst an, während ein unwissender Mensch alles und jedes als verschieden von sich selbst betrachtet. Auch in einem weisen Menschen werden die körperlichen Augen die Unterschiede zwischen den Formen wahrnehmen, doch durch das Auge der Weisheit wird ein solcher Mensch alles als den *Atman* erkennen.

Einst – kurz nachdem ich in den Math übergesiedelt war – fuhr ich einmal in Ashram-Angelegenheiten nach Bangalore. Auf dem Weg zurück musste ich an einer langen Baustelle vorbei, an welcher ein Großteil der Straße gesperrt war und nur ein enger Fahrstreifen in beiderlei Richtung für die Autos zur Verfügung stand. Während ich auf diesem engen Streifen seitlich der Baustelle entlang fuhr, bemerkte ich, dass ein LKW auf mich zusteuerte, ohne die Absicht zu bekunden, meinem Fahrzeug genug Platz zum Vorbeifahren zu lassen. Ich entschied mich, zur Hälfte von dem Fahrweg des Lastwagens abzuweichen – in der Erwartung, der LKW-Fahrer würde, einem ungeschriebenen

Gesetz der Straße gemäß, ebenfalls ausweichen und auf diese Weise Platz für uns beide schaffen. Doch der Fahrer machte keine Anstalten, auch nur einen Zentimeter von seiner Spur abzuweichen. Ich empfand seine Arroganz als provozierend und setzte meinen Weg auf der Spur, die ich nun eingenommen hatte, fort. Ich war mir sicher, ich könnte ihn zumindest ein wenig zu einer Bewegung zur Seite veranlassen – eine Art Mutprobe. Am Ende, als klar wurde, dass er definitiv nicht auszuweichen bereit war, fasste ich den Entschluss, dass klein beizugeben besser sei als tot zu sein – ich wollte schließlich die Gelegenheit nicht versäumen, noch mehr Zeit bei Amma zu verbringen.

Nach dem der LKW-Fahrer an mir vorbeigefahren war, riss ich mein Steuer herum, kehrte um und gab Gas. Durch sein rücksichtsloses und egoistisches Fahrverhalten in Wut versetzt, hatte ich den Entschluss gefasst, ihm eine Lektion zu erteilen. Ich überholte ihn, fuhr mehrere Kilometer voraus und vergrößerte den Abstand zwischen uns. Dann drehte ich, stieg aus und wartete darauf, dass er vorbeikäme. Als ich ihn näher kommen sah, nahm ich einen großen Stein, der an der Straßenseite lag und schleuderte ihn gegen seine Windschutzscheibe, die auf eine nett anzuschauende Weise zerbarst.

Daraufhin stieg ich in den Wagen und fuhr davon. Ich kehrte so schnell wie möglich zum *ashram* zurück, begierig darauf, Amma mit der Erzählung meiner heldenhaften Tat zu erfreuen. Doch nachdem sie die Geschichte angehört hatte, war ich verblüfft, als sie sagte: „Würdest du dasselbe getan haben, wenn Amma in dem LKW gesessen hätte?"

Als sie das sagte, war mir aller Wind aus den Segeln genommen. Ich hatte keine Antwort und ließ beschämt meinen Kopf hängen.

Amma ist fähig, alle als diejenigen zu akzeptieren, die sie sind, denn sie erkennt jeden als ihr eigenes Selbst. Wenn wir schon nicht fähig sind, jeden als unser Selbst zu betrachten, so können wir doch wenigstens versuchen, unsere geliebte Amma in allen zu sehen oder sie als ihre Kinder zu betrachten. Dies wird sicherlich einen Wechsel in unserer Wahrnehmung mit sich bringen, der die Zahl der Probleme und Konflikte in unserem Leben reduziert und uns hilft, geduldiger und mitfühlender in allen Lebensumständen zu sein.

KAPITEL 4

Der höchste dharma

Manchmal fragen die Leute Amma: „Reicht es nicht aus, ein guter Mensch zu sein und ein Leben zu führen, das im Einklang mit *dharma* (Rechtschaffenheit) steht? Wenn ich niemanden verletze und keine schlechten Angewohnheiten besitze, warum muss ich dann spirituelle Praxis ausüben?

Um diese Frage zu beantworten, müssen wir zuerst mehr von *dharma* verstehen und wissen, was es wirklich bedeutet, ein Leben zu führen, das mit ihm in Einklang steht. Laut Aussage der vedischen Schriften gibt es eine Reihe verschiedener Arten von *dharma*. Im Hinblick auf das „dharmische Leben" bezog sich der Fragesteller eigentlich nur auf eine bestimmte Art von *dharma*, nämlich darauf, ein moralisch anständiges, rechtschaffenes Leben zu führen – nicht zu betrügen, nicht zu stehlen, zu töten oder andere zu verletzen, die Wahrheit zu sagen usw.

Natürlich sollte jeder diese ethischen Werte befolgen, die universell auf jede Gesellschaft, jede Kultur und jedes Zeitalter anwendbar sind. Doch einfach nur moralische Werte zu beachten bedeutet an sich noch nicht, ein Leben im vollständigen Geiste von *dharma* zu führen. Wenn dies unser Ziel ist, müssen wir ein tieferes Verständnis dieses Begriffs und seiner zahlreichen Abwandlungen besitzen.

Der zweite Typus von *dharma* hängt ab von unserem Glauben und unserer religiösen Herkunft. Ein Muslim besitzt andere Regeln und Gebräuche als ein Jude, ein Christ fühlt sich anderen Dingen verpflichtet als ein Hindu. Muslime werden zum Beispiel aufgefordert, fünfmal am Tag zu beten, tagsüber den ganzen Ramadan hindurch zu fasten und wenigstens einmal im

Leben eine Pilgerreise nach Mekka zu unternehmen. Hindus fasten möglicherweise ein- oder zweimal in der Woche, legen ein Schweigegelübde ab, bleiben während *Mahashivaratri* die ganze Nacht auf, tragen eine heilige Schnur, besuchen Tempel und rezitieren ihr *mantra*. Christen und Juden haben wiederum andere Glaubensvorschriften. Um ein dharmischer Mensch im zweiten Sinne des Wortes zu sein, sind wir nicht gezwungen, die Regeln aller Glaubensformen zu beachten; es genügt, wenn wir nach den Vorschriften unseres eigenen Glaubens leben. In einigen Fällen werden sogar selbstverwirklichte Meister den Gebräuchen, die in ihrer jeweiligen Glaubensform vorgeschrieben sind, folgen, um für andere ein Beispiel zu geben. Dies tun sie, obwohl sie sich jenseits der Reichweite von Gebräuchen befinden und alle Unterschiede – einschließlich religiöser – hinter sich gelassen haben.

Ein dritter Typus von *dharma* bezieht sich auf unsere Stellung und Rolle in der Gesellschaft. Zum Beispiel haben ein Soldat und ein Mönch ihr jeweils eigenes *dharma*. Für einen Mönch wäre es völlig unangemessen, zur Verteidigung seines Landes eine Waffe in die Hand zu nehmen. Wenn aber ein Soldat es ablehnen würde, dies zu tun, so würde er nicht im Einklang mit seinem besonderen *dharma* handeln. An unserem relativen *dharma* festzuhalten heißt aufrichtig zu handeln – zum Besten der uns verliehenen Fähigkeiten und Pflichten. Wenn jeder dies tut, wird die Gesellschaft reibungslos funktionieren und alle werden davon profitieren.

Schließlich gibt es noch den höchsten *dharma*: die Pflicht, das höchste Selbst, unsere Einheit mit Gott zu verwirklichen. Wie der erste Typus von *dharma*, so bezieht sich auch der letztere auf alle Menschen.

Amma sagt: „Egal wer wir sind und was wir tun, die Pflichten, denen wir in der Welt nachkommen, sollten uns helfen, den höchsten *dharma* zu erreichen. Alle Lebewesen sind eins, weil das

Leben eins ist und nur einen einzigen Sinn besitzt. Aufgrund der Identifikation mit dem Körper und dem Gemüt mag man denken: Das Selbst zu suchen und Selbstverwirklichung zu erreichen ist nicht mein *dharma;* mein *dharma* ist es, als Schauspieler, Musiker oder Geschäftsmann zu arbeiten. Man mag so empfinden. Doch werden wir niemals Erfüllung erlangen, wenn wir unsere Energie nicht auf das höchste Lebensziel richten."

Wenn wir aufrichtig unserem *dharma* folgen, werden wir anfangen, unsere Vorlieben und Abneigungen, unsere Selbstsucht, Neid, Stolz und andere negative Eigenschaften zu überwinden. So gehört es beispielsweise zum *dharma* eines Schülers, den Anweisungen seines *gurus* Folge zu leisten. Manchmal fordert der *guru* den Schüler auf, etwas zu tun, was dieser nicht mag.

Einmal trat ein junger Mann dem *ashram* bei, nachdem er eine Karriere als Filmemacher und Photograph begonnen hatte. Er gestand Amma, dass er sehr gerne ihr persönlicher Video-Kameramann sein würde. Sie hörte sich seinen Vorschlag an, trug ihm dann aber auf, im Kuhstall zu arbeiten. Das war das letzte, was der junge Mann tun wollte, doch da Amma ihn bat, dort zu arbeiten, übernahm er gehorsam die Aufgabe, auf die Kühe im *ashram* aufzupassen. Doch der Wunsch, Filme zu machen, fiel nicht so leicht von ihm ab. Neben der Erledigung seiner täglichen Pflichten begann er, eine Dokumentation über das Leben der Kühe zu machen. Er filmte, wie sie grasten, schliefen, gemelkt wurden usw. Als Amma davon hörte, erinnerte sie ihn daran, dass der *dharma* eines Schülers darin besteht, dasjenige *seva* zu tun, das von ihm verlangt wird und den Rest der Zeit mit Meditation, *mantra japa*, Studium der Schriften und Beten zu verbringen. Anders zu handeln ist dasselbe, als ob man den spirituellen Pfad betritt und sich dann auf die Mitte der Straße setzt. Indem er Ammas Instruktionen folgte, war dieser junge Sucher in der Lage, seine Vorlieben zu überwinden und sich mit ganzem Herzen der Arbeit zu widmen, die Amma ihm gegeben hatte.

Indem wir unserem *dharma* auf solche Weise folgen, wird unser Geist in einen geläuterten und reiferen Zustand gelangen. Wenn wir größere mentale Reife erlangt haben, werden wir ganz natürlich ein Interesse an Spiritualität und der Verwirklichung des höchsten *dharma* entwickeln. Gleichzeitig verleiht nur Spiritualität uns die Kraft, unter allen Umständen am höchsten *dharma* festzuhalten.

Nehmen wir etwa das Beispiel *Yudhishthira*, von dem man sagt, er sei die Inkarnation des dharma-Prinzips in menschlicher Form gewesen. *Yudhishthiras*, der älteste der fünf *Pandava*-Brüder und rechtmäßige Erbe auf den Kuru-Thron, wurde von seinem eifersüchtigen Vetter *Duryodhana*, der die Königswürde stattdessen an sich gerissen hatte, für zwölf Jahre ins Exil geschickt. Obwohl *Duryodhana* die *Pandavas* nur durch betrügerische Manipulation vertrieben hatte und *Yudhishthira* von seinen beiden Brüdern *Bhima* und *Arjuna* dazu gedrängt wurde, zurückzukehren, um *Duryodhana* und dessen Brüdern den Krieg zu erklären, bestand er darauf, sein Wort zu halten und blieb die gesamten 12 Jahre im Exil.

Erst nachdem diese Frist verstrichen war, willigte er ein, den übel gesinnten *Kauravas* ihre Macht zu entreißen und sich wiederzuholen, was rechtmäßig ihm gehörte.

Nur durch Einsicht in spirituelle Prinzipien und die Ausübung geistiger Praxis erreichen wir das angemessene Verständnis und die rechte mentale Einstellung, um an ethischen Handlungsweisen festzuhalten, egal, welche Reaktion wir dadurch möglicherweise heraufbeschwören.

Der heilige *Ekhnath* sah einst, wie ein Skorpion in einem Teich zappelte und um sein Leben rang. Er entschied sich, ihn zu retten, indem er seinen Finger ausstreckte – doch der Skorpion stach ihn. Schnell zog er seine Hand zurück, die sehr schmerzte. Nach einigen Augenblicken versuchte Ekhnath aufs Neue, dem Skorpion aus dem Wasser zu helfen, aber wieder wurde er gestochen. So ging das eine ganze Weile. Schließlich fragte ihn jemand, der das ganze Schauspiel beobachtet hatte: „Warum versuchst du immer wieder, den Skorpion zu retten, obwohl du doch weißt, dass er dich stechen wird?"

Ekhnath gab folgende Erklärung: „Die Natur des Skorpions ist es, zu stechen – meine, zu lieben. Warum sollte ich meine Natur aufgeben, nur weil der Skorpion darauf beharrt, seine beizubehalten?" Schließlich stand der Skorpion – besänftigt durch *Ekhnaths* Mitgefühl – davon ab, ihn zu stechen. Der Heilige zog ihn freudig heraus und brachte ihn an Land in Sicherheit.

Nur Spiritualität gibt uns die Stärke, andere zu lieben und ihnen zu dienen, selbst wenn sie uns im Gegenzug dafür stechen. Wie der *Buddha* sagte: „Hass verschwindet niemals durch Hass; er verschwindet durch Liebe – dies ist das ewige Gesetz."

Als Amma ein junges Mädchen war, ging sie mit einer anderen jungen Frau durchs Dorf, um Essensreste von den Nachbarn einzusammeln, als Futter für die Kühe ihrer Familie. Zu dieser Zeit pflegten viele der Dorfbewohner Amma zu schikanieren. Sie dachten, dass es sich bei ihr keineswegs um eine göttliche Inkarnation, sondern einfach nur um eine Verrückte handelte. Als die beiden an einem bestimmten Haus vorbeikamen, stand ein Mann am Torweg und rief laut aus: „Diese *Sudhamani* ist schon recht sonderbar, kein Wunder, dass ihre Familie keinen Mann für sie findet. Oder ist es wegen der Mitgift? Wenn sie das Geld nicht haben, dann zahle ich dafür. Sie braucht einfach nur einen Ehemann, der ihr die Flausen austreibt." Der Mann fuhr in diesem Stil fort, als Amma und die andere Frau dort vorbeigingen. Amma war von seinen Kommentaren gänzlich unbeeindruckt, doch ihre Begleiterin, die sie gut kannte und die um ihre Göttlichkeit wusste, schmerzten seine Worte sehr. Amma versuchte sie zu trösten und sagte, dass man sich durch die Worte anderer nicht aus dem Gleichgewicht bringen lassen dürfe, dass sie ja nur ihrer eigenen Natur folgten usw. Doch das alles konnte die andere Frau nicht beruhigen.

Es war ihr unbegreiflich, wie dieser Mann ohne Grund so gemein sein konnte, und dann auch noch gegenüber Amma. Obwohl Amma selbst den Worten des Mannes keinerlei Beachtung schenkte, so war doch die Qual dieser jungen unschuldigen Frau zuviel für sie. Schließlich sagte sie ihr: „Mache dir keine Sorgen. Eines Tages wird er für seine Worte bezahlen."

Kurz nach dem Vorfall geriet der Mann, der Amma beleidigt hatte, mit seinem Fischerboot in einen schrecklichen Sturm. Zwei seiner Familienmitglieder ertranken, das Boot sank und wurde schließlich am Strand angeschwemmt. In einem kurzen Augenblick war seine ganze Existenzgrundlage vernichtet worden [1]. Da er von niemand anderem Hilfe bekam, ging er schließlich zu Amma und bettelte um Hilfe. Ein gewöhnlicher Mensch hätte sich vielleicht an die frühere Grausamkeit des Mannes erinnert und ihn fortgeschickt. Doch obwohl der *ashram* zu dieser Zeit sehr klein war, tat Amma, was sie konnte, um ihm Beistand zu leisten. Was sie an Geld besaß, gab sie ihm, um ihm zu helfen, wieder auf die Beine zu kommen.

Im Zusammenhang mit der Tsunamikatastrophe 2004 entwickelte sich eine ähnliche Geschichte, nur in weitaus größerem Maßstab. Viele der Dorfbewohner in dem Distrikt, der Ammas *ashram* umgibt, verloren an einem einzigen Tag alles, was sie

---

[1] Aus der Tatsache, dass Amma präzise voraussagte, dass der Mann eines Tages für seine Grausamkeit würde bezahlen müssen, sollte nicht der falsche Schluss gezogen werden, sie habe dieses Unglück, das ihm widerfuhr, herbeigeführt. Vielmehr war es ihr möglich, vorauszusehen, dass dem Mann als Ergebnis seines eigenen *karmas* zu leiden bestimmt war und dass er sie anschließend um Hilfe ersuchen würde.

hatten. In den Tagen nach der Katastrophe sagte Amma zu ihrem langjährigen Schüler, *Swami Amritaswarupananda*, dass sie beabsichtige, 23 Millionen Dollar für die Direkthilfe und die Rehabilitation der Tsunamiopfer zur Verfügung zu stellen. Später sagte er, dass er, als er zum ersten Mal davon hörte, seinen Ohren nicht traute. „Was?", fragte er Amma verblüfft, „23 Millionen Dollar? Wo bitte soll denn dieses Geld herkommen?"

Amma blieb ruhig. Sie sagte einfach nur: „Es wird kommen." Es war so viel Sicherheit und Zuversicht in ihrer Stimme ohne den leisesten Anflug eines Zweifels. Ein multinationales Unternehmen bräuchte für die Entscheidung, 23 Millionen Dollar zu investieren, Monate. Besprechungen und Verhandlungsrunden würden stattfinden, Experten-Analysen in Auftrag gegeben, um die Risiken und Gewinnchancen abzuwägen. Für Amma jedoch ist Mitgefühl, d.h. konkret, den Schmerz und das Leid der Menschen zu beseitigen, am wichtigsten. Ihre Entscheidung kam ganz spontan. In einem einzigen Augenblick war der Entschluss gefasst. „Es wird kommen."

Obwohl viele dieser Menschen sie in ihrer Kindheit auf herzlose Weise gedemütigt und sie als junges Mädchen mit Steinen beworfen hatten, veranlasste dies bei Amma nicht das geringste Zögern. Von dem Augenblick an, als das Wasser ins Land strömte (und obwohl der *ashram* selbst erhebliche Materialverluste zu beklagen hatte), war Amma mit ganzem Herzen engagiert, den Dorfbewohnern dabei zu helfen, all das, was sie verloren hatten, wiederzubekommen. Nur Ammas Wissen darum, dass sie eins ist mit der Quelle der Schöpfung, ermöglicht es ihr, andere zu lieben und ihnen zu dienen, egal wie man sie im Gegenzug behandelt.

Als einer der ersten spirituellen Sucher, der sich dazu entschied, zu Ammas Füßen zu leben und einzig bei ihr Zuflucht und Führung zu suchen, gehört *Swami Pranavamritananda* zu ihren ältesten Schülern. Als solcher war er zu verschiedenen Zeiten für zahlreiche Ashram-Zweigstellen verantwortlich. Am Abend, bevor er *Amritapuri* zum ersten Mal für einen langen Zeitraum verließ, gab Amma ihm einen Rat mit auf den Weg, den er, wie er selbst sagt, niemals vergessen wird. „Wenn du mit der Überzeugung gehst, dass egal, wie viel Gutes du für die Welt auch tust, absolut niemand ein gutes Wort für dich einlegen wird, kannst du niemals enttäuscht werden."

Amma macht hier darauf aufmerksam, dass nicht nur die Handlung selbst, sondern die Haltung, mit welcher wir sie ausführen, von Wichtigkeit ist. Wenn wir gute Taten vollbringen, erwarten wir vielleicht von Seiten derer, die unsere Hilfe empfangen, eine gewisse Anerkennung. Wenn wir diese nicht bekommen, verlieren wir möglicherweise völlig die Begeisterung und hören sogar auf, moralisch zu handeln. Die folgende Geschichte verdeutlicht diesen Punkt.

Ein Mann aus Bombay kam einmal nach *Amritapuri*, um Amma zu besuchen. Einige Zeit vorher hatte er dem *ashram* eine großzügige Spende zukommen lassen. Als er den Darshan-Helfern mitteilte, dass er gekommen war, um Amma zu sehen, gaben sie ihm ein Darshan-Ticket, rieten ihm, zum Mittagessen zu gehen und sich zu entspannen, da er ein paar Stunden warten müsste, bevor er an die Reihe käme und Ammas *darshan* empfangen könnte. Als der Mann das hörte, brach es ärgerlich aus ihm heraus: „Wissen Sie nicht, wer ich bin? Ich habe dem *ashram* in Bombay so viel Geld gegeben! Wie können Sie mich auf eine derartige Weise abfertigen!" Der Mann war so erbost, aufgefordert worden zu sein, sich ein Ticket für den *darshan* zu holen und in der Reihe zu warten, dass er den *ashram* ohne Ammas *darshan* verließ. Obwohl dieser Mann ein gutes Herz besaß und großzügig gespendet hatte, erwartete er im Gegenzug eine besondere Behandlung und Anerkennung. Die Schönheit seiner guten Tat wurde verdorben durch seine falsche Einstellung, und sie machte ihn sogar so blind, dass er nicht einmal die Wohltat von Ammas *darshan* in Empfang nehmen mochte.

Ich entsinne mich eines anderen Beispiels dieser Art von Freigiebigkeit. Es stammt aus meinen frühesten Tagen bei Amma. Zu dieser Zeit arbeitete ich in einer Bank, und da es in der Nähe keine vegetarischen Restaurants gab, entwickelte ich die Gewohnheit, Mittag- und Abendessen zusammenfallen zu lassen. Nach dem Frühstück trank ich lediglich etwas Tee und nahm nachmittags einen Imbiss zu mir. Während ihres *Krishnabhava* und *Devibhava* ließ Amma alle Personen, die zu ihr zum *darshan* kamen, ein oder zwei Löffel *payasam* (süßen Reispudding) kosten. Es war ihr spezielles *prasad* [2].

Immer jedoch, wenn ich abends nach Feierabend zum *Devibhava-darshan* kam, gab sie mir eine große Extraportion *payasam*. Danach forderte sie mich auf, sitzen zu bleiben und eine Weile zu meditieren. Zu dieser Zeit gab es dort einen anderen Devotee, der wegen der Aufmerksamkeit, die Amma den *brahmacharis* entgegenbrachte, sehr eifersüchtig war, besonders auf mich. Einmal schenkte er Amma ein *asana* (Meditationsteppich) aus echter Tigerhaut [3]. Weil Amma jedoch ihr Verhalten mir und den anderen *brahmacharis* gegenüber nicht änderte, platzte es eines Tages voller Frustration aus ihm heraus: „Hier ist nur Platz

---

[2] Eine von einem *sadguru* gesegnete Speise oder auch Gegenstand.

[3] In alter Zeit wurde von den Yogis ein Tigerfell zur Meditation benutzt. Man sagt, dass Tigerhaut die positiven Schwingungen, die ein Mensch während der Meditation aussendet, speichert. Wenn man andere Materialien benutzt, können die Schwingungen direkt durch den Meditationsteppich in den Erdboden entweichen. Natürlich sind Tiger eine gefährdete Tierrasse geworden und niemand mehr benutzt solche *asanas*. Doch in den frühen Achtzigern waren sie noch erhältlich. Für einen selbstverwirklichten Meister wie Amma sind solche äußeren Hilfsmittel überflüssig. Über diese Tatsache war sich besagter Devotee offenbar nicht im Klaren und glaubte, ihr damit einen großen Gefallen zu tun.

für Brahmanen!" Darauf nahm er den Meditationsteppich aus Tigerhaut fort von der Stelle, wo er lag und verließ den *ashram*. Hinterher kam er nur noch selten, um Amma zu sehen. Seine Aussage war natürlich absurd. Niemals hat Amma irgendeine Person bevorzugt behandelt, weder aufgrund von Kastenzugehörigkeit, Religion, noch aus irgendeinem anderen Grund. Tatsächlich hat sie auch mir keine Sonderbehandlung zukommen lassen. Es war nur so, dass zu jener Zeit sehr wenige von denen, die sich bei Amma aufhielten, an Meditation interessiert waren und *brahmacharis* werden wollten. Die meisten Menschen waren Haushälter-Devotees, die Amma lediglich von ihren Problemen erzählen wollten und anschließend nach Hause gingen. Für diejenigen von uns, die zu meditieren wünschten, schuf Amma besondere Möglichkeiten, in ihrer Nähe zu sitzen.

Obwohl der Mann Amma mit einem großzügigen Geschenk in Form dieses seltenen traditionellen *asana* bedacht hatte, wurde dadurch, dass er den erwarteten Lohn nicht erhalten hatte, nicht nur die Schönheit seiner Spende verdorben – er nahm sogar das Geschenk selbst wieder zurück.

Stolz und Egoismus können nicht nur unsere guten Taten, sondern auch unsere guten Eigenschaften verderben. Einmal bezeichnete Amma einen bestimmten *brahmachari* als sehr demütig. Am nächsten Tag erklärte sie im Beisein des zuerst Gelobten, ein anderer *brahmachari* besitze ebenfalls diese Tugend. Als der erste *brahmachari* dies hörte, protestierte er sofort entschieden: „Amma, wie kannst Du so etwas über ihn behaupten? Ich bin um vieles demütiger als er!" In der Hitze des Gefechts war dem *brahmachari* offensichtlich die Ironie entgangen, die darin lag, dass er stolz auf seine Demut war.

Demut ist insofern eine außergewöhnliche Eigenschaft, dass die Behauptung, man habe sie, als ein sicherer Beweis dafür gelten kann, dass man sie gerade nicht besitzt. Amma sagt, ein spirituell

Suchender solle nicht einmal ein einziges Wort der Anerkennung erwarten. Allzu oft erweist sich Demut nicht als Entsagung von jeglichem Stolz, sondern nur als Austausch einer Art des Stolzes gegen eine andere: man ist stolz darauf, nicht stolz zu sein. Wir sollten gewissenhaft danach streben, demütig zu werden, aber wir sollten uns ebenfalls darüber klar sein, dass wir uns in dem Augenblick, wo wir vollkommene Demut erreicht haben, unserer eigenen Persönlichkeit so wenig bewusst sind, dass wir nicht einmal merken, dass wir demütig sind.

Der *Buddha* riet seinen Schülern einmal: „Es gibt im menschlichen Geist 80 000 verschiedene Arten von Unwissenheit. Wenn ihr der Menschheit dienen wollt, müsst ihr bereit sein, 80 000 Arten von Kränkungen zu ertragen."

Als Amma das Häuserbauprojekt des *ashrams* ins Leben rief, das darin besteht, Wohnungen zu bauen und an mittel- und obdachlose Menschen zu verteilen, sandte sie viele *brahmacharis* hinaus, um die Bauarbeiten zu beaufsichtigen oder sich sogar selbst an ihnen zu beteiligen. Als die *brahmacharis* in den *ashram* zurückkehrten, beschwerten sich einige von ihnen bei Amma darüber, dass manche von den Empfängern – sie hatten vorher in Wellblech- und Pappkartonhütten gelebt – sich im Hinblick auf die ihnen übereigneten neuen Wohnungen in keiner Weise als dankbar erwiesen. Sie standen einfach daneben, rauchten Zigaretten und schauten sich das Ganze völlig desinteressiert an. Eines Abends, nachdem die *brahmacharis* Zement gegossen hatten, baten sie den zukünftigen Hauseigentümer, den Zement zu wässern, damit er über Nacht aushärten konnte. Seine Antwort war: „Dass ist nicht mein Job, so etwas mache ich nicht."

Die *brahmacharis* fragten Amma: „Warum sollen wir uns damit abgeben, Häuser für solche Leute zu bauen?"

Ammas Antwort lautete: „Kinder, es ist eure Pflicht, die Häuser zu bauen. Außerdem ist dieser Mensch einfach nur er selbst. Hätte er anders reagiert, hätte es sich um eine andere Person gehandelt." Mit anderen Worten: Menschen handeln ihrer eigenen Natur gemäß und wir sollten nicht erwarten, dass sie sich anders verhalten.

Hätte Amma diesen *brahmacharis* nicht geholfen, ihre Einstellung zu korrigieren, hätten sie sicher ihren Enthusiasmus und ihre Motivation verloren, den Armen zu dienen, nachdem sie ein paar Mal schlecht behandelt worden waren. Unter Ammas Anleitung waren sie fähig, diese Erfahrung als eine Gelegenheit zu betrachten, „Handeln um seiner selbst willen" zu verinnerlichen und geistige Gelassenheit zu kultivieren: Die Pflicht zu tun, ohne sich darum Gedanken zu machen, ob die Umgebung den eigenen Bemühungen mit Lob oder Kritik begegnet.

Wenn wir Wohltätigkeit oder irgendeine Art ethischen Handelns praktizieren und dabei erwarten, Anerkennung oder Dankbarkeit zu erhalten, erzeugen wir für uns selbst mehr *karma* – auch wenn es sich um gutes *karma* handelt – und wir müssen in irgendeiner zukünftigen Zeit die positiven Früchte *(karma-phala)* dieser Taten auch „ernten", d.h. erfahren. Während die Ergebnisse leidvollen oder negativen *karmas* mit einer eisernen Kette verglichen werden können, die uns fesselt – da wir ja dazu verurteilt sind, die leidvollen Ergebnisse unserer schlechten Taten zu erfahren – so weisen die Resultate guten Handelns, welches mit einer egozentrischen Einstellung verrichtet wird, Ähnlichkeit mit einer goldenen Kette auf.

Ob wir an eine eiserne oder an eine goldene Kette festgeschmiedet sind – in beiden Fällen befinden wir uns in Knechtschaft. Wenn wir auch Erfolg, Wohlstand und angenehme Erfahrungen als Ergebnis dieser Handlungen genießen können, so bleiben wir doch weiterhin dem Zyklus von Geburt und Tod unterworfen.

Es gibt jene, die ihr Leben der Ausübung guter Handlungen und geeigneter *yajñas* (vedischer Opferrituale) widmen, um nach ihrem Tod Zugang zu himmlischen Gefilden zu bekommen. Doch selbst wenn sie erfolgreich sind, so ist doch gemäß den Lehren des *sanatana dharma* das Leben in solchen Regionen keineswegs ewig. Aus diesem Grund lehnt nach Aussage der *Katha Upanishad Nachiketas* das Angebot des Todesgottes *Yama*, der ihm Zugang zum höchsten himmlischen Bereich verschaffen will und ihm die höchstmöglichen Freuden für eine scheinbar endlose Dauer verspricht, kurzerhand ab. Vielmehr eröffnet er *Yama*, dass er einzig an Selbsterkenntnis und der mit ihr einhergehenden Befreiung aus dem Kreislauf von Geburt und Tod interessiert ist. Er wusste, dass alle Vergnügungen, seien sie nun diesseitig oder jenseitig, nur von begrenzter Dauer und letztlich mangelhaft sind, dass die Seele, wenn ihre Verdienste erschöpft sind, wieder zu Erde herabsteigen und hier eine Geburt als Mensch annehmen muss. Ähnliches wird auch in der *Bhagavad Gita* gesagt, wenn *Krishna* erklärt:

te taṁ bhuktvā svargalokaṁ viśālaṁ
kṣīṇe puṇye martya-lokaṁ viśanti

(X.21)

„Nachdem sie den gewaltigen Himmel genossen haben,
treten sie, wenn ihr Verdienst erschöpft ist,
in die Welt der Sterblichen ein."

Das heißt natürlich nicht, dass wir den selbstlosen Dienst aufgeben sollen, nur weil unsere Haltung noch nicht im eigentlichen Sinne selbstlos genannt werden kann; solange wir Handlungen mit diesem Ziel im Gedächtnis verrichten, weitet sich unser Geist mehr und mehr, und zu gegebener Zeit werden wir einen Zustand erreichen, wo unsere Arbeit tatsächlich selbstlos ist.

Amma sagt: „Wenn wir auch von anderen nicht die angemessene Erwiderung auf unsere guten Taten erhalten, sollten wir doch niemals aufhören, nutzbringende Dinge zu tun. Selbst wenn niemand ihnen Wertschätzung entgegenbringt, so werden sie gleichwohl eine positive Wirkung nach sich ziehen."

Hier nimmt Amma Bezug auf die Tatsache, dass eine jede Handlung wenigstens zwei Arten von Ergebnissen erzeugt: ein sichtbares und ein nicht sichtbares. Jemand mag auf unsere gute Handlung positiv oder negativ reagieren – das ist das sichtbare Ergebnis. Doch erwachsen uns aus jeder guten Tat ungeachtet ihrer sichtbaren Auswirkungen auch positive Verdienste *(punya)* – das ist das unsichtbare Ergebnis. Während also das sichtbare Resultat einer ethischen Handlung positiv oder auch negativ sein kann, so ist doch die unsichtbare Auswirkung besagter Tat immer positiv. Wenn wir zum Beispiel einem hungrigen Menschen zu essen geben, können wir das Ergebnis direkt wahrnehmen; sein Hunger ist gestillt. Das unsichtbare Resultat besteht darin, dass wir dafür positive Verdienste *(punya)* ansammeln.

Indem wir uns daran erinnern, dass zumindest die unsichtbare Wirkung unserer guten Handlungen immer positiv ist und gleichzeitig der äußerlichen Wertschätzung und Anerkennung keine allzu große Wichtigkeit beimessen, kommen wir dahin, immer unser Bestes zu tun, um in jedem Fall an unserem *dharma* bzw. der Ausübung dharmischer Handlungen festzuhalten.

Es gibt eine bestimmte Schildkrötenart, die mit ihrem Schwanz über den Boden wischt, während sie läuft. Sie tut dies, um Raubtiere daran zu hindern, ihre Spur zu verfolgen. Bis zu einem bestimmten Ausmaß funktioniert das gut. Doch haben manche Raubtiere diese Technik durchschaut: sie schauen nun nicht mehr auf die Fußspuren der Schildkröte, sondern auf das Muster, das sie auf dem Erdboden hinterlässt, wenn sie mit ihrem Schwanz darüber wischt.

Um uns spirituell zu entwickeln und schließlich aus der Sklaverei von Geburt und Tod auszubrechen, tun wir Gutes. Doch wenn wir das Richtige mit der falschen Einstellung tun, gleichen wir der Schildkröte. Unsere falsche Haltung ist wie der Schwanz, der einerseits die Eindrücke, die durch unsere guten Taten erzeugt wurden, auslöscht, doch andererseits seine eigene Markierung hinterlässt, die weitere Versklavung nach sich zieht. Deswegen sagt Amma, wir sollten eine gute Sache, die wir vollbracht haben, unmittelbar nach der Ausführung wieder vergessen.

Wenn wir einen Schlüssel zur einen Seite drehen, schließt er; drehen wir ihn in die andere Richtung, öffnet er. In vergleichbarer Weise werden uns Handlungen, die mit der falschen Einstellung ausgeübt werden, immer weiter in *samsara* (dem Zyklus von Geburt und Tod) einschließen, während Handlungen, die wir mit der rechten Einstellung verrichten, das Schloss des *samsara* öffnen und uns am Ende befreien.

❀

Teil 2

Die Voraussetzungen für ein gesegnetes Leben

*Möge der Baum des Lebens fest im Mutterboden
der Liebe verwurzelt sein.
Lasst gute Taten die Blätter dieses Baumes sein;
freundliche Worte mögen seine Blüten formen;
der Frieden sei seine Frucht.*

— Amma

KAPITEL 5

Spirituelles Leben

Wenn man die vedischen Schriften ohne richtige Anleitung oder angemessenes Verständnis liest, kann man zu der falschen Schlussfolgerung gelangen, die fünf Sinne seien irgendwie schlechthin von Übel. Doch indem wir Amma beobachten, gelangen wir zu der Einsicht, dass dies keineswegs der Fall ist. Sie zeigt uns, dass wir dieselben fünf Sinne auf eine positive Weise verwenden können – auf eine Weise, die unser spirituelles Wachstum nicht hemmt sondern fördert.

Amma benutzt ihre Ohren, um auf die Sorgen der leidenden Menschen zu hören; ihre Stimme, um sie zu trösten und aufzuheitern; ihre Augen, um allen mitfühlende Blicke zuzuwerfen. Wie unsere Lebensumstände auch sein mögen, wir können uns doch alle dazu verpflichten, gute Gedanken zu denken, wohltuende Dinge zu hören, freundliche Worte zu sprechen und gute Taten zu vollbringen.

Während ihrer USA-Tour 2005 besuchte Amma wie üblich den kalifornischen *ashram* in San Ramon. An einem bestimmten Tag kam der dreijährige Sohn eines Devotees – der übrigens durch Ammas Segen das Licht der Welt erblickt hatte – zu ihr, um sich zu beschweren. Er stellte sich vor sie hin und erklärte kühn: „Von den Leuten hier mag ich eigentlich niemanden." Anstatt diese Worte als das Geplapper eines Kindes abzutun, nahm sie die Beschwerde ernst. „Warum denn nur, mein Sohn? Hat jemand hier mit dir geschimpft?

„Nein", antwortete der Junge. Darauf fragte sie ihn: „Wärest du nicht traurig, wenn die Leute hier sagen würden, sie könnten dich nicht leiden?"

Dem stimmte er zu. Dann gab sie dem Kleinen und allen anderen Anwesenden, die diesen Wortwechsel verfolgten – einschließlich seines Vaters – eine Lektion für das ganze Leben mit auf den Weg. Sie benutzte ihre Hände, um ihren Worten Nachdruck zu verleihen und sagte: „In allem, was du hörst, in allem, was du siehst, in allem, was du riechst, in allem, was du isst...", dann winkte sie mit der Hand in Richtung der Leute im Saal und fuhr fort: „...auch in den Menschen, in jeglichem Ding solltest du überall nur Gott fühlen." Auf diese Art erklärte sie sogar einem Dreijährigen, wie die Sinne in unserem Leben auf positive Weise verwendet werden können.

In gleicher Weise lehrt Amma uns, wie wir unsere Energie für einen guten Zweck einsetzen können anstatt sie zu unterdrücken. Dieses Verfahren ist im spirituellen Leben sehr wichtig. Wenn wir zum Beispiel versuchen, einen reißenden Fluss einzudämmen, so stellt dies ein sehr schwieriges Unterfangen dar, bei dem das Ökosystem und auch wir selbst Schaden nehmen können. Wenn wir den Fluss stattdessen vorsichtig an seiner Quelle in eine neue Richtung umleiten, führt dies zu dem Ergebnis, dass er einen ganz anderen Zielort erreicht.

Amma fordert uns niemals auf, unsere Gedanken und Wünsche zu unterdrücken. Stattdessen leitet sie den Strom unseres Gemütes geschickt in eine neue Richtung, so dass er zu Gott hin fließt. Wenn unser Geist in Richtung des Göttlichen fließt, dienen unsere Energie und unsere Handlungen natürlicherweise einem höheren Zweck. Anstatt ein egozentrisches Leben zu führen, werden wir selbstloser und mitfühlender. Genuss ist nicht falsch; nur ist es nicht gut, wenn er einzig uns selbst dient. So ist es zum Beispiel in Ordnung, unser Geld und unsere Zeit für ein paar Vergnügungen zu verwenden doch wie Amma sagt, sollte zumindest ein Teil unserer Zeit und unserer Mittel den Armen und Bedürftigen zugute kommen. Tatsächlich sind sowohl die

Idee als auch der Vorgang sehr einfach. Praktisch gesprochen bedürfen wir jedoch ständiger Erinnerung und eines Vorbildes. Dies ist der eigentliche Nutzen, den wir aus dem Zusammensein mit einer Meisterin wie Amma ziehen können. Vielleicht seid ihr mit dem von ihr angeführten Beispiel vertraut, wo sie den Meister mit einer Rakete vergleicht, welche uns hilft, die „Erdanziehungskraft" unserer negativen Tendenzen und eigensüchtigen Begierden zu durchbrechen. Kürzlich las ich, dass ein russisches Raumschiff aufgrund eines Fehlers in seiner Startrakete zurück zu Erde fiel und zerschellte. Ebenso ist es mit uns: wenn wir von einer materiellen Startrakete abhängig sind, wissen wir nie, wann sie versagt oder wann ihr der Treibstoff ausgeht. Die „Meister-Rakete" jedoch wird uns nie im Stich lassen, verfügt der Meister doch über den unerschöpflichen Treibstoff bedingungsloser Liebe.

Wie können wir das Beispiel von Ammas Leben als Startrakete verwenden? Zunächst einmal entwickeln wir in der Zeit, die wir in ihrer Gegenwart verbringen, eine Zuneigung zu ihr oder zumindest zu den Dingen, die sie tut. Wenn wir das Leben der Selbstaufopferung, das sie führt, beobachten, beginnen auch wir, unsere Vernarrtheit in Sinnesobjekte aufzugeben.

Amma erzählt folgende Geschichte: ein wohlhabender Mann hatte einmal ein Gespräch mit ihr. Er pflegte in einem luxuriösen großen Bett zu schlafen und dachte, Amma würde nach dem *darshan*, bei welchem sie sich für viele Stunden anspannt, auch in einem schönen, bequemen Bett schlafen. Als er aber herausfand, dass sie immer auf dem harten Fußboden schläft, war er schockiert. Er beschloss, sein Luxusbett zu verkaufen und das Geld für wohltätige Zwecke zu spenden.

Einmal kam eine Gruppe Jugendlicher in den *ashram*, als Amma gerade *darshan* gab. Die meisten waren betrunken, und einer von ihnen erbrach sich auf den Fußboden, gleich nachdem er Ammas *darshan* erhalten hatte. Die Devotees, die in Ammas Nähe saßen, gingen alle angeekelt weg, selbst seine eigenen Freunde. Doch Amma stand sofort auf und reinigte sein Gesicht mit ihrem eigenen Sari. Danach begann sie, den verschmutzten Fußboden zu säubern. Bald kamen die Devotees mit einem Mopp und einem Wassereimer. Ammas tiefe Liebe und Demut zu sehen, bewirkte bei den jungen Leuten einen echten Wandel. Sie hatten solche Gewissensbisse, dass sie das Trinken vollkommen aufgaben. Auf diesem Weg zeigt uns Amma, dass das Leben nicht einfach zu unserem Vergnügen da ist. Sie macht uns auf den höheren Sinn des Daseins aufmerksam und zeigt uns, wie wir Körper, Gemüt und Sinne nutzen können, um ihn zu erreichen.

In der *Kena Upanishad* gibt es folgendes Friedensgebet: „Lass all meine Gliedmaßen stark und gesund sein, o Herr. Möge meine Sprache, meinen Atem, meine Augen, Ohren und all die anderen Sinnesorgane stark und gesund sein… Möge ich nie das höchste *brahman* vergessen, welches das gesamte Universum durchdringt."

Dies bedeutet: „Mögen meine Sinne mich nicht täuschen, indem sie mir seichte Kenntnisse bloßer Namen und Klänge vermitteln; mögen sie stark genug sein, die äußeren Namen und Formen zu durchdringen und die Wahrheit jenseits von ihnen zu erblicken.

Amma berichtet folgende Geschichte: Einst besuchte ein Geschäftsmann einen *guru*. Er erzählte ihm, dass er eine Menge Geld, eine liebende Ehefrau und gehorsame Kinder besaß, aber trotz alledem nicht in der Lage sei, inneren Frieden zu finden. Der Meister antwortete: „Wenn sie interessiert sind, gebe ich ihnen ein *mantra*."

Der Geschäftsmann holte einen großen Schlüsselbund hervor und sagte: „Jeder dieser Schlüssel gehört zu einer Fabrik, für die ich verantwortlich bin. Wo ist da Zeit für mich, ein *mantra* zu rezitieren?"

Der *guru* fragte geduldig: „Duschen sie täglich?"

„Selbstverständlich", antwortete der Mann.

„Wie weit ist das Badezimmer von ihrem Bett entfernt?"

„Ungefähr zehn Schritte."

„Was machen sie auf dem Weg zum Badezimmer?"

„Nichts, ich gehe einfach."

„Dann können sie doch gut auf dem Weg vom Bett zum Badezimmer ein paar Mal das *mantra* rezitieren."

Der Geschäftsmann stimmte zu, dass er dazu durchaus in der Lage sei."

„Und während sie duschen, sind sie da beschäftigt?"

Der Geschäftsmann willigte ein, auch während des Duschens sein *mantra* zu rezitieren.

In ähnlicher Weise riet der *guru* dem Mann, auch beim Zähneputzen, beim Frühstück und auf dem Weg zum Auto sein *mantra* gedanklich zu wiederholen. Der Geschäftsmann folgte diesem Ratschlag aufrichtig, und in kurzer Zeit war er in der Lage, sein *mantra* während vieler seiner täglichen Aktivitäten zu rezitieren.

Der römische Philosoph Seneca schrieb einmal: „Jeder besitzt Zeit, wenn er nur will. Das Geschäft läuft niemandem nach. Es sind die Menschen, die sich aus freiem Willen daran klammern und glauben, geschäftig zu sein sei ein Beweis des Glücklichseins." Besonders in der heutigen Welt beklagen sich die Leute oft über mangelnde Zeit für spirituelle Übungen oder um ein spirituelles Leben zu führen. Doch ebenso wie der Geschäftsmann in der obigen Geschichte werden auch wir, wenn wir unser Leben einmal sorgfältig betrachten, definitiv die Zeit finden, uns an Gott zu erinnern. Egal, wie beschäftigt wir auch sein mögen – es gibt in unserem Leben täglich längere und kürzere Zeitspannen, wo wir nichts zu tun haben, selbst wenn es nur ein paar Minuten an der Bushaltestelle sind, wenn wir in der Schlange stehen oder auch wenn wir mit irgendeiner Routinearbeit befasst sind und der Geist genügend Freiraum hat, an das *mantra* zu denken. Anstatt danach zu trachten, unsere freie Zeit mit irgendeiner Art von Unterhaltung zu verbringen oder uns in Gedanken über Vergangenheit oder Zukunft zu ergehen, sollten wir lernen, zumindest einen Teil unserer freien Zeit in „Qualitäts-Zeit" umzuwandeln. Während wir am Telefon festgehalten sind, können wir zum Beispiel versuchen, innerlich ruhig zu sein und uns daran erinnern, dass unsere wahre Natur Stille und Frieden ist. Wenn Amma unser *guru* ist, können wir uns an die süßen Erlebnisse mit ihr erinnern, oder wir können uns vorstellen, dass sie in unserem Herzen Platz nimmt. Wenn wir auf dem Postamt in der Schlange stehen, können wir uns vorstellen, wir warteten auf Ammas *darshan*, doch Vorsicht: nicht den Beamten am Schalter umarmen, der einem die Briefmarken gibt!

Wenn wir von Natur aus nicht hingebungsvoll sind, können wir auch unseren Atem beobachten und uns jedes Einatmens und jedes Ausatmens bewusst werden. Dies ist in sich selbst eine spirituelle Praxis, die uns helfen wird, größere Wachheit in uns zu erzeugen.

Während wir spirituelle Übungen ausführen und unser Verständnis der geistigen Prinzipien vertiefen, sollten wir besonders vorsichtig sein, wie wir unsere freie Zeit nutzen. Wenn wir etwa einen freien Abend oder ein freies Wochenende haben, können wir einen *satsang* besuchen oder freiwillige Arbeit verrichten. Wenn wir mit unserer Freizeit etwas spirituell Nützliches anfangen, wird unser Gemüt zumindest während dieser Zeit rein sein, und wir werden auch anderen damit helfen. Gleichzeitig sollten wir vorsichtig sein, keine neuen *vasanas*[1] hervorzubringen. Wir können

---

[1] Wörtlich bedeutet *vasana* „Tendenz". In diesem Buch wird der Begriff verwendet, um speziell negative Tendenzen zu benennen. Letztlich müssen alle Tendenzen überwunden werden, um Befreiung oder Selbstverwirklichung zu erlangen, doch ein wichtiger Teil des Weges dorthin besteht darin, negative Tendenzen auszumerzen und gute an ihre Stelle zu setzen.

das dadurch erreichen, dass wir spirituelle Bücher lesen, Ammas *ashrams* besuchen und Zeit mit Devotees und anderen spirituellen Aspiranten verbringen. Solchen Aktivitäten nachzugehen wird einen Großteil dazu beitragen, dass keine zusätzlichen *vasanas* entstehen. Der erste Schritt, sie zu vernichten oder zu überwinden, besteht darin, uns von den Orten fernzuhalten, die sie an die Oberfläche bringen. Amma sagt zum Beispiel, wir sollten auf keinen Fall das TV-Gerät in unserem Schlafzimmer stehen lassen, wenn wir einen starken Hang zum fernsehen besitzen; es ist sinnlos, sich damit herauszureden, man würde schon stark genug sein, das Gerät ausgeschaltet zu lassen.

Der erste Schritt besteht darin, den Fernseher aus dem Zimmer zu entfernen. Es ist viel schwerer, einer bestimmten Sache aus dem Weg zu gehen, wenn unsere Sinnesorgane mit ihr in Kontakt kommen. Wenn wir dagegen jegliches Zusammentreffen vollständig vermeiden, wenn wir uns an einem Ort aufhalten, wo die existierenden *vasanas* weniger Gelegenheit haben, zum Vorschein zu kommen, haben wir größere Erfolgschancen. Wenn das *vasana* stark ist, kann es natürlich sein, dass wir vielleicht nicht fähig sein, es vollständig zu beseitigen, aber wir können immerhin versuchen, es zu regulieren; wenn wir nicht in der Lage sind, das Fernsehen völlig aufzugeben, können wir spirituelle Filme anschauen oder etwas, was zur Bildung beiträgt.

Wir können uns auch Routinetätigkeiten, die wir alltäglich verrichten, daraufhin anschauen, ob sich nicht Wege finden lassen, sie bewusster auszuführen. Dann können sie zu Erinnerungsstützen werden im Hinblick auf unser wahres Wesen und unser eigentliches Lebensziel. Es ist sehr wichtig, wie wir am Morgen aufwachen. Bevor wir einen Fuß auf den Boden setzen, sollten wir zuerst der Erde danken, dass sie uns unterstützt und erhält. Bevor wir aus dem Bett steigen, sollten wir beten: „Oh Herr, lass mich heute niemanden verletzen, weder in Gedanken und Worten noch in Taten. Lass mich heute einige gute Dinge für andere tun."

Während wir duschen, können wir uns daran erinnern, Mutter Natur zu danken, dass sie uns mit Wasser versorgt. Wir können darauf achten, nicht mehr Wasser zu verbrauchen, als wir unbedingt benötigen und uns darauf besinnen, dass Wasser ein kostbares Gut ist. Auch können wir uns daran erinnern, dass nicht jeder Mensch Zugang zu ausreichend Wasser hat und wir können dafür beten, dass die Bedürfnisse aller gestillt werden.

Bevor wir essen, können wir Gott unsere Dankbarkeit dafür erweisen, dass er uns Nahrung gibt. Wir können uns daran erinnern, wie viel Opfer und Mühen seitens anderer Lebewesen nötig sind, um uns diese Speise zu bringen. Auch sollten darauf achten, nicht mehr zu nehmen, als wir brauchen. Nahrung wegzuwerfen ist gleichbedeutend mit mangelndem Respekt gegenüber Gott und denjenigen Menschen, die nichts zu essen haben. Amma sagt es unverblümt: „Mehr Nahrung zu nehmen, als wir brauchen, ist ein Akt der Gewalt." Kürzlich las ich in einer Studie über die weltweite Armut, dass man wohlhabender ist als 60% der Weltbevölkerung. wenn man Nahrung im Kühlschrank, Kleidung an seinem Körper, ein Dach über dem Kopf und einen Platz hat, auf dem man sich niederlegen kann. Viele von uns betrachten dies als selbstverständlich und gleichsam als unser Geburtsrecht. Doch für die große Mehrheit der Menschen ist dies nicht so. Tatsächlich sind wir in einer überaus glücklichen Lage, selbst diese einfachen grundlegenden Notwendigkeiten zu besitzen. Wenn wir über die Notlage der leidenden Menschen überall in der Welt nachdenken, wie können wir da behaupten, unser Leben sei nicht gesegnet?

Amma sagt: „Gewöhnlich sind wir nicht etwa dankbar für das, was wir erhalten haben, sondern vielmehr jederzeit bereit, uns zu beschweren. Diese Haltung ist falsch. Gott hat uns so viel gegeben: einen gesunden Körper, Sonnenschein, Luft und

Wasser. Und doch bringen wir ihm gegenüber keineswegs unsere Dankbarkeit zum Ausdruck. Wir sollten ein Herz zu kultivieren, das von Dankbarkeit und Liebe zu Ihm erfüllt ist."

Eine der wichtigsten Zeiten des Tages ist die Dämmerung. Amma sagt, dass die weltlichen Schwingungen dann sehr stark sind, weil dann alle Lebewesen über die Angelegenheiten des alltäglichen Lebens nachdenken und sich nach Schlaf sehnen. Sie macht deutlich, dass wir von all den weltlichen Schwingungen negativ beeinflusst werden, falls wir zu dieser Zeit nicht irgendeine Art von *sadhana* praktizieren. Daher empfiehlt sie, dass wir zur Abenddämmerung beten oder laut *bhajans* singen, anstatt zu essen, zu schlafen oder anderen extrovertierten Aktivitäten nachzugehen. So vermeiden wir negative Gedanken und das Gemüt konzentriert sich auf Gott. Amma sagt, dass dies dazu beiträgt, die Atmosphäre zu reinigen.

Traditionell wird insbesondere in Brahmanenfamilien die Dämmerung für spirituelle Praktiken freigehalten. Die Familie geht in ihren Puja-Raum. Dort betet und rezitiert sie für mindestens eine halbe Stunde. Heutzutage laufen in Indien jedoch gerade zu der Zeit (zwischen 18.30 Uhr und 19.00 Uhr) die beliebten Serien im Fernsehen. So geschieht es oft, dass die Eltern sicherstellen, dass ihre Kinder ihre Gebete zu dieser Zeit aufsagen, damit sie sich in Ruhe den Abendfilm ansehen können.

Ich habe dies selbst erlebt, als ich in Indien Wohnungen von Ammas Devotees besucht habe. Ich erinnere mich, dass ich einmal genau um 18.30 Uhr in ein Haus kam, wo die Eltern die Kinder gerade in den Puja-Raum geschickt hatten. Da ich nun aber ihr Gast war, konnten sie sich die Sendung nicht ansehen. Ich konnte sehen, dass sie sehr enttäuscht waren, dass ich gerade zu dieser Zeit gekommen war, aber sie wollten mich auch nicht bitten wieder zu gehen. Später haben sie es mir selbst erzählt: „*Swamiji*, wir sagen unseren Kindern, sie sollen genau zwischen halb sieben und sieben Uhr beten. Die Serie wird in halbstündigen Folgen gesendet, die Zeit reicht also für uns aus." Innerlich betete ich zu Amma und dankte ihr, dass sie mich zumindest nicht gebeten hatten, zu gehen.

Amma bemerkt in diesem Zusammenhang, dass manche Menschen zwar ein gewisses Interesse für Gott und Spiritualität haben, dass es aber nur wenige sind, die sich für die Befreiung entscheiden würden, wenn man sie ihnen anböte. Sie macht darüber folgenden Scherz: Angenommen, Gott selbst käme an unsere Tür und würde uns die höchste Verwirklichung anbieten - wir würden dann sagen: „Weißt Du Herr, das ist wirklich ein phantastischer Film, den ich mir da gerade anschaue. Kannst Du vielleicht später kommen, wenn er vorbei ist?"

Was wir tun, bevor wir schlafen gehen, ist ebenfalls sehr wichtig. Statt uns einem Film voller Gewalt anzuschauen oder einen Horrorroman zu lesen, sollten wir versuchen, uns einer Lektüre mit einem gewissen moralischen oder spirituellen Wert zu widmen.Wir können ein paar Seiten von Amma oder einem anderen verwirklichten Meister lesen; möglicherweise auch etwas aus den heiligen Schriften. Es gibt viele, die behaupten, Filme und Medien hätten keinerlei Einfluss auf die Einstellung oder das Verhalten eines Menschen, doch Psychologen sagen einem, dass es besser ist, etwas zu lesen, was das Gemüt besänftigt oder beruhigt, besonders vor dem Zubettgehen.

Amma rät uns auch, vor dem Schlafengehen und nach dem Aufwachen zehn Minuten zu meditieren. Für diesen Rat gibt es einen guten Grund. Regelmäßiges Meditieren hat eine subtile, aber wichtige Nachwirkung. Amma sagt, dass unterschiedliche Gefühle unterschiedliche Schwingungen in und um uns herum erzeugen. Zorn produziert eine gewisse Art von Vibration; Lust produziert eine andere und mütterliche Liebe wieder eine andere. Mantra-Rezitation und

Meditation erzeugen in uns eine sehr wohltuende Schwingung. Die moderne Wissenschaft hat viele Studien durchgeführt, die zeigen, dass Meditation auch einen positiven Einfluss auf unsere körperliche und mentale Gesundheit hat und sogar Teile des Gehirns aktiviert, die Glück und Gefühle des Wohlbefindens hervorrufen. Eine Untersuchung der Universität Wisconsin, welche die Kraft der Meditation zum Gegenstand hatte, maß die Aktivität jener Teile des Gehirns bei normalen Menschen und verglich sie mit derselben Region des Gehirns buddhistischer Mönche aus Tibet. Bei den älteren Mönchen, die seit Jahren regelmäßig meditiert hatten, war der „Glücks-Koeffizient" über dem Spitzenwert innerhalb der Skala, welche die Universität bei ihrer Untersuchung zugrunde gelegt hatte. Diese Mönche waren glücklicher, als die Wissenschaftler es für möglich gehalten hatten.

Die Weisen aus vergangener Zeit maßen dem Ausüben spiritueller Praxis zu Beginn des Tages große Wichtigkeit bei. Im *Srimad Bhagavatam* wird der Verfall spiritueller und moralischer Werte im *kali yuga*, dem Zeitalter des Materialismus (in dessen Mitte wir uns heute befinden) geschildert. In diesem Zusammenhang bemerkt der Weise *Shukadeva*, es sei charakteristisch für das *kali yuga*, „dass einfach nur ein Bad zu nehmen – ohne jegliche andere morgendliche Praxis – als ausreichend für den ganzen Tag angesehen wird."Ist es nicht genau die Art zu Denken, der die meisten von uns beipflichten? Besonders wenn wir in Eile sind, nehmen wir einfach eine schnelle Dusche und hasten aus der Tür mit einem Stück Toast in der Hand. Dass aber unser Geist ebenfalls eine Dusche benötigt, das ist es, woran uns die Weisen erinnern. Diese innere Reinigung kann nur durch Meditation und andere spirituelle Übungen erlangt werden.

Einige Menschen fragen, warum es im *sanatana dharma* so viele äußere Rituale und Zeremonien gibt, wenn doch Gott innen existiert. Solche Menschen wenden ein: „Wie können wir Gott im Inneren finden, wenn wir immer nur nach außen schauen?"

Wenn solche Menschen für nur zwei Minuten ihre Augen schließen und dort nach Gott suchen würden, hätten sie, glaube ich, die Antwort auf ihre Frage. Nach innen zu schauen ist nicht so einfach, wie es sich anhört. Unser Gemüt ist seiner ganzen Grundtendenz nach im höchsten Maße extrovertiert. Wenn wir es einem direkten Angriff aussetzen, wenn wir versuchen, unseren Sinnen zu widerstehen und uns ganz nach innen zu richten, wird das Gemüt revoltieren. Unsere mentale Ruhelosigkeit wird sich um das Zehnfache steigern. Es gibt in der *Katha Upanishad* dazu einen Vers:

paraῆci khāni vyatṛṇat svayambhūstasmāt
parāṅpaśyati nāntarātman

Der aus sich selbst Seiende hat die Sinnesorgane
mit einem Defekt versehen,
indem er sie geschaffen hat mit der Tendenz,
nach außen zu blicken;
durch sie ist der Mensch daher nach außen
und nicht auf das innere Selbst gerichtet. (II.i.1)

Amma sagt, dass Gott zwar innen existiert, unser Gemüt jedoch nicht nach innen zu schauen geneigt ist. Der Sinn äußerer Gottesverehrung besteht eigentlich darin, den Geist zu überlisten, sich auf Gott auszurichten. Wir lassen das Gemüt nach außen schweifen, gerade so, wie es ihm behagt, doch wir kontrollieren den Gegenstand unserer Aufmerksamkeit. Langsam, durch viel Übung, werden wir in der Lage sein, unser Bewusstsein nach innen zu lenken. In Indien wenden Mütter eine interessante Methode an, ein kleines Kind zum Essen zu bringen. Jeder weiß wie schwer es ist, Kleinkinder dazu zu bringen, zu essen, wenn wir es wollen. Was diese Mütter also tun, ist folgendes: anstatt das Kind zum essen zu rufen, bieten sie ihm an, etwas anderes zu tun. Die Mutter wird dem Kind sagen: „Komm, Liebes, wir schauen uns den Mond an.“ Und während sie auf den Mond zeigt und sich über dessen Eigenschaften auslässt, bis die Aufmerksamkeit des Kindes völlig vom Mond in Beschlag genommen ist, wird sie ihm einen kleinen Happen in den Mund schieben. Oder sie geht mit dem Kind in den Park und setzt es auf eine Schaukel. Jedes Mal, wenn das Kleine nun zurück zur Mutter schwingt, wird sie es füttern. Aber das Kind empfindet nicht, dass es isst. Es glaubt, es würde den Mond anschauen oder schaukeln.

Äußere Formen der Verehrung sind genauso. Selbst *hatha yoga* ist eine äußere Form der Verehrung. Dort konzentrieren wir uns auf die Position des Körpers, doch der eigentliche Zweck besteht darin, das Gemüt zu beruhigen und zu konzentrieren. Andere Menschen ziehen es vor, zu meditieren, indem sie sich auf ihren Atem fokussieren. Wiederum ist das erwünschte Ergebnis, das Gemüt still werden zu lassen. Sofern das Gemüt *(manas)* eng mit dem Körper und dem Atem verbunden ist, können beide Techniken gut funktionieren – ohne dass der Geist das Gefühl bekommt, angegriffen zu werden.

Wenn wir *archana*[2] machen, eine *Puja* oder ein *homa* (Feuer-zeremonie) durchführen, wenn wir auf das Bild unseres *gurus* oder der geliebten Gottheit *(ishta devata)* meditieren, dann richten wir unsere Aufmerksamkeit auf das, was vor uns steht. Auf diese Weise sind wir fähig, Augen, Ohren und die anderen Sinnesorgane von allem anderen zurückzuziehen. Langsam hilft uns dies dabei, größere Konzentration zu entwickeln. Statt dass die Sinne sich in Richtung mehrerer verschiedener Gegenstände ausstrecken, versuchen wir sie auf eine Sache zu

---

[2] In diesem Buch bezieht sich das Wort *archana* auf die Rezitation der *Sri Lalita Sahasranama*, der tausend Namen der göttlichen Mutter.

fokussieren – nicht einfach auf einen Gegenstand, sondern auf einen solchen mit göttlichen Eigenschaften, so dass wir gleichzeitig ein reines Herz zu entwickeln vermögen. Da das Gemüt auf diese Weise immer konzentrierter wird, wird es leicht, nach innen zu gehen. Das ist der Sinn all dieser äußeren Rituale. Selbst wenn sie äußerlich sind, sind sie doch Teil eines Prozesses, der allmählich zur Versenkung führt.

Wenn wir uns täglich nur für zwanzig Minuten der spirituellen Praxis widmen, sollten wir nicht denken, wir hätten keine Chance, ein spirituelles Leben zu führen. In ihrer Rede anlässlich *guru purnima* 2005 legte Amma folgende einfachen Übungen dar, die jeder von uns in seine tägliches Leben integrieren kann, um es so zu führen, dass es mit ihren Lehren übereinstimmt:

1) Ein Schweigetag pro Woche. Dies kann einhergehen mit Meditation, Mantra-Rezitation oder Fasten.

2) Wenn du auf jemanden ärgerlich bist, rufe ihn an oder schreibe ihm einen freundlichen und liebenswerten Brief.

3) Lege einmal pro Woche ein Gelübde ab: „Ich will heute auf niemanden wütend werden." Wir mögen vielleicht versagen und uns trotzdem über andere ärgern, doch wir sollten mit unseren Übungen weitermachen ohne entmutigt zu sein.

4) Stelle dir einen spirituellen Stundenplan zusammen und liste die Dinge auf, die es zu praktizieren bzw. die Eigenschaften, die es zu entwickeln gilt. Schaue ihn jeden Morgen an und folge ihm. Amma weist darauf hin, dass dieser Stundenplan wie ein Sicherheitsalarm funktioniert, der uns warnt, wenn Störenfriede unser Grundstück betreten.

Amma sagt, ein spirituelles Leben bedeutet nichts anderes, als dass man sein normales Leben in einer spirituellen Haltung führt. Tatsächlich können die meisten unserer Tätigkeiten zu einer spirituellen Übung werden. Eine der wichtigsten geistigen Praktiken besteht darin, positive Eigenschaften wie Freundlichkeit,

Geduld, Mitgefühl und Liebe zu kultivieren. Wenn wir genau hinschauen, werden wir feststellen, dass unser Leben viele Gelegenheiten bietet, solchen Qualitäten den ganzen Tag hindurch Ausdruck zu verleihen.

In der *Bhagavad Gita* sagt *Krishna*:

ne'hā bhikramanāśo'sti pratyavāyo na vidyate
svalpam apy asya dharmasya trāyate mahato bhayāt

(II.40)

*„Auf diesem Pfad gibt es keine Vereitelung des Versuches,
noch irgendeine gegenteilige Wirkung. Selbst wenn man nur
ein wenig von diesem dharma praktiziert, schützt einen dies
vor großer Furcht."*

Im Allgemeinen besitzen die Anstrengungen, die wir in der Welt unternehmen, zwei fundamentale Mängel. Der erste Mangel ist folgender: falls wir das Ziel aus irgendeinem Grund nicht erreichen, erweisen sich auch die Mühen, denen wir uns zur Erreichung dies es Zieles ausgesetzt haben, als Verschwendung von Energie. Beispielsweise arbeiten wir monatelang auf den Feldern dafür, am Ende die Ernte einzufahren. Wenn aber ein Zyklon vor der Erntezeit ausbricht, müssen wir wieder ganz von vorne beginnen.

Der zweite grundlegende Mangel besteht darin, dass unsere Bemühungen andere Ergebnisse herbeiführen können, als diejenigen, die wir beabsichtigt hatten. Wenn wir etwa Medizin gegen eine Krankheit einnehmen, kann sie wirken oder auch nicht. Es kann auch sein, dass wir allergisch auf das Arzneimittel reagieren. Somit scheiterte unsere Bemühung, das gewünschte Resultat herbeizuführen und brachte am Ende sogar ein Ergebnis, welches sich als das Gegenteil von dem herausstellte, was wir erhofft hatten.

Doch *Krishna* versichert uns in obigem Vers, dass die Mühen, denen wir uns auf dem spirituellen Pfad aussetzen, nicht den oben genannten grundsätzlichen Mängeln unterliegen. Ebenso wie eine gesunde Mahlzeit immer nahrhaft für uns ist, wird selbst die kleinste Anstrengung, spirituelle Übungen zu praktizieren oder geistige Prinzipien in unser Leben zu integrieren, uns mit Sicherheit Nutzen bringen. Dies ist ein anderes universales Gesetz, ebenso unumstößlich wie das Karmagesetz. Wenn wir diese Wahrheit verstehen, werden wir nie zögern, uns dem spirituellen Leben zuzuwenden, wie fortgeschritten an Jahren wir auch sein mögen; niemals sollten wir daran denken, unsere Bemühungen aufzugeben oder argwöhnen, dass sie allesamt null und nichtig seien. Wenn wir spirituelle Übungen praktizieren, werden wir daraus Nutzen ziehen; wir m ü s s e n profitieren. Das ist ein kosmisches Gesetz.

KAPITEL 6

Die Technik der Umkehrung – wie man das Gemüt durch selbstlosen Dienst weitet

In seinem berühmten Gedicht „The Waste Land"(„Das Ödland") beschreibt T.S. Elliot das moderne Leben als geistig und moralisch verödet. An einer bestimmten Stelle des Gedichtes beobachtet der Erzähler auf der London Bridge eine anscheinend endlose Menschenschlange bei ihrem Weg zur Arbeit. „Ihre Bewegungen sind derart mechanisch, ihr Leben erscheint so bedeutungsleer, dass Elliot von ihnen als den „lebenden Toten" spricht. Bei ihm heißt es:

> *„Nicht hätte ich gedacht, dass der*
> *Tod so viele entseelt hat."*

Die heiligen Schriften des *sanatana dharma* sagen aus, dass derjenige, der nur für sich selbst existiert, ohne anderen zu helfen, nicht wirklich lebt. Ein solcher Mensch vegetiert einfach nur dahin wie ein Tier. Auch eine Person, die sich im Koma befindet, ist am Leben, aber ist sie tatsächlich l e b e n d i g? Ebenso ist ein Mensch, der ein selbstsüchtiges Leben führt, bloß „am Leben". In der *Bhagavad Gita* bezeichnet *Krishna* solche Menschen als Diebe, denn sie nehmen immer nur von der Welt, ohne jemals etwas zurückzugeben. Amma weist darauf hin, dass wir Bettler bleiben solange wir damit fortfahren, von anderen zu nehmen. Wenn wir aber beginnen, anderen etwas von uns selbst zu geben, werden wir zu einem König. Das wirkliche Leben beginnt, wenn wir damit anfangen, anderen zu helfen und zu dienen, indem wir Mitgefühl zeigen.

Es gab einmal einen erfolgreichen Geschäftsmann, der sein Unternehmen mit harter Hand führte. Einer seiner Angestellten war zehn Jahre lang pünktlich um 9.00 Uhr am Arbeitsplatz erschienen. Nie hatte er einen einzigen Tag gefehlt oder sich auch nur verspätet. Als er nun an einem bestimmten Tag um 9.00 Uhr noch nicht angekommen war, wurde dies im Büro selbstverständlich als Sensation empfunden. Der gesamte Arbeitsablauf stand still und der Chef höchstpersönlich erschien auf dem Flur, während er murmelnd auf die Uhr blickte.

Schließlich – um genau 10.00 Uhr – zeigte sich der Angestellte. Seine Kleidung war schmutzig und zerrissen, sein Gesicht zerkratzt und blutig, seine Brille verbogen. Er humpelte zur Stechuhr, stempelte an und sagte krächzend: „Tut mit leid, ich bin zu spät, aber ich bin in der U-Bahnstation gestolpert und zwei Treppen hinuntergefallen. Beinahe wäre ich dabei ums Leben gekommen."

Alles, was der Chef darauf zu antworten hatte, war: „Und um zwei Treppen hinunterzufallen, haben sie eine ganze Stunde gebraucht?"

Obwohl der Chef ein brillanter Geschäftsmann war, mangelte es ihm an der grundlegenden menschlichen Eigenschaft des Mitgefühls. Wenn es auch so aussah, als habe er viel erreicht, so war er jedoch nicht einmal fähig, jemandem menschlich zu begegnen, der so gewissenhaft und über eine lange Zeit seine Arbeitskraft für ihn eingesetzt hatte.

Egoismus ist eine so vorherrschende Eigenschaft geworden, dass wir schon ein schlagendes Beispiel für Selbstlosigkeit benötigen, um inspiriert zu werden. Tatsächlich haben wir mit Amma eines gemeinsam: Wir und sie sind gleichermaßen unverbesserlich – aber in verschiedener Weise. Wir sind unverbesserlich egozentrisch, und sie ist unverbesserlich in ihrer Selbstlosigkeit. Wenn sie an einem Tag einmal keinen *darshan* gibt, hält sie sich nicht für wert, zu essen.Wir hingegen nehmen unsere freie Zeit als willkommene Gelegenheit wahr, eine Extraportion zu uns zu nehmen oder ein schönes Nickerchen zu machen. Während wir einzig daran interessiert sind, unser Leid so weit wie möglich zu reduzieren, nimmt Amma absichtlich Leid um ihrer Kinder willen auf sich.

Ich erinnere mich eines Vorfalls, der sich in Ammas indischem *ashram* vor vielen Jahren ereignete. Es war *Vijaya Dashami*, ein Feiertag zu Ehren *Sarasvati Devis*, der Göttin des Wissens. An diesem Tag bringen viele Devotees ihre Kinder in den *ashram*, um die Schreibzeremonie zu zelebrieren. Amma weiht die Kleinen dann offiziell zu Schülern. Von 9.00 Uhr morgens bis zum Mittag gab es besondere Gebete und *bhajans*, während Amma für Hunderte von Kindern das Einschulungsritual durchführte. Als ein bestimmtes Kind zu ihr kam, erzählte die Mutter Amma, dass ihre Tochter immerzu Fieber habe und sich erbrechen müsse; sie betete, dass Amma das Mädchen heilen möge.

Nachdem die Schreibzeremonien beendet waren, ging Amma auf ihr Zimmer, das zu jener Zeit nur eine Hütte war, und fühlte sich plötzlich unwohl. Sie begann, sich wiederholte Male zu übergeben und bekam hohes Fieber. Sie sagte, es sei auf die Krankheit zurückzuführen, die sie von dem Mädchen übernommen hatte. An dieser Krankheit habe das Kind mehrere Inkarnationen hindurch leiden müssen, doch habe sie sein *karma* innerhalb eines kurzen Zeitraumes auflösen können.

Alle engen Schüler Ammas kamen in die Hütte und waren sehr besorgt über ihren Zustand. Kurz darauf sollte Amma laut Plan in die Halle zurückkehren und allen Devotees *darshan* geben, welche gerade an solch einem verheißungsvollen Tag ihren Segen erwarteten. Amma äußerte Zweifel, ob sie dazu in der Lage sei. Daraufhin ging einer der *brahmacharis* zum Tempel und teilte den Devotees mit, dass Amma krank sei und der Nachmittags-Darshan leider ausfallen müsse. Als die Leute diese Nachricht hörten, waren sie am Boden zerstört und schockiert, hatte Amma doch niemals zuvor einen *darshan* aufgrund von Krankheit abgesagt. Für einen weiblichen Devotee war der Schmerz, Ammas *darshan* nicht erhalten zu können, derart groß, dass sie anfing, laut zu schluchzen. Ihr Weinen wurde zu einer intensiven Wehklage der Qual und des Kummers.

Die Halle befand sich ein gutes Stück von Ammas Hütte entfernt, so dass es unwahrscheinlich ist, dass sie das Weinen dieser Frau hören konnte, doch sie hörte es zweifellos in ihrem Herzen. Augenblicklich vergaß sie Übelkeit, Fiebrigkeit, Kopfschmerz und Schwächegefühl, was sie kurz zuvor noch intensiv empfunden hatte. Sie sprang plötzlich von ihrem Bett auf und lief zur Halle, um ihr erwachsenes Kind zu trösten. Dann setzte sie sich hin und gab weiter *darshan* bis in den Abend hinein.[1] Während die meisten von uns aufgrund unserer vergangenen Taten Schmerz ertragen müssen, leiden wahre Meister wie Amma willentlich, damit andere keine Qualen zu erdulden haben – sie nehmen die Ergebnisse unserer früheren Handlungen auf sich. Tatsächlich lautet einer der 108 Namen Ammas, die in Ammas *ashrams* und von den Devotees in aller Welt rezitiert werden: Man

---

[1] Tatsächlich hat Amma bis zum heutigen Tag niemals ein Programm aufgrund von Krankheit abgesagt, seit sie vor über 30 Jahren begann, *darshan* zu geben. Wenn man dies bedenkt, hat es den Anschein, dass Amma bei dieser Gelegenheit nur deshalb veranlasste, den *darshan* abzusagen, um die Sehnsucht in den Herzen der Devotees zu steigern.

kann ihn etwa so übersetzen: „Diejenige, die glücklich ist, zum Wohle anderer den Himmel mit der Hölle zu vertauschen."

Wenn Selbstlosigkeit wächst, nimmt das Ego in uns automatisch ab und unsere innewohnende Unschuld leuchtet hervor. Doch müssen wir daran arbeiten, diese Unschuld auch beizubehalten. Wenn wir nicht regelmäßig spirituelle Übungen praktizieren und versäumen, dafür Sorge zu tragen, gute Gedanken zu erzeugen, können sich unsere negativen Tendenzen jederzeit erheben und uns in schädliche Gewohnheiten und Denkmuster herabziehen.

Die Leser von „Letztendlicher Erfolg" werden sich vielleicht an die Geschichte des Devotees erinnern, dessen Sohn Amma es vor vielen Jahren erlaubt hatte, auf dem Ashram-Gelände einen Teeladen zu eröffnen. Nun gibt es ein anderes Kapitel – oder man könnte auch sagen, ein neues Ende dieser Geschichte.

Obwohl er sich schon in fortgeschrittenem Alter befand, war er so unschuldig, dass Amma ihn Baby Krishna zu nennen pflegte. Als sie aber seinen Sohn bat, sich aufgrund von Platzmangel im *ashram* für seinen Teeladen einen anderen Platz zu suchen, verlor dieser Devotee all seine Unschuld. Als er bei Amma darum kämpfte, dass seinem Sohn erlaubt werden sollte, seinen Tee weiter auf dem Ashram-Gelände verkaufen zu können, erklärte Amma voller Mitgefühl, er habe noch etwas Zeit, sich einen neuen Platz für sein Geschäft zu suchen. In der Zwischenzeit jedoch schoss in einem Spalt an der Wand des Teeladens ein Peepal-Baum hervor. In Indien herrscht der Glaube, dass da, wo ein Peepal-Baum emporwächst, weltliche und geschäftliche Aktivitäten aller Art nicht florieren werden.

Da er dies wusste, goss dieser Devotee eines Tages heißes Wasser auf den kleinen Peepal-Keimling, in der Hoffnung, dass er eingehen würde und sein Sohn mit seinem Teeladen nicht wegziehen müsse. Als er am nächsten Tag zum *darshan* kam, fragte

Amma ihn unverblümt: „Mein Sohn, was hast du mit dem armen Baum gemacht? Du kannst ihn nicht zerstören, denn ich habe bereits ein *sankalpa* gefasst, dass er für viele Jahre leben wird."

Daraufhin wurde der Devotee nur noch wütender auf Amma und besuchte sie nicht mehr. Er verbreitete sogar falsche Gerüchte über sie, und für den langen Zeitraum von 15 Jahren kam er nicht mehr zu ihr. Es bedurfte einer Naturkatastrophe, um ihn zu ihr zurückzubringen.

Im Dezember 2004, als der Tsunami zugeschlagen hatte, suchten ganze Dörfer Schutz in den Flüchtlingslagern, auf dem Universitätscampus, die Amma eingerichtet hatte, indem sie vom *ashram* aus die Backwaters überquerten. Amma besuchte die Flüchtlingslager mehrmals und traf auch besagten Devotee wieder, den sie früher Baby Krishna genannt hatte und der inzwischen alt und gebrechlich geworden war. Sie ging an sein Bett, streichelte mitfühlend seinen Kopf, erkundigte sich nach seiner Gesundheit und versicherte ihm, der *ashram* würde alle erforderliche Hilfe auch auf seine Familie ausdehnen.

Wie es das Schicksal wollte, starb dieser ältere Devotee bereits zwei Monate später. Zu jener Zeit bemerkte Amma, dass seine frühere Unschuld und Hingabe sie veranlasst habe, öfter an ihn zu denken und den Wunsch in ihr erweckte, ihn noch einmal zu sehen, bevor er seinen Körper verlassen würde.

An dieser Stelle ist es angebracht, sich Ammas Worte in Erinnerung zu rufen: „Selbst wenn wir hundert schlechte Dinge tun und nur ein gutes, wird sich Amma immer nur an das gute und nie an die schlechten Dinge erinnern, während die Welt sich nur an unsere Fehler erinnern wird, selbst wenn wir hundert gute Taten vollbracht haben und nur eine kleine schlechte."

Ich las einmal eine Geschichte über drei Fallschirmspringer, deren Fallschirme sich auf halber Höhe ineinander verhedderten. Für einen Augenblick schien es, als seien alle drei verloren, doch dann merkte einer von ihnen, dass sein Fallschirm und sein Körpergewicht anscheinend das größte Problem darstellte; also entfernte er seinen Fallschirm und sprang in den Tod. Dadurch konnten die anderen beiden seinen Fallschirm von ihrem eigenen abschneiden und sich retten.

Man denke einmal darüber nach, welchen Mut und welche Selbstlosigkeit es verlangt, so zu handeln. Wir alle leben wie Menschen, deren Fallschirme sich ineinander verheddert haben. Niemand ist gewillt, sein eigenes Interesse zu opfern, also leidet jeder.

In so vielen Lebensumständen treffen wir eine unbewusste Wahl, uns selbst anstatt anderen zu helfen. Dies ist in gewissem Maße verständlich. In der modernen Welt wird die sofortige persönliche Befriedigung von vielen als eigentliches Ziel und wahrer Sinn des Lebens betrachtet. Aber stelle man sich einmal vor, die Natur würde auf diese Weise funktionieren. Amma sagt, dass Menschen viel durch die Beobachtung von Mutter Natur lernen können. „Schaut euch zum Beispiel einen Apfelbaum an. Er gibt seine Früchte, ohne etwas für sich selbst zu beanspruchen. Seine eigentliche Existenz dient anderen Lebewesen. Ebenso verhält es sich bei einem Fluss: er wäscht den Schmutz von jedermann ab und erwartet nichts für sich selbst. Er akzeptiert alle Unreinheiten und gibt stattdessen Reinheit zurück; er opfert alles für andere.

Kinder, jedes Ding in dieser Welt lehrt uns Aufopferung. Wenn man genau hinschaut, wird man feststellen, dass alles Leben Opfer ist. Das Leben eines jeden ist eine Geschichte des Opferns. Der Ehemann opfert sein Leben für die Frau, und die Ehefrau opfert ihr Leben für den Ehemann, eine Mutter für ihre Kinder und die Kinder für ihre Familie. Jeder von uns opfert sein Leben auf die eine oder andere Weise. Ohne Opfer gibt es keine Welt."

Zusätzlich zu spirituellen Praktiken wie Meditation, *archana* und *bhajans* ermutigt Amma alle ihre Kinder, sich selbstlosen

Aktivitäten zu widmen: „Wenn wir in selbstloser Haltung etwas für andere tun, ohne dafür etwas zu erwarten, wird unser Geist sich ausweiten. Weite ist die Erfahrung, dass das Selbst in uns das Selbst in allem ist. Dies ist das Ziel aller spirituellen Übungen. Weite ist Gott."

Hier sagt Amma, dass zuerst unsere Handlungen sich ausweiten müssen, wenn wir wollen, dass unser Geist sich ausdehnt. (Anm.: die wörtliche Bedeutung des Wortes „*Brahman*" ist „Weite, Größe, Ausdehnung") In einem gewissen Sinn ist das eine „Umkehrungstechnik". *Mahatmas* wie Amma sind verankert im Zustand des Einsseins mit der Schöpfung – also fühlen sie sich inspiriert, zu versuchen, die leidende Menschheit aufzurichten. Bei uns ist es möglicherweise umgekehrt: wenn wir versuchen, die leidende Menschheit aufzurichten, können wir schließlich zur Erfahrung der Einheit mit der gesamten Schöpfung gelangen.

Eine der ersten Großprojekte des Tsunamihilfswerks des *ashrams* bestand in der Errichtung zeitweiliger Unterkünfte, die sich vom *ashram* aus etwa 1,8 Kilometer den Strand entlang zogen. Nach dem Tsunami hatten so viele Menschen buchstäblich keinen Ort mehr, wo sie hingehen und wo sie schlafen konnten. Der *ashram* brachte viele in der nahe gelegenen Universität unter, viele wurden auch in den lokalen öffentlichen Schulen aufgenommen. Doch als die Weihnachtsferien zu Ende gingen, entschieden die Behörden, die Menschen müssten die Schulgebäude verlassen, damit der Schulbetrieb wieder aufgenommen werden konnte. Somit wurde es unumgänglich, die zeitweiligen Unterkünfte sofort fertigzustellen.

Der *brahmachari*, der für den Bau verantwortlich war, arbeitete Tag und Nacht. Jedes Mal, wenn Amma sich erkundigte, welche Fortschritte die Errichtung der Unterkünfte machten, war er bei der Arbeit – um Mitternacht, um 2.00 Uhr, um 4.00 Uhr. An einem bestimmten Punkt forderte sie ihn auf, ein wenig zu schlafen, doch er sagte, es wäre ihm nicht möglich, da er wusste, dass jede Stunde, in welcher die Unterkünfte noch nicht fertig wären, eine weitere Stunde bedeuten würde, in welcher die Tsunamiopfer keinen Ort zum Schlafen hatten.

Über diesen *brahmachari* äußerte sich Amma später in folgender Weise: „Weil er sich so sehr mit dem Leid der Menschen identifizierte, war er in der Lage, seine physischen Bedürfnisse zu transzendieren." Dann fügte sie noch hinzu: „Eine Mutter wird niemals müde, sich um ihre Kinder zu kümmern, denn sie betrachtet sie als zu sich selbst gehörend."

Vor ein paar Jahren kam ein westlicher Besucher zum *ashram*. Er war ein Tourist auf der Durchreise, der nicht das Geringste von Amma wusste. Er hatte gehört, dass sie Leute umarmt und wie die göttliche Mutter gekleidet war - und das wollte er selber sehen. Nachdem er sich angemeldet hatte, baten ihn die Leute im International Office, zum Seva-Tisch zu gehen, wo jedem eine bestimmte Arbeit zugewiesen wird; dies trägt dazu bei, den Ashram-Betrieb aufrechtzuerhalten. Ein *brahmachari* stand zufällig in der Nähe und hörte den Wortwechsel mit an. Der Seva-Koordinator fragte den Besucher: „Was möchten Sie gerne tun? Wir haben Kehren und Topfreinigen zur Auswahl."

Der Mann antwortete: „Oh, nein danke."

Der Seva-Koordinator fragte nach: „Was soll das heißen, ‚Nein danke'?

„Ich bitte um Entschuldigung, aber ich bin nicht daran interessiert, hier irgendwelche Arbeiten zu verrichten", entgegnete der Besucher.

„Nun, Amma möchte gerne, dass jeder ein wenig von seiner Zeit dazu verwendet und einen Beitrag dazu leistet, den Ashram-Betrieb aufrechtzuerhalten."

„Nun, dann bin ich hier vielleicht am falschen Ort!" Der Mann wurde ärgerlich, so dass der Seva-Koordinator ihn nicht länger bedrängte. Der Besucher ging dann fort, um zuzuschauen, wie Amma *darshan* gab. Der *brahmachari* folgte ihm und fing an, mit ihm zu reden: „Gehen Sie nicht zum *darshan*?", fragte er ihn. „Nein", erklärte der Mann mit stoischer Miene, „Ich schaue nur zu." Mit steigender Neugier beobachtete er die Szenerie bis zum Ende des Nachmittags-Darshans, und als Amma die Treppen zu ihrem Zimmer hinaufstieg, bemerkte er: „Ziemlich beeindruckend, die ganze Zeit da zu sitzen. Doch was hat es mit dieser Devibhava-Geschichte auf sich?

„Oh, das ist heute Abend", war die Antwort. Der Besucher war überrascht, das zu hören. „Sie meinen, sie kommt heute noch einmal wieder?" „Natürlich, schon in ein paar Stunden. Dann sitzt sie die ganze Nacht da, bis die letzte Person *darshan* erhalten hat."

Der Besucher konnte das kaum glauben, aber dann sah er es am folgenden Abend mit eigenen Augen. Als der *Devibhava* morgens um 7.00 Uhr vorbei war, traf er wieder mit dem brahmachari zusammen. „Das war höchst erstaunlich", sagte der Besucher zu ihm. „Und das macht sie jeden Monat?"

„Nicht jeden Monat", antwortete der *brahmachari*, „jeden Tag! *Darshan* ist täglich und zweimal wöchentlich findet *Devibhava* statt." Dies zu hören verwirrte den Besucher. Er wusste nicht so recht, was er davon halten sollte.

Kurz danach kam Amma aus ihrem Zimmer und fing an, „Ziegel-Seva" zu machen. Zu jener Zeit wurde von Amma und den Ashram-Bewohnern gerade eigenhändig die Bhajan-Halle gebaut. Amma zeigte ihnen, wie man Ziegel herstellt, indem man Sand und Zement im richtigen Verhältnis mischt; jeder war gebeten, zehn Ziegelsteine pro Tag zu produzieren. Wie immer arbeitete sie gleich neben den Bewohnern – wenn die Ziegel fertig waren, wurden sie an den dafür vorgesehenen Platz gelegt. Oft begann sie mit der Arbeit fast unmittelbar nach stundenlangem *darshan*.[2]

Bei dieser Gelegenheit leitete sie, nachdem sie 14 Stunden *darshan* gegeben hatte, die Bewohner für ein paar weitere Stunden zu körperlicher Arbeit an. Spätestens jetzt war der Besucher völlig konsterniert. Am nächsten Tag schien er sich in einem Zustand der Betäubung zu befinden, als er Amma wieder *darshan* geben sah.

Im Laufe der Woche trat der Seva-Koordinator an den *brahmachari* heran, der mit dem Besucher gesprochen hatte. „Weißt du, was mit dem Typen passiert ist, der kein *seva* machen wollte? Heute Morgen kam er kleinlaut zu mir und sagte: ‚Entschuldigen sie, Sir, kann ich bitte eine Seva-Arbeit zugewiesen bekommen?'"Dieser Besucher wurde später einer der zuverlässigsten Topfreiniger im ashram.

Amma sagt: „Die Anziehungskraft und die Schönheit selbstloser Liebe und uneigennütziger Arbeit sollten nicht vom Angesicht dieser Erde verschwinden. Die Welt sollte wissen, dass ein Leben voller Hingabe möglich ist, ein Leben, das inspiriert ist von der Liebe und dem Dienst an der Menschheit."

---

[2] Als Teil des Tsunamihilfswerkes beteiligten sich später fast alle Ashram-Bewohner und viele Besucher aus Indien und dem Ausland allmorgendlich für sechs Stunden oder mehr an einem zeitgemäßen „Ziegel-Seva". Die meisten vom Math nach der Katastrophe wieder aufgebauten Häuser waren nicht von der Straße aus erreichbar. Somit dauerte es viele Stunden und bedurfte großer Hilfe, die Ziegel von der nächstgelegenen Straße aus an den Ort der neuen Wohnung zu transportieren. Jedes Haus benötigte 13 000 Ziegel. Allein in der unmittelbaren Umgebung des *ashrams* wurden 1400 neue Häuser (von insgesamt 6200) für die Tsunamiopfer gebaut. Das sind mehr als 18 Millionen Ziegelsteine, die durch die Hände der Bewohner und Besucher gehen mussten. Doch inspiriert durch Ammas Beispiel arbeiteten sie unerschrocken und unermüdlich - unter heißer Sonne wie bei strömendem Regen. Am 27. September 2005, dem 52. Geburtstag Ammas, waren bereits 1200 neue Wohnungen fertiggestellt und verteilt.

Möge jeder von uns auf seine eigene geringe Weise tun, was immer er zu tun vermag, damit Ammas Wunsch erfüllt wird. Es braucht nichts Dramatisches zu sein. Wenn nur genügend Menschen kleine Dinge tun, macht das einen großen Unterschied.

Kurz nach dem Tsunami organisierten Devotees in Houston, Texas, eine Veranstaltung zugunsten des Tsunamihilfswerkes. Der Abend bestand aus einem indischen Essen und einer Darbietung klassischer indischer Musik. Dadurch, dass sie diese Veranstaltung ausrichteten, waren die Devotees in der Lage, ihr Ziel zu erreichen, nämlich 25 000 Dollar an Spenden für Ammas Tsunami-Hilfe-Fond einzunehmen. Später sagte mir einer der Organisatoren: „Als ich hörte, dass Amma 23 Millionen Dollar für das Hilfswerk zugesagt hat, kam mir die Idee, zumindest 25 000 Dollar an Spenden aufzubringen, also ein Tausendstel der Gesamtsumme. Wenn Ammas Devotees überall in der Welt 1000 einfache Spendenaktionen wie diese organisieren könnten, dann wäre der Gesamtbetrag schon erreicht." 23 Millionen Dollar durch einen Spendenfond einnehmen zu wollen, scheint nahezu unmöglich zu sein, doch wenn man sich die optimistische Perspektive dieses unschuldigen Mannes anhört, dann scheint es am Ende gar nicht so aussichtslos, daran zu glauben.

Als eine Gruppe von Journalisten Amma fragten, wie es ihr möglich sei, eine solch riesige Summe für die Tsunamihilfe in Aussicht zu stellen, antwortete sie: „Meine Kinder sind meine Stärke."

Dabei hatte sie nicht nur die *brahmacharis, brahmacharinis* und anderen Bewohner im Sinn, die bis zu 15 Stunden täglich arbeiteten, ohne eine Bezahlung dafür zu bekommen und davon inspiriert waren, so vielen Menschen so schnell wie möglich zu helfen – sie bezog sich auch auf die vielen Millionen Devotees überall in der Welt, von denen sie sagte: „Ich habe viele gute Kinder. Sie tun alle, was sie können." Dann beschrieb sie, wie selbst kleine Kinder Puppen oder Figürchen herstellen und verkaufen, so dass sie die Einnahmen ihrer geliebten Amma zur Verfügung stellen können. „Einige Kinder", bemerkte sie, „bekommen zu ihrem Geburtstag Geld geschenkt oder ihre Eltern wollen ihnen ein Eis kaufen. Doch sie sagen den Eltern, sie sollten das Geld lieber Amma geben und weisen darauf hin, dass sie es benutzen kann zur Unterstützung armer Kinder. Andere Kinder kommen mit ihren Ersparnissen zu Amma und sagen, man sollte es verwenden, um Füllhalter für arme Schüler zu kaufen. Amma möchte das nicht annehmen, denn dann werden andere Kinder traurig, die selbst nichts anzubieten haben, doch wenn sie die Güte ihrer Herzen sieht, hat sie keine andere Wahl. Die Regierung allein kann nicht alles tun. Würden diese Kinder das Geld der Regierung mit der gleichen Liebe überreichen, wie sie es Amma geben?

Ein Mann, der praktisch keinerlei spirituelle Ambitionen besaß, besuchte Amma einmal auf einer ihrer Auslandstouren. Er war ein professioneller Motorradfahrer, ein Kettenraucher und heftiger Trinker. Doch als Amma kam, besuchte er sie aus Neugier, einfach weil er sich zu ihrem Bild auf dem Tour-Faltblatt hingezogen fühlte. Er sagte, schon beim Eintritt in die Halle habe er eine solch überwältigende spirituelle Energie empfunden, dass er nicht dort bleiben konnte. Stattdessen entschied er sich, als er das Beispiel des selbstlosen Dienstes von Amma sah, draußen *seva* zu leisten. Er sagte, die einzige nützliche Sache, die er tun könnte, wäre das Fahren. Also beförderte er Leute vom Bahnhof zur Halle und umgekehrt. Jedes Mal, wenn er eine Person abholte, um sie zurückzufahren, konnte er den großen Unterschied in ihrem Gesichtsausdruck lesen, nachdem sie Ammas *darshan* erhalten hatte, und ein Gefühl von Zufriedenheit stieg in seinem Herzen auf.

Am Ende seines *seva* fuhr der Mann zum Bahnhof und holte einen Jungen im Rollstuhl ab, der eine Gehirnlähmung hatte.

Auf dem Gesicht des Jungen lag ein solch starker Ausdruck von Kummer und Verzweiflung, dass der Mann sehr viel Mitleid mit ihm empfand. Später, nach dem *darshan*, brachte er den Jungen wieder zurück zum Bahnhof und half ihm aus dem Wagen in seinen Rollstuhl. Ihre Blicke trafen sich, und obwohl der Junge nicht sprechen konnte, vermochte er den Unterschied zu erkennen. Sein Gesicht glühte vor Lebendigkeit und Freude, als ob sein Leben neu begonnen hätte. Tränen der Dankbarkeit rollten die Wangen des sprachunfähigen Jungen herunter, und er versuchte, seine gekrümmten Arme dem Fahrer entgegenzustrecken, als Ausdruck der Wertschätzung gegenüber demjenigen, der ihm ermöglicht hatte, diese bewegende Erfahrung zu machen. Plötzlich empfand der Mann eine überwältigende Woge der Freude in sich aufsteigen, und er fing an zu weinen wie ein kleines Kind. Er umarmte den behinderten Jungen in seinem Rollstuhl, und beide weinten für eine lange Zeit. Nach diesem Erlebnis, so erzählte der Mann, empfand er mehrere Tage lang einen tiefen andauernden Frieden in seinem Inneren.

Er hatte nichts anderes getan, als auf eine selbstlose Art in einem Bereich zu dienen, in welchem er sich gut auskannte, doch durch Ammas Gnade war es ihm möglich, tiefen Frieden zu erfahren - etwas, wozu es normalerweise mehrerer Inkarnationen spiritueller Praxis bedarf. Heute ist er ein total veränderter Mensch, der all seine schlechten Gewohnheiten aufgegeben hat für die süße Wonne von Ammas Liebe.

Sie, die eins ist mit dem höchsten Wesen, bedarf nicht unserer Hilfe beim Spülen der Töpfe und beim Schneiden des Gemüses während ihrer Programme. Sie braucht auch nicht unseren Beistand bei den karitativen Projekten des *ashrams*. Tatsächlich bedarf sie unseres Dienstes an anderen überhaupt nicht. Sie gibt uns die Gelegenheit, solche Dinge zu tun, weil sie um das unendliche Gut weiß, das aus solchen Handlungen, wenn sie in einer Haltung der Liebe, Sorgfalt und Aufrichtigkeit ausgeführt werden, für uns erwächst; sie weiß um die Ausweitung unseres Geistes, die mit ihnen einhergeht. Vor vielen Jahren, als der *ashram* begann, groß angelegte soziale Projekte zu übernehmen, bemerkte Amma: „Eigentlich bin ich überhaupt nicht daran interessiert, einen großen *ashram* aufzubauen oder ein Waisenhaus, ein technisches Institut oder ein Krankenhaus zu besitzen. Ich mache das alles nur für die Devotees, die bestimmt sind, hierhin zu kommen." Inzwischen geben Ammas Institutionen Tausenden die Gelegenheit, durch selbstlosen Dienst spirituell zu wachsen.

Amma sagt: „Selbstloser Dienst hat in der spirituellen Entwicklung eine große Bedeutung. Durch ihn kann man geläutert werden; dann ist man ausreichend vorbereitet für die Erlangung der Verwirklichung.

Lasst uns zu Amma beten, dass sie uns, wenn wir uns auch über spirituelle Dinge in völliger Unwissenheit befinden, zumindest die Stärke gibt, selbstlose Handlungen mit reinem Herzen zu verrichten, damit wir unser Bewusstsein auf diese Weise erweitern. Wenn wir uns zumindest entsprechend der eigenen Fähigkeiten aufrichtig bemühen, wird sie uns sicherlich belohnen mit der Erfahrung innerer Glückseligkeit und uns zum letzten Ziel führen: der Erkenntnis der Quelle dieser Glückseligkeit in unserem Herzen: Gott.

KAPITEL 7

Lasst die Büffel hinter euch – wie man Vorlieben und Abneigungen überwindet.

D ie heiligen Schriften des *sanatana dharma* sagen, dass es in der Schöpfung eine vorherbestimmte Harmonie gibt. Wenn es auch Tiere gibt, die andere Tiere zum Zwecke der Selbsterhaltung töten, so folgen sie doch nur der von Gott und Mutter Natur festgelegten Nahrungskette. Für uns hingegen ist das Jagen und Töten von Tieren ein Sport. Wenn aber umgekehrt ein Tier einen Menschen umbringt, dann betrachtet man dieses Geschöpf nicht als einen herausragenden Athleten. Vielmehr bezeichnen wir ein solches Tier als „teuflischen Menschenfresser" – und töten es. Doch sind es allein menschliche Wesen, die Disharmonie innerhalb der Schöpfung erzeugen. Wir plündern und verwüsten Mutter Natur, verunreinigen die Atmosphäre, begehen alle Arten von Verbrechen und schaffen so ein Chaos in der Welt.

Der primäre Grund, warum Menschen sich auf diese Weise verhalten, wird in den heiligen Schriften *raga-dvesha* (Vorliebe und Abneigung) genannt. Unser gesamtes Leben – nahezu alles, was wir tun – ist durch diese beiden Affekte motiviert. Wir wollen etwas bekommen oder besitzen, was uns gefällt, und wir wollen etwas vermeiden bzw. uns von etwas befreien, was wir nicht mögen. Dabei kann es sich um einen Gegenstand, einen Menschen oder auch um eine Situation handeln. Um dieser beiden Ziele willen sind Menschen bereit, bis zu jedem Extrem zu gehen, wobei sie sich um moralische oder spirituelle Werte nur wenig kümmern. Man betrachtet daher die Redewendung „Fressen und Gefressenwerden" gemeinhin nicht nur als eine treffende Charakterisierung der Tierwelt, sondern auch der menschlichen Gesellschaft.

Wenn ein Arzt ein bestimmtes Medikament verschreibt, reicht es nicht aus, dass er nur weiß, dass es geeignet ist, eine Krankheit zu behandeln. Er sollte ebenso über die Nebenwirkungen, die es beim Patienten auslösen kann, Bescheid wissen. Ähnlich verhält es sich, wenn wir einen bestimmten Wunsch befriedigen wollen. Wir haben wahrscheinlich eine gute Idee, was wir tun müssen, um uns den betreffenden Wunsch zu erfüllen, doch wir machen nicht dabei halt und überlegen nicht, wie sich die betreffende Handlung auf die anderen Bereiche unseres Lebens auswirkt. Das ist der Grund, warum unsere Erfahrungen sowohl angenehm als auch leidvoll sind, es ist einerseits das Resultat unserer Bemühungen, Wünsche zu erfüllen und andererseits der unvorhergesehenen Konsequenzen, die daraus hervorgehen.

Die meisten Menschen treten nicht einmal einen Schritt beiseite, um ihre unablässigen Versuche, sich anzueignen, was sie mögen und zu vermeiden, was ihnen missfällt, in Frage zu stellen.

Analysieren wir aber unsere Neigungen und Abneigungen etwas genauer, dann zeigt sich, dass sie in Wirklichkeit keiner Logik folgen. Zum Beispiel findet der eine Vergnügen daran, zu rauchen, während ein anderer nicht einmal den Geruch einer Zigarette ertragen kann. Manche Menschen trinken gerne Whisky, anderen wird schon nach einem einzigen Schluck übel. Die halbe Welt betrachtet Schnecken als eine Delikatesse; für die andere Hälfte ist es ein abstoßender Anblick. Dem einen gefällt etwas über alle Maßen, der andere mag es überhaupt nicht. Mehr noch, derselbe Mensch kann gegen eine bestimmte Sache zu einer gewissen Zeit eine große Abneigung empfinden und sie zu einem anderen Zeitpunkt äußerst schätzen. Wenn Glück die innere Natur dieser Gegenstände wäre, würden sie dann nicht jedermann zu jeder Zeit Glück gewähren?

Kürzlich las ich eine Studie, die in den USA durchgeführt wurde. Sie zeigte, dass Geld in einem gewissen Ausmaß glücklich machen kann. Doch die Höhe der Geldsumme, die man besitze – so wurde dort gesagt - sei nicht der entscheidende Faktor. Vielmehr zeigte die Studie, dass man sich umso glücklicher fühlt, je mehr man im Verhältnis zu denjenigen Personen besitzt, die einem sozial etwa gleichgestellt sind.

Das bedeutet, dass ein Mensch, der 30 000 Dollar im Jahr verdient, glücklicher sein kann als jemand, der 100 000 Dollar im Jahr verdient – vorausgesetzt, die Menschen aus der sozialen Schicht bzw. dem Bekanntenkreis der ärmeren Person verdienen nur 20 000 Dollar, während Menschen aus der Vergleichsgruppe des Besserverdienenden ebenfalls 100 000 Dollar verdienen. Das Glück, das diese Menschen empfinden, resultiert nicht aus der tatsächlichen Höhe ihres Einkommens (und dem damit verbundenen größeren Wohlstand), sondern aus dem Gefühl, erfolgreicher zu sein als die Leute aus dem eigenen Umfeld. Wie tief – und wie dauerhaft – kann solches Glück wohl sein?

Wenn aber unsere Neigungen und Abneigungen keiner verständlichen Logik folgen, so bedeutet das, dass wir, die vermeintlich intelligentesten Lebewesen auf der Erde, ein unlogisches und irrationales Leben führen. Darum stufen die Schriften das weltliche Wissen *(aparavidya)* als niedrig und das spirituelle Wissen *(paravidya)* als höherwertig ein. Die einzige Sache auf der Welt, die uns zu allen Zeiten von Nutzen sein kann, ist die Erkenntnis unseres wahren Selbst *(atma-jñana)*. Amma ist hier, um uns dabei zu helfen, diese höchste Einsicht zu erlangen, welches die einzige Möglichkeit ist, dem Kreislauf von Geburt und Tod zu entkommen. Worin besteht diese Erkenntnis? Es ist das Wissen darum, dass wir eins sind mit Gott *(sarvatma)*, der allwissend, allmächtig und alldurchdringend ist.

Adi Shankaracarya führt in seiner Schrift *Viveka Chudamani* („Das Stirnjuwel der Unterscheidungskraft") aus, dass Tiere ständig durch einen ihrer fünf Sinne in Knechtschaft geraten. Ein Hirsch verliert sein Leben aufgrund der Anziehungskraft, die ein bestimmter Klang, den die Jäger produzieren, auf ihn ausübt – er bewegt sich immer näher auf den Klang zu, bis er sich schließlich in Reichweite ihrer Waffen befindet. Die Motte wird vom Licht der Flamme angezogen und von deren Hitze verbrannt. Die Biene ist fleißig damit beschäftigt, Blütenstaub zu sammeln und Honig zu produzieren, nur um am Ende vom Menschen getötet zu werden, der die Frucht ihrer Mühen an sich reißt. Der Elefant wird gebannt durch die Berührung eines anderen Elefanten, und gemeinsam fallen sie in eine tiefe Grube, aus der es kein Entkommen gibt. Wenn schon Tiere – so fragt *Shankaracarya* – die einzig einem Sinnesorgan folgen, auf diese Weise ihr Leben verlieren können, wie ist es dann erst mit den Menschen bestellt, die versklavt sind von allen fünf Sinnen?

Amma erzählt folgende Geschichte:

Ein Mann, der auf der Suche nach Unterhaltung durch eine fremde Stadt bummelt, betritt ein illegales Gasthaus. Als er in der Eingangshalle steht, erblickt er drei Türen. Hinter der linken Tür befindet sich ein Club, in dem Alkohol und illegale Drogen dargeboten werden. Hinter der mittleren Tür ist das Zimmer einer Prostituierten. Hinter der rechten Tür schließlich befindet sich das Büro, in welchem die Einnahmen des Gasthauses aufbewahrt werden. Indem er sich an seine Ehefrau zu Hause erinnert, sagt der Mann zu sich selbst: „Ich gehe besser nicht zu einer

Prostituierten; und illegale Drogen sollte ich auch nicht konsumieren. Doch was ist dabei, ein paar Drinks zu sich zu nehmen?" Also geht er in den Club und genehmigt sich mehrere Drinks. Als er sich später in einem angeheiterten Zustand befindet, hat er viel weniger Hemmungen, die Rauschmittel zu probieren. Nachdem er den Club im Drogenrausch verlassen hat, sieht er das Zimmer der Prostituierten und findet den Gedanken, zu ihr zu gehen, kaum noch befremdlich. Als er das Gasthaus verlässt, raubt er schließlich auch noch das Büro aus. Am Ende wird er von der Polizei gefasst und ins Gefängnis gesteckt.

In der *Bhagavad Gita* erklärt *Krishna*:

dhyāyato viṣayān puṁsaḥ saṅgas teṣū 'pajāyate
saṅgāt saṁjāyate kāmaḥ kāmāt krodho 'bhijāyate
krodhād bhavati saṁmohaḥ saṁmohāt smṛtivibramaḥ
smṛti bhraṁśad buddhināśo buddhināśāt praṇaśyati

(II.62-63)

„Durch das Denken an die Dinge entsteht auf Seiten des Menschen Verhaftung an sie; aus Verhaftung wird Begierde geboren; aus Begierde entsteht Zorn; aus Zorn entsteht Verblendung; aus Verblendung der Verlust der Erinnerung; aus dem Verlust der Erinnerung die Zerstörung der Unterscheidungskraft; durch die Zerstörung der Unterscheidungskraft geht er zugrunde."

Hier legt *Krishna* dar, wie unsere tief sitzenden Anhaftungen an Gegenstände der Welt schließlich zu unserem Ruin führen. Um ein praktisches Beispiel zu geben: angenommen, ein Mann fährt jeden Tag zur Arbeit. Auf dem Weg dorthin kommt er an vielen Fremden vorbei; manche sieht er jeden Tag, während er andere nur einmal erblickt, und danach nie wieder. Eines Tages bemerkt er eine attraktive Frau, die ebenfalls auf dem Weg zur Arbeit ist.

Am nächsten Tag sieht er sie wieder, und nach einer Weile wird ihm klar, dass er sich darauf freut, ihr während seiner Fahrt zu begegnen. Eines Tages fasst er den Mut, sie anzusprechen um sich mit ihr zu verabreden. Innerhalb sehr kurzer Zeit verliebt er sich in sie und empfindet, dass er nicht mehr ohne sie leben kann. Bevor sie ihn traf, war die Frau von einem anderen Mann umworben. So entsteht zwischen den beiden Männern eine intensive Rivalität. Eines Tages bricht zwischen ihnen ein Kampf aus, der damit endet, dass beide des versuchten Mordes am anderen angeklagt werden. Es versteht sich von selbst, dass keiner von beiden das Herz des Mädchens seiner Träume zu gewinnen kann.

In manchen Lebenssituationen benutzen wir durchaus unser Unterscheidungsvermögen, doch im Hinblick auf die Sinnesorgane wenden wir es viel zu wenig an. Die meiste Zeit unseres Daseins verbringen wir damit, einfach unser sinnliches Verlangen zu erfüllen, und werden dabei manchmal sogar sein Sklave. Wenn wir jedoch Amma beobachten, können wir sehen, dass es Menschen möglich ist, ein weitaus erhabeneres Leben zu führen. Schon in ihrer Kindheit gestattete Amma es ihren Sinnen niemals, von den Dingen der Welt versklavt zu werden. All ihre Energie floss in den Dienst an der leidenden Menschheit. Ein normaler Mensch wird durch seine Sinne kontrolliert, während eine verwirklichte Meisterin wie Amma die Sinne kontrolliert.

Um es anders zu formulieren: sowohl eine inhaftierte Person als auch ein Staatspräsident sind von vielen Polizeibeamten umgeben. Der Inhaftierte steht unter der Aufsicht der Polizisten, während der Präsident in der Lage ist, ihnen Befehle zu erteilen. Es sollte unser Ziel sein, uns allmählich dem Ziel dieser vollständigen Kontrolle unserer Sinnesorgane und unseres Gemütes anzunähern.

Nehmen wir zum Beispiel die Nahrung. Es gibt Fälle, in denen Menschen soweit gehen, sich scheiden zu lassen, weil ihr

Partner keine schmackhaften Speisen kocht. Klingt das nicht unglaublich? Ich kenne einen Mann, der das Essen seiner Frau einfach nicht ertragen konnte und desshalb jeden Abend in einem nahe gelegenen Restaurant speiste. Jeden Abend wurde ihm das Essen von derselben Kellnerin serviert; schließlich verliebte er sich in sie und verließ seine Frau ihretwegen. Sie lebten glücklich und zufrieden, bis die Kellnerin den Mann wegen eines anderen Kunden verließ. Am Ende war aus ihm ein zweimal geschiedener Junggeselle geworden, der sich in seinem Lieblingsrestaurant nicht mehr wohl fühlte. Es war seine Gier nach schmackhaftem Essen, die den ganzen Ärger verursacht hatte.

In Ammas kalifornischen *ashram* in San Ramon gibt es jeden Samstag einen *satsang*, an welchen sich ein Abendessen anschließt. Es besitzt den Ruf, sehr lecker zu sein. Weil jeder gegen eine kleine Spende daran teilnehmen kann, ist es auch die preisgünstigste Gelegenheit in der Stadt, eine Mahlzeit einzunehmen. Es ist in der Tat so gut, dass es einen Mann gab, der den *ashram* ausschließlich wegen des Abendessens besuchte. An den spirituellen Vorträgen, der Meditation oder den *bhajans* nahm er nicht teil, vielmehr erschien er erst pünktlich um 20.00 Uhr – in freudiger Erwartung der Mahlzeit. Er betrachtete seine Frau als eine schlechte Köchin, und das Essen im San Ramon-Ashram war für ihn der Höhepunkt der Woche. Dies ging so mehrere Monate lang, bis Amma schließlich – wie immer in den letzten achtzehn Jahren – zwei Wochen im Juni dort verbrachte. Der Mann zeigte kein Interesse, sie zu sehen, aber sein wöchentliches Lieblingsessen versäumen wollte er auch nicht. Eines ihrer Programme fiel auf den Samstag, und somit fand er sich auch im *ashram*, als Amma *darshan* gab. Gerade als er sein Abendessen beendet hatte, gab jemand diesem Mann ein Darshan-Ticket, das ihm ermöglichte, sich direkt in die Schlange einzureihen. Da er allen Dingen, die kostenlos und bequem waren, große Wertschätzung entgegenbrachte, entschied er sich, zum *darshan* zu gehen. Er dachte, Amma würde vielleicht seine Frau segnen, damit aus ihr eine bessere Köchin würde oder wenigstens die Ashram-Bewohner anweisen, das gemeinsame Abendessen mehr als einmal in der Woche anzubieten.

Zu seiner eigenen großen Überraschung war der Mann von Ammas *darshan* sehr berührt, und er bat um nichts von alledem. Von der folgenden Woche an nahm er am vollständigen Abendprogramm teil und half sogar dabei, das Abendessen zuzubereiten. Inzwischen ist er nur bereit, sich selbst eine Portion zu nehmen, wenn alle anderen ihr Essen beendet haben. Während also übermäßiger Sinnengenuss zumeist zu unserem Sturz beiträgt, brachte seine Schwäche für gutes Essen diesen Mann zum spirituellen Leben. Das heißt natürlich nicht, dass wir uns nur darauf konzentrieren sollten, unsere Lieblingsspeisen zu essen, in der Erwartung, dass dann Gott vor uns erscheint.

Gott hat uns Unterscheidungskraft gegeben, damit wir dem Schicksal der Tiere aus dem Beispiel *Shankaracaryas* entgehen können. Wenn wir diese Fähigkeit nicht richtig einsetzen, werden die Sinnesorgane zum Fluch für uns. Im *Dhammapada* sagt der Buddha:

„Der Regen könnte zu Gold werden,
und doch würde dein Durst nicht gestillt.
Unstillbar ist der Durst – oder er endet in Tränen,
sogar im Himmel."

Für die meisten Menschen heutzutage hört mit der Sinnlichkeit alles auf; sie führt sie von Gott weg und verursacht viel Leid. Doch können wir dieselben Sinnesorgane in eine Segnung umwandeln, wenn wir sie auf die rechte Weise benutzen. Diejenigen, die an einem spirituellen Leben interessiert sind, streben danach, ihre Intelligenz und ihr Unterscheidungsvermögen in Bezug auf die

Sinnesobjekte einzusetzen, was sie näher zu Gott führt und ihr Leid beseitigt.

Natürlich wissen wir alle aus Erfahrung, dass es nicht so einfach ist, im Hinblick auf die Sinne vollkommene Unterscheidungskraft an den Tag zu legen. Dies liegt an den innewohnenden Tendenzen oder *vasanas*, die uns täuschen und glauben machen, ohne bestimmte Dinge könnten wir niemals glücklich sein.

Ein Mann kommt in eine Bar, bestellt drei verschiedene Gläser Whisky zur gleichen Zeit; danach trinkt er alle drei hintereinander aus. Diese Prozedur wiederholt sich mehrere Tage lang. Schließlich sagt der Barkeeper zu ihm: „Wissen Sie, ich kann alle drei Gläser auch in einem einzigen großen Glas servieren, wenn Sie möchten."

Doch der Mann erwidert: „Nein, wir sollten es so beibehalten, wie es ist. Sehen Sie, ich habe zwei Brüder. Dieses Glas ist für meinen älteren Bruder, das andere für meinen jüngeren Bruder, das dritte schließlich ist für mich selbst. Auf diese Weise kann ich mir vorstellen, dass wir alle zusammen ein Glas Whisky trinken."

So kommt der Mann Tag für Tag in das Wirtshaus, und der Barkeeper serviert den Whisky jedes Mal in drei Gläsern. Eines Tages sagt der Mann: „Geben Sie mir heute nur zwei Gläser." Besorgt erkundigt sich der Barkeeper: „Ist einem ihrer Brüder etwas zugestoßen?"

„Nein, nein", sagt der Mann, „alle beide sind wohlauf. Es ist nur so, dass ich beschlossen habe, mit dem Trinken aufzuhören."

Ebenso benutzt auch unser Gemüt seine eigene verdrehte Logik, um überflüssige Wünsche zu rechtfertigen. Selbst Wünsche, die fast allen von uns gemeinsam sind, wie etwa verheiratet zu sein und Kinder zu bekommen, können uns Unannehmlichkeiten bereiten, wenn wir es bei dem Versuch, sie zu erfüllen, an der nötigen Unterscheidungskraft fehlen lassen. Mit Vorsicht und ohne allzu viel zu erwarten, sollten wir vorwärts schreiten, vor allem aber sollten wir auf den Rat des *gurus* hören.

Während einer von Ammas Auslandstouren erzählte ihr ein junger, aber bereits sehr erfolgreicher Geschäftsmann, er habe kürzlich eine junge Frau kennen und lieben gelernt und beabsichtige, sie bald zu heiraten.

Amma erteilte ihm den Rat: „Übereile nichts. Denke eine Weile nach, bevor du diese Entscheidung triffst.“

Im darauf folgenden Jahr kam der Mann wieder zu Ammas Programm, diesmal mit der Dame an seiner Seite. Amma fragte ihn: „Oh, hast du inzwischen geheiratet?“

Der junge Mann antwortete: „Ja, Amma, sie erschien mir so unwiderstehlich, da konnte ich deinem Rat einfach nicht folgen. Eine Woche, nachdem ich Dich das letzte Mal sah, haben wir beide geheiratet.“

Als Amma beim nächsten Mal in diese Stadt zurückkehrte, kam der Mann wieder zu ihr. Es waren drei Jahre vergangen, seitdem Amma ihm geraten hatte, seinen Entschluss zu überdenken. Dieses Mal erschien er allein; er sah auch nicht mehr so jung aus. Tatsächlich wirkte er sogar mutlos und erschöpft. Er erzählte Amma, dass seine Frau ihn verlassen und er die Hälfte seines Vermögens beim Scheidungsprozess verloren hatte. Den größten Teil der anderen Hälfte hatten die Gerichtskosten verschlungen. Reumütig gestand er Amma, dass er besser auf sie gehört hätte. Dieselbe Frau, von welcher dieser junge Mann einst annahm, sie würde ihm ewiges Glück bescheren, war nun zur Quelle seines – wie er es empfand – immerwährenden Kummers geworden.

Es gibt eine andere Geschichte eines indisches Ehepaares, das nach der Heirat keine Kinder bekommen konnte. Wann immer sie Amma besuchten, erzählten sie ihr von dem Wunsch, ein Kind zu haben. Amma warnte sie: „In eurem Fall ist es besser, wenn ihr keine Kinder habt. Selbst wenn ihr ein Kind bekommt, glaube ich nicht, dass es lange leben wird." Ein wahrer Meister sieht die Vergangenheit, die Gegenwart und die Zukunft von uns allen. Amma konnte sehen, dass das Ehepaar gemäß seinem *prarabdha karma* dazu bestimmt war, ein Kind zu bekommen, das früh sterben würde. Indem sie versuchte, sie von der Entscheidung, Eltern zu werden, abzubringen, wollte sie sie vor dieser schmerzlichen Erfahrung bewahren.

Doch das Ehepaar war so sehr auf die Vorstellung, ein Baby zu haben, fixiert, dass sie für Ammas weisen Ratschlag taub waren. Schließlich stellten sie ihr ein Ultimatum: „Wenn Du uns kein Kind gibst, begehen wir Selbstmord. Ohne ein eigenes Kind erscheint uns das Leben nicht weiter lebenswert."

Wiederum warnte Amma sie vor der bevorstehenden Gefahr, doch sie blieben unnachgiebig. Endlich stimmte sie zu, sie mit einem Kind zu segnen. Zwei Jahre später gebar die Frau ein Kind, doch entsprechend Ammas Voraussage wurde das Kind im Alter von sechs Jahren krank und starb wenig später.

Obwohl Amma sie wiederholt gewarnt hatte, war der Tod des Kindes ein furchtbarer Schock für das Ehepaar. Sie versanken in Depression und mussten in eine psychiatrische Klinik eingewiesen werden. Durch Ammas Gnade haben sie sich inzwischen von dem Schock fast erholt.

Die moderne Gesellschaft will uns Glauben machen, die Befriedigung des Begehrens sei der eigentliche Lebenszweck. Erfolg, so heißt es, lasse sich daran messen, dass sich unsere Ziele und Ambitionen im Leben erfüllt haben. Die heiligen Schriften erklären uns jedoch, dass es im Leben noch mehr gibt als dies – dass die Zeit kommen wird, wo wir alles aufgeben und unsere gesamte Aufmerksamkeit auf den spirituellen Pfad richten müssen. Wenn eine Meisterin wie Amma uns deutlich sagt, dass etwas, was wir uns wünschen, nicht gut für uns ist, sollten wir uns aufrichtig bemühen, diese Wünsche und Anhaftungen loszulassen. *Mahatmas* sprechen keine leeren Worte.Während wir glauben, es sei eine Tragödie, das, was wir uns wünschen, nicht zu bekommen, kann die Erfüllung unseres Wunsches eine noch viel größere Tragödie nach sich ziehen.

Dies bedeutet nicht, dass der Wunsch, zu heiraten oder Kinder zu bekommen, etwas Schlechtes ist. Weltliche Ziele zu verfolgen ist nicht falsch. Diese Dinge sind in keiner Weise verboten. Die Schriften befürworten die Heirat und die Gründung einer Familie als eine wesentliche Zwischenstation im Leben von fast allen Menschen. Wenn man sich ihm in der rechten Weise annähert, bietet das Haushälter- oder Familienleben eine Gelegenheit, unsere Wünsche und *vasanas* zu erschöpfen, doch sollten wir uns daran erinnern, dass die Wünsche nicht vollständig erschöpft werden können, falls wir es versäumen, unser Urteilsvermögen einzusetzen. Wir sollten niemals das Offensichtliche aus den Augen verlieren: nichts von dem, was wir unser eigen nennen, bleibt uns für immer.

Krishna sagt in der *Bhagavad Gita*:

dharmāviruddho bhūteṣu kāmo'smi bharata ṛṣabha
(VII.11)

„*In den Lebewesen bin ich derjenige Wunsch, der dem dharma nicht entgegensteht, o Arjuna.*"

Die Schriften fordern uns niemals auf, unsere Wünsche und *vasanas* zu unterdrücken, sondern sie stattdessen durch den Gebrauch unserer Intelligenz (buddhi), durch Logik und durch Vernunft zu überwinden. Wenn wir einen Schritt zurücktreten und analysieren, was wir da begehren, werden wir in der Lage sein, zu erkennen, dass das Ausmaß der Freude, die wir von einem vergänglichen Objekt erlangen können, begrenzt ist. Wenn dies zu unserer unumstößlichen Überzeugung geworden ist, werden die Wünsche allmählich von selbst absterben. Wenn wir dagegen unsere Wünsche unterdrücken und uns dazu zwingen, einer allzu rigiden Disziplin zu folgen, mögen wir vielleicht einige Jahre in einem *ashram* verbringen, um später mit dem Wunsch zu heiraten in die Welt zurückzukehren. Bevor wir einem *ashram* beitreten, bevor wir die Lebensweise von *brahmacārya* (Keuschheit, völlige Kontrolle der Sinne im allgemeinen) praktizieren, müssen wir uns zuerst durch Vernunft (buddhi) davon überzeugen, dass wir die Vergnügungen, die die Welt uns bietet, nicht mehr haben wollen. Wir begreifen dann, dass sie uns niemals dauerhaftes Glück gewähren können. Wenn wir diese Art von Unterscheidungskraft anwenden, gibt es nichts zu unterdrücken: wir wählen einfach einen anderen Pfad.

Einstmals starteten zwei Jäger auf eine Expedition in die abgelegene Wildnis, die nur mit einem Flugzeug zu erreichen war. Sie charterten eine Maschine, luden sie voll mit Proviant und flogen in diese unzugängliche Region. Den Piloten des Flugzeuges baten sie, nach zwei Wochen zurückzukommen und sie wieder abzuholen. Als der Pilot zurückkehrte, war er überrascht, zu sehen, dass die Jäger mit drei riesigen Büffeln, die sie erlegt hatten, auf ihn warteten.

„Okay, wir sind bereit, loszufliegen", sagten sie dem Piloten.

Der Pilot antwortete: „Sagt mir nur, was ihr mit den drei Büffeln da machen wollt."

„Die nehmen wir natürlich mit."

Der Pilot lachte und sagte: „Es ist absolut unmöglich, die Büffel in unserem kleinen Flugzeug unterzubringen. Ihr müsst euch schon mit einem begnügen."

„Ach komm'", quengelten die Jäger, „der Pilot im letzten Jahr hat uns drei mitnehmen lassen."

Der Pilot war erstaunt: „Wirklich? Na gut, ich denke, wenn es letztes Jahr geklappt hat, können wir es dieses Jahr auch machen. Wir wollen es versuchen."

Irgendwie schafften sie es, zwei Büffel in das Innere des Flugzeugs hineinzuzwängen, den dritten banden sie oben am hinteren Teil des Flugzeugs fest. Schließlich waren sie bereit, abzufliegen. Unter großen Schwierigkeiten gelang es dem Piloten, abzuheben und er kämpfte, um an Höhe zu gewinnen. „Doch als sie an eine hohe Bergkette kamen, waren sie nicht in der Lage, sie zu überfliegen. Die Maschine ging an der Bergwand nieder. Glücklicherweise waren alle unverletzt. Der Pilot kletterte aus der Maschine und sagte: „Na großartig! Und wo sind wir hier?"

Die Jäger sahen sich gründlich um und benutzten ihren Kompass. Sie hielten Ausschau nach gewissen Orientierungspunkten im Gelände und verglichen sie mit ihrer Landkarte.

„Ja genau, ich glaube, ich weiß, wo wir sind", teilte einer der beiden Jäger dem Piloten voller Selbstvertrauen mit, indem er von der Karte aufschaute. „Wir befinden uns genau zwei Meilen östlich von der Stelle, wo wir letztes Jahr abgestürzt sind."

Die Büffel sind unsere Anhaftungen, und das Flugzeug ist die Realität des Lebens. Ebenso wie die Jäger hören wir nicht auf, uns an weltliche Dinge festzuklammern und wiederholen immer wieder die gleichen Fehler. Dann „stürzen wir ab" und es geht uns sehr schlecht, sobald wir feststellen, dass die Stärke unserer Anhaftung sich umgekehrt proportional verhält zur Fähigkeit des Gegenstandes, Glück zu schenken.

Was das Thema der Büffel und der Wünsche anbetrifft, so erzählte mir ein Devotee aus den USA eine Geschichte über einen Freund, der gerne „Buffalo wings" (gebratene Hühnerflügel) mag. Wann immer sich ihm die Gelegenheit bietet, isst er davon so viel wie nur möglich. Am nächsten Tag jedoch klagt er jedes Mal über furchtbare Magenbeschwerden, was sogar dazu führt, dass er sich vor Schmerzen auf dem Fußboden wälzt. Obwohl er weiß, was ihm bevorsteht, ist er trotzdem nicht fähig, sich zurückzuhalten und schlingt die Hühnerflügel immer wieder aufs Neue in sich hinein.

Nur menschliche Wesen verhalten sich auf eine derart unlogische Weise. Als ich diese Geschichte hörte, fühlte ich mich an die Verhaltensweise einer bestimmten indischen Ziegenart erinnert. In der Suche nach verzehrbarer Vegetation wandert die Ziege bald hierhin, bald dorthin. Manche Blätter sind sehr klebrig. Wenn sie diese Blätter frisst, bleiben sie in ihrem Rachen stecken und würgen sie; sie kann sogar daran sterben. Wenn aber eine Ziege solch ein Blatt frisst, werden alle anderen Ziegen dieses Blatt fortan meiden, und zwar nicht nur an besagtem Tag, sondern von da ab für immer.

Wenn man Frieden in äußerlichen Dingen finden könnte, würde dann nicht der Erfolgreichste von uns ihn schon lange erreicht haben? In ihrer Rede vor dem Parlament der Weltreligionen, das 2004 in Barcelona tagte, sagte Amma, der einzige Unterschied zwischen Menschen in reichen und in armen Ländern bestehe darin, dass die Armen auf den schmutzigen Fußböden ihrer Hütten weinen, während die Reichen ihre Tränen in den klimatisierten Zimmern ihrer prunkvollen Villen vergießen. Jede nur erdenkliche Anzahl an Erfolg und Besitztümern scheint uns nicht das geben zu können, was wir wirklich wollen. Wie Platon, der große griechische Philosoph, so treffend sagte: „Armut ist nicht die Abwesenheit von Gütern sondern vielmehr der Überfluss an Begierden." Wir alle suchen Frieden und Glück in Gegenständen bzw. Situationen, die nicht dazu geeignet sind, sie uns zu verschaffen.

Der Vorgang, den Sinnen freien Lauf zu lassen, kann verglichen werden mit einer abwärts führenden Treppe. Der erste Schritt ist die Anhaftung an eine Person oder an ein Ding; der nächste Schritt ist der Wunsch, dieses Ding zu besitzen. Der Zorn, den wir empfinden, wenn unser Begehren blockiert wird, macht eine weitere Stufe abwärts aus – wenn wir dann schließlich von Wut überwältigt werden, verlieren wir unsere Urteilsfähigkeit und es ist gut möglich, dass wir die verbleibenden Stufen in Wahn und Verzweiflung hinunterstürzen.

Wir sollten jedoch nicht glauben, es bestünde keinerlei Hoffnung für uns. Es gibt für uns nämlich noch eine andere Treppe – und diese führt hinauf: weg von Anhaftung und Leid – hin zu Befreiung und ewiger Wonne. Die erste Stufe auf dieser aufwärts führenden Treppe ist das Zusammensein mit einer echten Meisterin wie Amma. Je mehr Zeit wir bei einem Meister verbringen, desto mehr fühlen wir uns von seiner seligen Gegenwart angezogen. Die Anhänglichkeit an den *guru* schwächt automatisch unsere Anhänglichkeit an andere Menschen und an die Dinge der Welt.

In der Gegenwart des Meisters lernen wir, Frieden, Gelassenheit und Erfüllung zu erfahren, ohne dass wir der Hilfe irgendeines äußeren Gegenstandes bedürften. Auf diese Weise wird unsere Neigung, jenen Gegenständen hinterherzulaufen, geschwächt. Der relative Mangel an Wünschen lässt unser Gemüt weniger erregt und friedvoller werden. Dieser Frieden im Inneren vertieft sich allmählich, bis wir schließlich den oberen Teil der Treppe erreichen, der zur Befreiung führt. In einer Welt, in der die Menschen sich größtenteils in einer Abwärtsspirale befinden, führt die Anhaftung an den Meister uns Schritt für Schritt empor: zum Freisein von aller Anhaftung und ihrem Begleiter, dem Leiden.

❀

KAPITEL 8

Das Juwel der Urteilskraft

Amma wurde einmal von einem Journalisten gefragt: „Was ist nach Ammas Auffassung die wichtigste Sache, die gewöhnliche Menschen in ihrem täglichen Leben beherzigen sollten?"

Amma antwortete: „Die wichtigste Sache ist, bei jeder Arbeit, die wir in der Welt tun, immer einen urteilsfähigen Intellekt zu besitzen – nicht einfach nur einen Intellekt. Mit der Erkenntnis dessen, was Wahrheit und Unwahrheit, was gut und schlecht ist – sollte man versuchen, seine Pflichten in der Welt zu erfüllen."

Wenn Amma von „Urteilskraft" spricht, versteht sie dieses Wort nicht einfach im Sinne der verfeinerten Sensibilität eines Kenners. In seiner Schrift: *Viveka Chudamani* definiert *Shankara* den Begriff *viveka*[1] (Urteilsfähigkeit) folgendermaßen:

„Die unumstößliche Einsicht, dass das Absolute allein wahr und Relativität eine Täuschung ist, wird so definiert: Unterscheidungsvermögen in Bezug auf das Ewig-Seiende und das Nicht-Ewig-Seiende."

Wenn Amma also die Worte „Wahrheit und Unwahrheit" gebraucht, dann meint sie nicht die Erkenntnis, dass jemand eine Lüge erzählt. Mit „Wahrheit" bezieht sie sich auf das, was

---

[1] Das Wort *viveka* ist kaum durch moderne europäische Sprachen wiederzugeben. Die deutsche Wiedergabe durch „Urteilskraft" scheint noch am ehesten angeraten. Zumindest etymologisch sagt das Wort sehr klar, um was es geht: „ur-teilen", d.h. die ursprüngliche Teilung oder Scheidung. Eine andere Übersetzungsalternative ist „Unterscheidungsvermögen". (*Anmerkung des Übersetzers*)

unveränderlich in allen drei Zeitperioden – Vergangenheit, Gegenwart und Zukunft – existiert. Das, was war, ist und sein wird, ist einzig das Selbst oder der Atman. Mit „Unwahrheit" meint Amma all das, was wandelbar und vergänglich ist – kurzum all das, was wir in der Welt um uns herum erblicken. Spricht sie von „gut und schlecht", dann bedeutet „gut" jeder Gedanke, jedes Wort und jede Handlung, die uns dem Ziel, die Einheit mit Gott zu realisieren, näher bringt; „schlecht" hingegen wird das genannt, was uns von jenem Ziel weiter wegführt. Es ist diese Empfindung von Urteils- oder Unterscheidungskraft, die uns von den niedrigen Lebensbereichen abscheidet. Inwieweit wir in der Lage sind, diese Urteilskraft zu nutzen, entscheidet darüber, ob unser Leben als eine Segnung bezeichnet werden kann.

Wir lesen über die reichsten Leute in der Welt und streben vielleicht danach, in ihren Kreisen zu verkehren. Doch wir vergessen, dass die uns angeborene Qualität der Urteilskraft mehr wert ist als alles Geld der Welt zusammen. Wenn wir diese Fähigkeit der Urteilskraft und der Empfindung für *dharma* richtig einsetzen, können wir eins werden mit dem unendlichen *Atman*.

Wenn wir hingegen unsere Unterscheidungsfähigkeit nicht in der rechten Weise benutzen, verschwenden wir die Gelegenheit, die uns durch die menschliche Geburt gegeben ist. Der Schlüssel der Urteilskraft liegt in unseren Händen; niemand verbirgt ihn vor uns. Ob wir die Tür zu unserem Potential öffnen oder nicht, liegt allein bei uns. Die zur Entscheidung stehende Frage besteht darin, wie wir mit jeder Lebenssituation umgehen und wie wir die uns verliehene Zeit nutzen. Amma sagt, selbst wenn wir eine Million Dollar verlieren, können wir sie zurückgewinnen; verschwenden wir aber auch nur eine Sekunde, so ist sie für immer verloren.

Es gibt eine bekannte Geschichte aus dem *vedanta*, die zeigt, wie wir dabei versagen, unsere Urteilskraft in rechter Weise einzusetzen: Ein Mann lief durch einen Wald, als er auf mehrere Tigerjunge stieß. Sobald die Tigermutter ihn dort stehen sah, stürmte sie auf ihn zu. Der Mann floh, so schnell er nur konnte; doch in seiner Eile stolperte er und fiel in einen tiefen Brunnen. Im Fallen konnte er sich jedoch noch an einer Wurzel festhalten, die aus dem Rand des Brunnens herauswuchs, und seinen Sturz aufhalten. Doch er bemerkte, dass unglücklicherweise ein paar Mäuse an besagter Wurzel nagten, sodass sie bald abreißen und mit ihm in die Tiefe stürzen würde. Schlimmer noch, der Schutt, der von der Seite aus in den Brunnen gefallen war, hatte eine riesige Pythonschlange, die zusammengerollt auf dem Grund des Brunnens lag, aufgeweckt; geduldig wartete sie nun darauf, dass der Mann in ihr weit aufgesperrtes Maul stürzen würde. Er dachte, er wäre vielleicht in der Lage, nach oben an den Brunnenrand zu klettern, doch als er hinaufblickte, sah er, dass die wütende Tigerin dort auf ihn wartete, bereit ihn zu verschlingen, sobald er in ihrer Reichweite auftauchen würde.

Wie er nun fortfuhr, die Lage, in der er sich befand, so recht zu bedenken, stellte er fest, dass er bei seinem Fall einen Bienenstock zum Teil aufgerissen hatte; von dort tropfte nun, direkt über ihm, frischer Honig herunter. Als er dies sah, vergaß er alle Gefahren, die ihn umgaben und streckte seine Zunge heraus, um ein paar Tropfen von dem Honig zu erhaschen.

Wir schütteln vielleicht den Kopf über sein närrisches Verhalten, doch ist unsere eigene Situation nicht so viel anders. Anstatt alle Anstrengungen auf sich zu nehmen, um sich zu retten, hatte der Mann, den von allen Seiten Gefahren umdrohten, nichts Besseres im Sinn, als sich um den flüchtigen Genuss des Honigs zu bemühen. Ebenso sind wir von allen Seiten umzingelt von Gefahren wie Kummer, Krankheit, Alter und Tod, und doch unternehmen wir nicht die geringste Anstrengung, unsere Begrenzungen zu überwinden und aus dem Kreislauf von Geburt und Tod auszubrechen. Dies zeigt, dass wir unsere Urteilskraft nicht richtig einsetzen.

Amma sagt, dass die meisten von uns augenblicklich in einem Zustand des Halbschlafes umherwandern. Sie gibt das Beispiel eines Betrunkenen, der nach langer Nacht nach Hause zurückkehrt. Als er in den Spiegel schaut, sieht er, dass sein Gesicht ganz von Schrammen und Wunden bedeckt ist. Bevor er zu Bett geht, wäscht und verbindet er jeden Kratzer. Am nächsten Morgen jedoch entdeckt seine Frau, dass der Spiegel über und über mit Pflastern bedeckt ist.

Obwohl wir körperlich wach sind, ist das Niveau unseres Wachseins oder Gewahrseins normalerweise sehr niedrig. Wie oft konzentrieren wir uns wirklich auf das, was wir gerade tun? Während wir frühstücken, lesen wir Zeitung. Während wir telefonieren, machen wir den Abwasch. Während wir den Kindern eine Geschichte vorlesen, denken wir über unsere Probleme am Arbeitsplatz nach. Wenn wir zur Arbeit gehen, sorgen wir uns darum, was unsere Kinder in der Schule machen. Mit dem Aufkommen der modernen Technologie wurde unsere Konzentration sogar noch mehr zersplittert. Selbst während eines Tempelbesuches schrecken Leute nicht davor zurück, einen Anruf auf ihrem Handy entgegenzunehmen.

Dieses niedrige Achtsamkeitsniveau ist verantwortlich dafür, dass wir dieselben Fehler Tag für Tag wiederholen. Jeden Abend bedauern wir vielleicht, erneut in Wut geraten zu sein und fassen den Entschluss, es niemals wieder zu tun. Sobald uns aber jemand in die Quere kommt, gehen wir ein weiteres Mal in die Luft. Wenn wir wirklich wach und bewusst wären, würden wir uns an unseren Entschluss, geduldig zu sein, erinnern und ihn beibehalten. Es werden viele verschiedene Diäten angeboten, und die meisten Menschen hegen auch die Absicht, es mit der einen oder anderen zu versuchen; doch die Statistiken zeigen, dass nur wenige Leute strikt an ihrer Diät festhalten. In dem Augenblick, wo unser Auge auf einer verbotenen Speise ruht, vergessen wir alle guten Diätvorsätze.

Amma weist darauf hin, dass viele Menschen eine Lebensversicherung abschließen, um den ihnen nahe stehenden Menschen etwas finanzielle Sicherheit zu geben. Dadurch stellen sie deutlich unter Beweis, dass sie sich der Vergänglichkeit des Lebens durchaus bewusst sind; und doch lebt jeder so, als ob der Tod eine weit entfernte Sache wäre, etwas, was nur den anderen zustößt. Im großen indischen Epos *Mahabharata* wird beschrieben, wie vier der fünf *Pandava*-Brüder während ihres Exils im Wald vorübergehend ihr Leben verlieren, da sie Wasser aus einem See trinken, der einem *yaksha* untersteht. Dieser will *Yudhishthira*, den fünften der Brüder, einem Test unterziehen. Um seine Brüder ins Leben zurückzuholen, muss *Yudhishthira* eine Reihe von Rätseln beantworten. An einem bestimmten Punkt fragt ihn der *yaksha*: „Was ist das größte Wunder in der Welt? *Yudhishthira* beantwortet die Frage zur Zufriedenheit des *yaksha*: „Tag für Tag betreten zahllose Seelen den Tempel des Todes. Diejenigen, die zurückbleiben und dieses Schauspiel beobachten, glauben hingegen, sie selbst seien unvergänglich und unsterblich. Kann es ein größeres Wunder geben?" Es ist wahr, viele von uns haben noch nie einen Menschen sterben sehen. Einige von uns haben vielleicht noch nicht einmal einen toten Körper gesehen. Doch wir alle hören ständig von Menschen, die Tag für Tag in verschiedenen Gegenden der Welt sterben. In gewissem Sinne ist der Tod ein Teil unseres täglichen Lebens. Es gibt eine Geschichte über einen Journalisten, der einen Mann an dessen 99. Geburtstag interviewte. Nach dem Ende des Interviews nahm der Journalist die Hand des alten Mannes und sagte mit ernster Stimme: „Ich hoffe wirklich, dass ich nächstes Jahr wiederkommen und Sie an Ihrem 100. Geburtstag besuchen kann."

Daraufhin erwiderte der alte Mann: „Ich wüsste nicht, was dagegen spricht: sie sehen doch sehr gesund aus."

Genau wie dem alten Mann kommt es uns nur selten in den Sinn, dass auch wir eines Tages sterben müssen. Daher empfinden wir keinerlei Dringlichkeit, das Ziel des Lebens zu erreichen.

Während einer ihrer Auslandstouren befanden sich Amma und eine kleine Schar von Begleitern in einem Flugzeug, das in heftige Turbulenzen geriet. Mit Erheiterung stellten wir fest, dass die meisten Passagiere, die von dem Film, der während des Fluges gezeigt wurde, hingerissen waren, plötzlich sehr andächtig wurden, als die Maschine durchgeschüttelt wurde und an Höhe verlor; nun schlossen alle ihre Augen und beteten mit großer Konzentration und Hingabe. Doch sobald die Turbulenzen nachließen, kehrte einer nach dem anderen der Passagiere wieder zu seinem „Normalbewusstsein" zurück und wendete seine Aufmerksamkeit erneut dem Film zu. Einer von ihnen bat den Chefsteward sogar darum, den Film wieder bis zu dem Punkt zurückzuspulen, wo er unterbrochen worden war.

Wir sind vielleicht schnell dabei, solche Reisenden zu belächeln, aber verhalten wir uns in unserem Leben nicht genauso? Nur angesichts einer Bedrohung oder wenn uns ein großes Missgeschick widerfährt, erreichen wir ein gewisses Maß an Loslösung gegenüber den Dingen der Welt.

Es gab zwei Jugendfreunde, die gemeinsam Baseball spielten, als sie aufwuchsen. Beide spielten sie während ihrer Laufbahn ausschließlich in Amateurligen, bis sie schließlich zu alt waren, um auch nur einen Schläger hochzuheben. Den Spielen der Profimannschaften folgten sie mit beinahe religiöser Begeisterung. Im Altersheim wohnten sie Tür an Tür, und als sie schließlich alt und krank geworden waren, kamen sie sogar überein, dass derjenige von ihnen, der zuerst sterben würde, versuchen sollte, zurückzukommen, um dem anderen mitzuteilen, ob im Himmel Baseball gespielt würde.

In einer Sommernacht begab es sich, dass einer der beiden im Schlaf das Zeitliche segnete, nachdem er früher am Abend noch miterlebt hatte, wie sein Lieblingsteam einen scheinbar uneinholbaren Rückstand in einen Sieg umgemünzt hatte.

Ein paar Nächte danach wurde der andere Mann, der noch lebte, durch den Klang der Stimme seines alten Freundes aus dem Jenseits aufgeweckt.

„Bist Du es?", fragte er in die dünne Luft, von wo die Stimme seines Freundes herzukommen schien.

„Natürlich bin ich es", antwortete die Stimme des toten Freundes.

„Das ist ja unglaublich!", rief der Lebende glücklich aus. „Nun, sag schon, gibt es Baseball im Himmel?"

„Nun, ich habe eine gute und eine schlechte Nachricht", sagte der andere. „Welche willst du zuerst hören?"

„Zuerst die gute."

„Also, die gute Nachricht ist: ja, es gibt Baseball im Himmel."

„Oh, das ist fantastisch! Was könnte denn nur die schlechte Nachricht sein?"

„Du bist hier schon für morgen Abend aufgestellt."

Die Wahrheit ist: eines Tages wird der Tod uns ereilen, und wir werden nicht in der Lage sein, den Film zu Ende zu sehen, geschweige ihn zurückzuspulen – wir werden ihn zurücklassen müssen. Das Einzige, was uns nach dem Tod begleiten wird, ist die Summe unserer Handlungen, der guten wie der schlechten. Indem wir dies anerkennen, sollten wir auf Gott nicht zornig werden, sondern uns nur noch fester an ihn klammern.

Oft sagt Amma, dass man zwar einen schlafenden Menschen aufwecken kann, dass es aber schwierig ist, jemanden zu wecken, der nur vorgibt zu schlafen. Sie spielt hier darauf an, dass wir alle vortäuschen, zu schlafen. Wenn wir auf unser Leben blicken, werden wir einsehen, dass dies den Tatsachen entspricht.

Wann immer wir nämlich zu entscheiden haben zwischen demjenigen, was uns spirituell nützt und demjenigen, was bequem oder leicht ist, werden wir zumeist dem Bequemen den Vorzug geben. Selbst Psychologen sagen, dass ihre Patienten im allgemeinen eher auf eine Erleichterung als auf eine wirkliche Lösung ihrer Probleme aus sind.Um sie nämlich wirklich zu lösen, müssten sie ihre Art zu handeln und auf die Umgebung zu reagieren, ändern.

Manche Menschen argumentieren so: da alles von Gott geschaffen wurde, gibt es so etwas wie gut und böse überhaupt nicht; daher sollten wir uns als frei betrachten, das zu tun, was immer wir möchten. Wenn wir dieses Argument genauer unter die Lupe nehmen, werden wir seine Schwächen leicht erkennen. So können beispielsweise manche Tiere nur überleben, wenn sie andere Tiere fressen. Im Pflanzenreich finden sich berauschende Drogen. Bedeutet dies, dass es nur natürlich ist, Drogen zu nehmen und einen Mord zu begehen?

Desgleichen hat Gott sowohl heilsame als auch giftige Früchte geschaffen. Werden wir die giftigen Beeren genauso schnell verzehren wie Erdbeeren, und behaupten, es sei natürlich? Und doch, wenn wir eine wenig noble Entscheidung treffen, rechtfertigen wir unser Verhalten oft mit der Redewendung: „Es ist nur natürlich."

Das mag wahr sein, doch Spiritualität besteht nicht darin, natürlich zu agieren. Tatsächlich besteht sie in nichts anderem als unsere niedere, animalische Natur zu verwandeln. Es ist gesagt worden, dass wir keine menschlichen Wesen sind, die spirituelle Erfahrungen haben, sondern spirituelle Wesen, die die Erfahrung machen, ein Mensch zu sein.

In den Anfangstagen des *ashrams* bestand Amma darauf, dass alle Bewohner um 4.00 Uhr aufstehen sollten, egal wann sie schlafen gingen. So gingen im *ashram* normalerweise gegen 23.00

Uhr die Lichter aus. An einem solchen Abend rief Amma mich gegen 22.30 Uhr in ihr Zimmer. Als ich dort ankam, sprach sie gerade mit einer Familie; also wartete ich draußen. Doch gegen 23.00 Uhr war die Familie immer noch da. Obwohl ich wusste, dass es richtig gewesen wäre, Ammas Anweisungen zu folgen, wusste ich ebenfalls, dass ich um 4.00 Uhr aufstehen musste, egal, wie lange ich noch aufbliebe, um Amma zu treffen. So ging ich einige Minuten nach 23.00 Uhr in meine Hütte, um zu schlafen. Als ich meine Augen wieder öffnete, war es nicht 4.00 Uhr, sondern 7.00 Uhr.

Später erfuhr ich, dass Amma jemanden gefragt hatte, ob ich dort noch wartete; als man ihr aber mitteilte, ich sei schon fort, rief sie mich nicht wieder zurück und sagte stattdessen: „Lasst ihn schlafen." Indem ich das ignorierte, wovon ich wusste, dass es richtig war, verpasste ich sowohl eine Gelegenheit, bei Amma zu sein als auch die Morgengebete.

Diese Geschichte veranschaulicht einen bestimmten Punkt: wenn wir vorgeben zu schlafen, besteht die große Gefahr, dass wir tatsächlich einschlafen. Wenn wir einer Neigung nachgeben – selbst wenn wir uns zunächst noch der Tatsache erinnern, dass wahres Glück nicht im Gegenstand liegt, werden wir doch früher oder später vollständig von ihm in Beschlag genommen und vergessen alles, was mit Gott und dem wahren Lebensziel zu tun hat.

Es gilt mutig zu sein. Wir wollen uns nicht immer tiefer in den Schlafsack unserer Unwissenheit eingraben! Lasst uns stattdessen die Realität anerkennen, dass wahre Erfüllung niemals in der Welt zu finden, dass Spiritualität die einzige Lösung ist. Lasst uns aufstehen, den höchsten *dharma* ergreifen und mit Unterscheidungskraft vorwärts schreiten!

KAPITEL 9

Das Geheimnis des Erfolges

Amma sagt: *„Wir alle erhalten eine Ausbildung, um unseren Lebensunterhalt zu verdienen, aber keine Ausbildung für das Leben selbst."* Spiritualität ist diese Ausbildung für das Leben – und es ist die echte Grundlage des Lebens. Wenn wir dieses Fundament in jungem Alter durch das Verstehen von spirituellen Prinzipien legen, werden wir weder stolpern noch fallen, wenn wir mit den Prüfungen des Lebens konfrontiert werden. Einer der Eckpfeiler des spirituellen Lebens ist Selbstdisziplin. Niemand will von ihr hören, aber die, die sie nicht besitzen, entdecken schließlich doch, wie wichtig sie ist. Selbst die, die sich bemühen, die Leiter des Ruhms, der Ehre, der Macht und des Wohlstandes zu erklimmen, fallen am Ende trivialen Vergnügungen und Versuchungen zum Opfer – die Folgen sind Kränkungen und schmerzliche Erfahrungen. Vielleicht ist es dies, was die verstorbene amerikanische Schauspielerin Katherine Hepburn zu der geistreichen Bemerkung veranlasste: „Ohne Disziplin gibt es überhaupt kein Leben."

Um wirklichen spirituellen Fortschritt zu machen, ist Disziplin von essentieller Bedeutung. Selbstdisziplin hat nichts zu tun mit Bestrafung, nicht einmal mit einem eingeschränkten Lebensstil. Es ist die Fähigkeit des Individuums, an bestimmten Handlungen, Gedanken und Verhaltensweisen festzuhalten, die zu allmählicher persönlicher Vervollkommnung anstatt zu unmittelbarer Befriedigung führen. Mangel an Selbstdisziplin ist der Hauptgrund für die Fehlschläge, die wir im persönlichen wie im beruflichen Leben erfahren.

Eine Frau ging einmal auf einen gebrechlich wirkenden Mann mit runzeligen Aussehen und strähnigem grauen Haar zu, der in einem Stuhl auf seiner Veranda vor- und zurückschaukelte.

„Entschuldigen Sie, mein Herr", sprach sie ihn an, „aber ich konnte nicht umhin, Ihren glücklichen Gesichtsausdruck zu bemerken. Was ist ihr persönliches Geheimnis für ein glückliches und langes Leben?"

„Nun, mein Kind", antwortete der Mann mit zahnlosem Grinsen, „ich rauche täglich drei Packungen Zigaretten, trinke wöchentlich eine Kiste Whisky, lasse mir fettige Nahrung schmecken, höre Heavy-Metal-Musik und verschaffe mir keinerlei Bewegung."

„Das ist erstaunlich", sagte die Frau, „Von solch einem Geheimrezept für Langlebigkeit habe ich noch nie gehört! Darf ich fragen, wie alt sie sind?"

„Sechsundzwanzig", kam die Antwort.

Selbstdisziplin ist dem Betriebssystem vergleichbar, das wir auf unserem Computer verwenden. Ein Computer ohne Betriebssystem gleicht einem Menschen, dem es an Selbstdisziplin mangelt. Beide verfügen über ein ungeheures Ausmaß an Potential und Stärke, aber sie haben keinerlei Möglichkeit, richtig zu funktionieren. Anders als der Computer sind wir gesegnet mit der Gabe des freien Willens, doch ohne Selbstdisziplin sind wir anfällig für die Viren der sofortigen Befriedigung, der Rechtfertigungen und schlechten Gewohnheiten.

Der griechische Philosoph Aristoteles sagte einmal: „Ich erachte den als mutiger, der seine Begierden überwindet als denjenigen, der seine Feinde besiegt, denn der schwierigste Sieg ist der über sich selbst." Es ist nicht immer einfach, den Nutzen eines disziplinierten Lebens zu erkennen, denn oft genug erscheint es genussreicher, profitabler und angenehmer, sich anders zu verhalten.

Seit den ersten Tagen des *ashrams* war es Teil unserer Disziplin, um 4.00 Uhr aufzustehen, zu duschen und uns zu versammeln, um die 1000 Namen der Göttlichen Mutter zu rezitieren. Nachdem ich dem *ashram* beigetreten war, wachte ich eines Tages um 4.00 Uhr auf und stellte fest, dass es ziemlich kalt war, da es den ganzen vorigen Tag hindurch geregnet hatte. Es gab kaltes Wasser, und so entschied ich mich, das Bad ausfallen zu lassen und direkt zum morgendlichen *archana* zu gehen. Ich dachte mir, ich könnte warten, bis sich die Luft erwärmt hätte und dann ein Bad nehmen. Es regnete an diesem Tag weiter und auch in den darauf folgenden hörte es nicht auf; so behielt ich meine neue Praxis bei, ungeduscht zum *archana* zu gehen. Als ich nach ein paar Tagen heraustrat, um für das *archana* zum *kalari*[1] zu gehen, entdeckte ich direkt vor meiner Hütte einen großen Eimer dampfenden heißen Wassers. Ich war überrascht, wollte aber diese Gelegenheit nicht ungenutzt lassen; ich begab mich also mit dem Eimer sofort ins Bad und nahm eine Dusche. Später fragte ich bei den anderen *brahmacharis* nach, um herauszufinden, wer der barmherzige Samariter gewesen war, der das Wasser für mich erhitzt hatte. Keiner von ihnen wusste etwas darüber. Als ich Amma an diesem Nachmittag begegnete, fragte sie mich beiläufig: „Hattest du heute morgen ein schönes Bad?" Nach dieser Bemerkung hatte ich keinerlei Zweifel mehr, wer das heiße Wasser für mich dort hingestellt hatte. Der Gedanke

---

[1] Der Sanskritausdruck *kalari* meint jeden Ort des Gebets, wo keine Statue einer Gottheit aufgestellt ist. Es war dies der Name, der dem ursprünglichen Tempel des *ashrams* gegeben wurde, der nicht größer war als ein begehbarer Schrank; hier war früher ein Kuhstall, der von Ammas Familie umgebaut worden war. Wenn man zurückblickt, ist es schon erstaunlich, dass Amma, die heutzutage oft Programme in Amphitheatern oder Stadien gibt, jemals auf solch engem Raum *darshan* geben konnte.

schmerzte mich, dass Amma sich abgemüht hatte, das Wasser über qualmendem Holzfeuer zum Kochen bringen, nur damit ich bereit war, mich der Ashram-Disziplin zu unterziehen, vor dem *archana* zu duschen. Da begriff ich, dass ein *guru* zu jedem Mittel greift, um den Schüler zu berichtigen. Seit dieser Zeit habe ich nie wieder ein morgendliches Bad versäumt, wie kalt es auch sein mochte.

Natürlich können wir aus Ammas Demut und Geduld nicht in der Weise Vorteil ziehen, dass wir es uns leicht machen. Hätte ich einfach darauf gewartet, dass Amma mir jeden Tag einen Eimer heißen Wassers bringen würde, hätte sie ihre Taktik – dessen bin ich sicher – sehr schnell geändert. Tatsächlich entwickelten einige Jahre später, als viele neue *brahmacharis* dem *ashram* beigetreten waren, manche die Gewohnheit, trotz Ammas mehrfachen Ermahnungen während des *archanas* zu schlafen. Schließlich musste sie zu drastischen Maßnahmen greifen. Eines Morgens betrat sie die Halle, wo die Betreffenden schliefen, und schüttete kaltes Wasser über jeden von ihnen. Später bemerkte sie dazu: „Ihr seid alle hier hergekommen, um Gott zu verwirklichen. Also ist es Ammas Pflicht, euch auf eure Fehler aufmerksam zu machen und euch dabei zu helfen, sie zu überwinden. Wenn ihr selbst in kleinen Belangen faul seid, wie wollt ihr da Befreiung erlangen?"

Im Laufe der Jahre ist die Anzahl der Menschen, die Amma in Amritapuri (und überall in der Welt) besuchen, ständig angewachsen, sodass sie den *darshan* immer später beendet. Vor zwei Jahren schließlich dauerte der „Morgen-Darshan" sogar bis nach 18.30 Uhr, das ist die Zeit, zu der Amma zu den abendlichen *bhajans* kommt. Wenn sie nun bis 19.00 Uhr oder 20.00 Uhr *darshan* gab, konnte sie natürlich nicht zu den *bhajans* erscheinen. Die *Swamis* jedoch kamen zum Bhajan-Singen, und von allen *brahmacharis* und Bewohnern wurde dies ebenfalls erwartet, mit Ausnahme von denen, deren Hilfe in der Darshan-Reihe benötigt wurde. An den Tagen jedoch, an denen Amma während der Abend-Bhajans *darshan* gab, waren einige *brahmacharis* abwesend, entweder weil sie mit einer anderen Arbeit beschäftigt waren oder weil sie alleine meditierten. Eines Abends beendete Amma den *darshan* kurz vor 19.00 Uhr. Da es schon spät war, dachten viele Leute, Amma würde nicht zu den *bhajans* erscheinen und gingen daher ihre eigenen Wege. Doch als sie die Wendeltreppe vom Tempel herunterkam, wandte sie sich nicht, wie alle erwartet hatten, nach rechts, um hinauf in ihr Zimmer zu gehen, sondern ging direkt nach links in Richtung Bhajan-Halle. Sie nahm sich nicht einmal die Zeit, die Kleider zu wechseln oder sich das Gesicht zu waschen. Da viele *brahmacharis* nicht erwartet hatten, dass Amma zu den *bhajans* erscheinen würde, blieben sie den Gesängen ebenfalls fern. Erst als sie Ammas Stimme über den Lautsprecher vernahmen, wurde ihnen klar, dass sie da war und kamen alle angelaufen. Amma dort sitzen zu sehen mit Haaren, die ganz in Unordnung geraten waren, in einem *sari*, der befleckt war mit den Tränen und dem Makeup tausender von Devotees, die sie an jenem Tag umarmt hatte, war für alle ein herzzerreißender Anblick, und schnell verstanden sie die Lektion, die sie ihnen zu erteilen versuchte: wenn Amma sich nach solch einem anstrengenden Tag noch an die Ashram-Disziplin zu halten vermochte, wer konnte dann noch versäumen, es ihr nachzutun? Wenn Amma heute lange *darshan* gibt – und sei es bis in den Abend hinein – hält das die *brahmacharis* trotzdem nicht davon ab, an den *bhajans* teilzunehmen. Und doch tut Amma alles, um selbst daran teilzunehmen. Sie ist sogar dazu übergangen, eine Stunde früher mit dem Morgen-Darshan zu beginnen, und wann immer er beendet ist, geht sie sofort zur Halle.

Erfolg im Leben stellt sich dann ein, wenn wir uns nicht danach richten, was wir tun wollen, sondern vielmehr danach, was getan werden muss. Die meisten von uns wollen das tun, was ihnen gefällt. Um aber spirituelle Fortschritte zu machen, ist es nötig, zu lernen, das zu mögen, was wir tun müssen. Um diesen Punkt zu erreichen, können wir mit der Verpflichtung beginnen, das zu tun, was getan werden muss, ob wir es nun mögen oder nicht. Wenn wir uns auf diese Weise disziplinieren, werden wir auf natürliche Weise dahin gelangen, das zu mögen, was die jeweilige Situation verlangt – nicht das zu tun, was uns gefällt, sondern das zu mögen, was zu tun wir aufgerufen sind.

Wir können unser Leben nicht allein durch Emotionen bestimmen lassen. Um überhaupt irgendein Ziel zu erreichen, brauchen wir Disziplin. Ebenso wie äußere Disziplin dafür sorgt, dass die Dinge der Außenwelt reibungslos funktionieren, so verhilft innere Disziplin dazu, Ordnung in unser Gemüt zu bringen. Anschließend kann es dann auf das höchste Ziel gerichtet werden: die Selbstverwirklichung.

KAPITEL 10

Handlung, Erfahrung und was jenseits davon liegt

Amma sagt, dass unser alltägliches Leben aus zwei grundlegenden Elementen besteht: Handlung und Erfahrung. Wenn wir wissen, wie wir auf rechte Weise handeln und welche Perspektive wir gegenüber unseren Erfahrungen einnehmen sollen, kann unser Leben relativ friedvoll sein.

Auf die richtige Weise zu handeln heißt zu handeln, ohne dem Resultat des Handelns verhaftet zu sein. In der *Bhagavad Gita* erklärt *Krishna*: *„Yogaha karmasu kausalam."* – „Geschicklichkeit im Handeln ist *yoga.“ Krishna* meint hier nicht lediglich, wir sollten tüchtig sein bei der Erledigung einer bestimmten Aufgabe. In diesem Fall wäre jeder fähige Handwerker ein *yogi*. Mit Tüchtigkeit im Handeln meint er vielmehr Gleichmut des Geistes, egal wie das Ergebnis unseres Handelns auch ausfällt. Das heißt natürlich nicht, dass wir keinerlei Talent oder Können benötigen. So gibt es zum Beispiel jene, die sich nicht gut auf ein Examen vorbereiten und überhaupt nicht bekümmert sind, wenn sie durchfallen. Das kann man nicht *yoga* nennen. Unser Bestes zu tun, ohne uns Sorgen zu machen oder uns um das Ergebnis unserer Taten zu ängstigen, das ist *yoga*. Aufrichtig zu arbeiten, ohne unserem Gemüt zu gestatten, vom gegenwärtigen Augenblick abzuschweifen, das ist „Tüchtigkeit im Handeln". Dies ist auch gemeint, wenn von „Handeln um des Handelns willen" die Rede ist.

Natürlich hoffen und erwarten wir, wenn wir ein Examen schreiben, dass wir bestehen; wir werden auch nicht zu einem Bewerbungsgespräch gehen, wenn wir nicht die Erwartung hegen, eingestellt zu werden. Ohne jegliche Erwartungen verlieren wir möglicherweise sogar unsere Motivation, Gutes zu tun. Anstatt also überhaupt kein Resultat zu erwarten können wir jedes Resultat erwarten. Das bedeutet, wir können durchaus die Erwartung hegen, eingestellt zu werden, doch sollten wir auch die Möglichkeit, nicht eingestellt zu werden, mit einkalkulieren.

Vielleicht glauben wir sogar, es sei einfacher, überhaupt nicht zu handeln. Doch die Wahrheit ist, dass wir als menschliche Wesen vom Augenblick unserer Geburt bis zum Tode zum Handeln verurteilt sind. Einer von Ammas Devotees rühmte sich seiner Gewohnheit, jede Nacht mehr als 12 Stunden zu schlafen. Er betrachtete dies als Dienst an der Menschheit. „Zumindest während dieser Zeit füge ich niemandem Leid zu", sagte er mir. Die Wahrheit ist jedoch, dass wir überhaupt nicht vermeiden können, etwas zu tun; es ist ein essentieller Bestandteil des Lebens. Sogar wenn wir schlafen, führt unser Körper auf der physiologischen Ebene unwillkürliche Aktivitäten aus: unser Herz schlägt, unsere Lunge nimmt Luft in sich auf, unser Blut transportiert Sauerstoff und Nährsubstanzen durch den ganzen Körper.

In der *Bhagavad Gita* bemerkt *Krishna*:

na hi kaścit kṣaṇam api jātu tiṣṭhaty akarmakṛt
kāryate hy avaśaḥ karma sarvaḥ prakṛtijair guṇaiḥ

(III.5)

„Niemand kann auch nur für einen Augenblick untätig sein, denn jedermann wird durch die Eigenschaften der Natur hilflos zum Handeln getrieben."

Zusätzlich zu körperlichen und physiologischen Handlungen sind wir aber auch auf der mentalen Ebene aktiv; selbst das Denken ist eine Handlung. Obwohl wir in der Lage sind, still zu sitzen, rast doch unser Gemüt von der Vergangenheit in die Zukunft und wieder zurück. Solange wir uns mit dem Körper, dem Gemüt und dem Verstand identifizieren, sind wir an die Naturgesetze gebunden und werden hilflos zum Handeln getrieben. Wenn man diese Tatsache anerkennt, ist es wichtig zu verstehen, wie man auf die richtige Weise handelt.

So kaufen sich zum Beispiel viele Menschen einmal in der Woche ein Lotterielos. Wenn sie auch nichts gewinnen, so sind sie doch keineswegs darüber bestürzt; sie versuchen es weiter. Natürlich will ich damit nicht sagen, dass wir uns Lotterielose kaufen sollten. Es ist nur ein Beispiel, welches zeigen soll, dass wir selbst dann, wenn wir in unseren Bemühungen, ein bestimmtes Resultat zu erzielen, nicht erfolgreich sind, nicht frustriert oder niedergeschlagen sein sollen. Wenn wir uns aufrichtig bemühen und selbst nach wiederholten Versuchen keinen Erfolg erlangen, müssen wir es akzeptieren – in einem positiven Licht.

Dies bringt uns zu einem anderen wichtigen Element, das zu einem friedvollen Leben gehört: es geht darum, unsere Erfahrungen in der rechten Weise zu bewerten, so dass jedes Erlebnis uns zu spirituellem Wachstum verhilft und unseren Gleichmut nicht beeinträchtigt. Amma sagt, dass es mehrere Wege gibt, dies zu erreichen. Ein Devotee wird alle seine Erfahrungen, die positiven wie die negativen, als von Gott oder vom *guru* kommend betrachten. Wir belügen uns keineswegs selbst, wenn wir diese Sichtweise einnehmen. Wenn es auch das Ergebnis unseres *karmas* ist, so wirkt eben dieses Karmagesetz doch nur durch Gott[1]. Indirekt kommt es also von Ihm. Selbst jene,

---

[1] Eine der vedantischen Definitionen Gottes lautet: *karma-phala-data* („Derjenige, der die Früchte des *karma* zuteilt.")

die kein Vertrauen in Gott oder in spirituelle Gesetzmäßigkeiten haben, glauben dennoch, dass eine gute Sache zu tun auf lange Sicht auch ein gutes Ergebnis nach sich zieht, und dass umgekehrt eine schlechte Tat auch ein schlechtes Resultat mit sich bringt. Alle stimmen darin überein, dass das Ergebnis nicht sofort kommen wird; der einzige Unterschied zwischen dieser Ansicht des gesunden Menschenverstandes und der spirituellen Perspektive besteht darin, dass gemäß dem Gesetz des *karmas* das Ergebnis nicht einmal während dieses Lebens eintreten muss. Das ist der Grund, warum wir die Beobachtung machen, dass es Menschen gibt, die viel Leid ertragen müssen, obwohl sie in ihrem ganzen Leben nichts falsches getan haben, während es andere gibt, die üble Dinge tun und denen es anscheinend sehr gut geht. In diesem Fall ist die einzige Erklärung die, dass jeder nur die Ergebnisse derjenigen Taten in Empfang nimmt, die er in der Vergangenheit vollbracht hat. Später, sei es in diesem Leben oder im nächsten, wird er die Früchte seines jetzigen Handelns ernten, seien sie gut oder schlecht.

Ein Mann setzt sich nieder, um die Zeitung zu lesen, als er ein Klopfen an der Tür hört. Er öffnet die Tür und entdeckt eine Schnecke auf seiner Türschwelle. „Guten Abend", sagt die Schnecke, „Ich sammle für den Schneckenunterstützungsfond. Wären sie so freundlich, eine kleine Spende zu leisten?" Die Schnecke erhält ihre Antwort in Form eines Fußtritts, der sie ins Gebüsch befördert.

Zwei Wochen später klopft es wieder an der Tür. Abermals findet der Mann die Schnecke an seiner Türschwelle. „Das war nicht sehr nett, was Sie da gerade gemacht haben!", ruft die Schnecke aus.

Was immer uns widerfährt, ist unser *prarabdha karma*, es sind unsere Handlungen, deren Früchte wir in diesem Leben erfahren müssen. Wir alle kennen den Ausdruck: „Tötet den

Boten nicht." Der Begriff hat seinen Ursprung im Kriegswesen. Eine Kriegspartei schickte eine unbewaffnete Person ins feindliche Lager, um der anderen Partei eine Nachricht zu überbringen. Es herrschte die übereinstimmende Auffassung, dass der Bote nicht bestraft werden sollte, selbst wenn er eine ungünstige Nachricht überbrachte; der Bote tut nur seine Pflicht. Wir können gegenüber denjenigen, die uns schlecht behandeln, eine ähnliche Haltung an den Tag legen, indem wir einen Menschen, der uns kritisiert oder beleidigt, lediglich als einen Boten betrachten, der uns die Ergebnisse der eigenen vergangenen Taten präsentiert. Es ist das Gesetz des Universums, dass uns kein Unglück zustößt, wenn wir nicht im jetzigen oder vorherigen Leben etwas getan haben, was ein unglückliches Schicksal nach sich zieht. Deshalb hat es keinen Sinn, zornig über jemanden zu werden, der uns schlecht behandelt – tatsächlich können wir ihm sogar dankbar sein, dass er uns dabei hilft, unser verbleibendes *prarabdha karma* zu erschöpfen.

Gleichzeitig sollten wir uns daran erinnern, dass es in jeder leidvollen oder unerfreulichen Erfahrung etwas für uns zu lernen gibt. Selbst wenn wir wegen einer Sache unfair angegangen werden, können wir aus unserer Reaktion einiges lernen. Wir können die Situation als eine Gelegenheit ergreifen, mehr Freundlichkeit, Geduld und Liebe zu entwickeln.

Es liegt schon viele Jahre zurück, dass ich einmal mit einem Devotee in einen Streit verwickelt war. Ich befand mich in einiger Entfernung von dem Platz, wo Amma gerade *darshan* gab. Ich weiß nicht mehr genau, worum es in diesem Streit ging, erinnere ich mich aber gut daran, dass Amma mich plötzlich unterbrach und zu sich rief. Als ich in ihre Nähe kam, sagte sie zu mir: „Dein Gesicht sieht aus wie das von einem *ondu* (eine bestimmte in Kerala vorkommende Eidechsenart, die für ihre Hässlichkeit bekannt ist)."

Als Amma diese Worte sprach, war ich ziemlich verblüfft. Ich dachte bei mir: „Schließlich haben mir schon viele Leute gesagt, dass ich gut aussehe. Warum sagt Amma das Gegenteil?"

Im Laufe der nächsten Tage rief Amma mich mehrere Male zu sich und sagte mir immer dasselbe. Obwohl ich schockiert war, reagierte ich äußerlich nicht darauf, sondern nahm ihre Worte einfach hin. Das dritte Mal, als sie diese Worte sprach, kam mir blitzartig ein Vorfall aus der Vergangenheit zu Bewusstsein. Es geschah viele Jahre, bevor ich Amma kennen lernte, als ich noch auf der Universität war. Zu dieser Zeit hatte ich einen Freund, der ein etwas eigenartiges Aussehen hatte. Eines Tages sagte ich aus heiterem Himmel zu ihm: „He, dein Gesicht sieht aus wie das von einer Ratte." Ich sagte es beiläufig, ohne darüber nachzudenken, doch mein Freund nahm es sich sehr zu Herzen. Danach sprach er mehrere Tage nicht mit mir, und manchmal, wenn ich ihn sah, hätte ich schwören können, dass er vorher geweint hatte.

Schließlich kam er zu mir und sagte: „Deine Worte haben mich wirklich sehr verletzt. Nie zuvor in meinem Leben habe ich mich so schlecht gefühlt." Ich sagte ihm, dass es mir leid täte, aber zwischen uns wurden die Dinge nie mehr so wie vorher; es war klar, dass das, was ich ihm gesagt hatte, ihn tief gekränkt hatte."

Es wird gesagt, einen unschuldigen Menschen zum Weinen zu bringen ist der sicherste Weg, den Fluss der Gnade Gottes daran zu hindern, zu uns zu gelangen. Indem ich mich an diesen Vorfall erinnerte, begriff ich gleichzeitig, dass dies Ammas Methode war, mein negatives *karma* aufzulösen, das ich viele Jahre zuvor durch jenen Satz auf mich geladen hatte. Danach war ich in der Lage, Ammas Worte zu ertragen, ohne in meinem Herzen auch nur ein Kräuseln von Negativität zu empfinden.

Jene, die Vertrauen in Gott besitzen, sind immer von der tiefen Überzeugung beseelt, dass Gott* derjenige ist, der ihnen die Früchte ihrer Handlungen zuteilt. Was einen wirklichen Sucher oder vollkommenen Devotee anbetrifft, so gibt es für ihn so etwas wie Leid oder Freude überhaupt nicht – alles ist ein Geschenk Gottes – oder des *gurus*.

Es gibt die Geschichte von einem berühmten Rabbi namens Zushia, der vor über 200 Jahren lebte. Rabbi Zushia wurde weithin verehrt aufgrund seiner reinen, einfachen und frommen Lebensweise. Unweit von seinem Wohnort befand sich eine Stadt, in der es eine Rabbiner-Universität gab. Die Studenten dort befassten sich mit dem Talmud und kamen zu dem Abschnitt, in welchem gesagt wird: „Wir müssen Gott sowohl für das Gute als auch für das Schlechte danken." Die Studenten waren verwirrt. Gott für das Gute zu danken erschien nachvollziehbar und vernünftig, aber ihm für das Schlechte zu danken? Das ergab keinen Sinn.

Sie trugen dieses Problem dem Dekan der Hochschule vor. Er strich sich über seinen langen Bart und dachte über die Frage nach. „Dies ist eine Frage, die nur Rabbi Zushia beantworten kann. Geht zu seinem Haus und fragt ihn."

Rabbi Zushia lebte in einem abgelegenen Gebiet außerhalb der Stadt. Die Studenten wanderten über die Stadtgrenze hinaus und betraten ein bewaldetes Gebiet. Sie folgten einem engen Pfad und erreichten bald die heruntergekommene Baracke, die der Rabbi sein Heim nannte. Die Fensterscheiben waren zerborsten, das Dach sah reparaturbedürftig aus und die Wände waren von heftigen Rissen durchzogen. Als der Rabbi sie begrüßt und hereingebeten hatte, bemerkten sie die schreckliche Armut, in welcher er lebte. Es gab nur ein paar wackelige Stühle; die restlichen Möbelstücke waren kitschig und in schlechtem Zustand.

Der Rabbi entschuldigte sich dafür, dass er ihnen nichts zu Essen anbieten konnte und fragte, ob sie sich vielleicht mit einem Glas warmen Wassers begnügen würden.

Die Studenten erklärten, dass sie gekommen waren, um ihm folgende Frage zu stellen: „Wieso sagt der Talmud, dass wir Gott sowohl für das Gute wie auch für das Schlechte danken müssen?"

„Warum kommt ihr mit dieser Frage zu mir?", erwiderte der Rabbi. „Ich verstehe sie auch nicht. Mir ist niemals etwas Schlimmes passiert. Ist es möglich, dass Gott irgendetwas Schlechtes tut?"

Ein Devotee vertraut immer darauf, dass Gott genau weiß, was er braucht und jederzeit für ihn sorgt. Selbst bittere Erfahrungen werden von ihm als etwas akzeptiert, das zu seinem eigenen Guten beiträgt, ebenso wie man bereitwillig bittere Medizin zu sich nimmt, wenn man weiß, dass sie die Krankheit heilt.

Vom Standpunkt des *vedanta* – der höchsten Philosophie des *sanatana dharma* – gibt es noch einen anderen Zustand jenseits von Handeln und Erfahren; er wird *sakshi bhava* oder Zeugenzustand genannt. In diesem Bewusstseinszustand identifizieren wir uns nicht nur nicht mit den Ergebnissen unserer Handlungen sondern auch nicht mit den Handlungen selbst. Was immer wir tun ist die spontane Antwort auf die Umstände, die sich uns darbieten. Wir tun das, was in der entsprechenden Situation zu tun nötig ist, aber wir bleiben der Zeuge: sowohl im Hinblick auf unsere Aktivitäten wie auch auf unsere Erfahrungen. Wir identifizieren uns allein mit dem *Atman*, dem reinen Bewusstsein, das aus allem Lebendigen hervorleuchtet.

Gegenwärtig sind wir natürlich nicht fähig dazu. Wenn wir hungrig sind, essen oder Schmerz empfinden, identifizieren wir uns mit dem eigenen Körper *(deha)*; sind wir ärgerlich oder traurig, dann ist unser Ego im Gemüt *(manas)* zentriert; fassen wir einen Entschluss, sind wir identifiziert mit dem Intellekt *(buddhi)*.

Die Tür zum Zeugenzustand befindet sich direkt vor uns. Er verbirgt sich in den Alltagsaktivitäten, die so viel von unserer Aufmerksamkeit und Energie beanspruchen.

Wenn wir hungrig sind, wissen wir: „Ich bin hungrig." Wenn wir ärgerlich sind, wissen wir: „Ich bin ärgerlich." Wenn wir verwirrt sind, so wissen wir: „Ich bin verwirrt." Das bedeutet, dass Körper, Gemüt und Intellekt allesamt Gegenstände unserer Beobachtung sind. Jedem Objekt unserer Wahrnehmung muss ein Subjekt zugeordnet sein, welches sich dieses Objekts bewusst ist. Dieses Gewahrsein, dieses ewige Subjekt ist der *Atman*, unser wahres Selbst. Sich mit diesem Zustand zu identifizieren ist der echte *sakshi bhava*.

Wir glauben, die Bewusstheit in uns selbst sei verschieden von der Bewusstheit in der Person, die neben uns steht. Doch die alten Weisen blickten tief nach innen und entdeckten, dass dieses subjektive Gewahrsein niemand bestimmtem angehört – es ist in allen Wesen dasselbe.

Amma weist darauf hin, dass wir sogar in unserem Alltagsleben auf diese große Wahrheit stoßen. Wann immer wir uns vorstellen, sagen wir: „Ich bin John" oder „Ich bin *Lakshmi*." Vielleicht teilen wir auch jemandem mit: „Ich bin Christ" oder „Ich bin Jude", „Ich bin Rechtsanwalt", „Ich bin Mönch" usw. Bei all diesen vermeintlichen Unterschieden bemerken wir gleichwohl, dass das „Ich bin" allen gemeinsam ist. Dieses „Ich" in den zahllosen Individuen ist nicht ein je anderes in verschiedenen Personen; es ist vielmehr das identische Selbst, das im Bewusstsein aller Wesen gegenwärtig ist. Amma gibt als Beispiel die Beobachtung eines Begräbniszuges, der an uns vorüberzieht. Wäre der Mensch noch am Leben, hätten wir gesagt: „Da geht Peter." Jetzt, da der Mensch tot ist, sagen wir es nicht. Stattdessen sagen wir: „Da zieht Peters Leiche vorbei." Das bedeutet, dass Peter nicht der Körper ist, sondern irgendetwas jenseits davon. Sogar wenn jemand noch am Leben ist, sprechen wir auf ähnliche Weise. Wir äußern uns vielleicht folgendermaßen: „Sein Körper ist sehr kräftig", oder „sein Geist ist schwach", oder „sie hat einen sehr scharfen Intellekt." Nie jedoch denken wir darüber nach, wer jener „Er" oder jene „Sie" ist, auf die wir uns da beziehen.

Ob wir nun explizit darum wissen oder nicht, so erkennen wir durch unser Verhalten doch an, dass da die ganze Zeit über etwas jenseits von Körper, Gemüt und Intellekt existiert. Wir sind aber unfähig, diesen Tatbestand in unsere unmittelbare Erfahrung zu integrieren.

In diesem Zusammenhang erzählt Amma die folgende Geschichte: „Eine Frau verliert ihren Sohn bei einem Autounfall und ist verständlicherweise niedergeschlagen. Ihre Nachbarin tröstet sie, indem sie auf die heiligen Schriften und die Aussagen der selbstverwirklichten Meister verweist. Sie sagt zu ihr: „Du bist nicht der Körper, du bist der *Atman*. Der *Atman* ist alldurchdringend und ungeboren; er stirbt nie. Wohin könnte dein Sohn also gehen?"

Die betrübte Mutter empfängt durch die Ratschläge ihrer Nachbarin große Stärke. Einen Monat später wird der Mann der Nachbarin bei einem Arbeitsunfall getötet. Nun versucht die Frau, die ihren Sohn einen Monat zuvor verlor, die Nachbarin mit denselben spirituellen Weisheiten zu trösten, die sie ein paar Wochen früher von ihr zu hören bekam. Doch die Nachbarin erweist sich als untröstlich. Die Frau sagt: Gerade letzten Monat warst du es doch, die mir all diese spirituellen Wahrheiten vor Augen geführt hat. Warum versperrst du dich ihnen jetzt?"

„Damals war es d e i n Sohn, der gestorben war," erklärt die Frau, „aber nun sprechen wir über m e i n e n Mann!"

Es ist also leicht, Zeuge der Erfahrungen eines anderen zu sein, wenn es aber um unsere eigenen Belange geht, ist das eine vollkommen andere Geschichte.

Einst hielt ein *pandit* in einem Wald-Ashram ein Vedanta-Seminar ab. Wieder und wieder erklärte er seinen Schülern: „Nur der *Atman*, das Selbst, ist ewig – alles andere ist *maya* (Schein). Geratet niemals in ihre Falle!" Plötzlich stürmte ein riesiger Elefantenbulle mit langen, scharfen Stoßzähnen in wildem Ungestüm auf den *ashram* zu. Da der *pandit* sich auf einer Art Hochsitz befand und den Wald überblicken konnte, war er der erste, der den Elefanten kommen sah – er war auch der erste, der zu laufen anfing! Als die Schüler dies sahen, erhoben sie sich alle und rannten hinter ihm her. Nachdem sie sich in Sicherheit gebracht hatten, sagte einer der Schüler:„*Panditji*, ich hätte niemals gedacht, dass Ihr so schnell laufen könnt! Übrigens, habt Ihr nicht gesagt, alles sei *maya*? Wenn aber alles Schein ist, wieso lieft Ihr fort, als Ihr den Elefanten saht?"

Der *pandit*, der inzwischen längst seine Fassung wiedererlangt hatte, erwiderte kühl: „Es ist wahr, der Elefant ist *maya*, aber mein Fortlaufen war ebenfalls *maya*." Der *pandit* war zwar fähig zu einer intellektuellen Darlegung, doch unter dem Druck der Umstände mangelte es ihm an der geistigen Stärke, die Substanz seiner Lehren mit Leben zu erfüllen.

In eine ähnliche Richtung geht das, was ich über eine Begebenheit am Rande der Dreharbeiten zu einem neuen Film las, der die letzten Stunden im Leben Jesu Christi zum Thema hat. Während einer Szene wurde der Schauspieler, der Jesus darstellte, mit realen Lederpeitschen geschlagen – natürlich nur zum Schein. Dabei musste er die überweltliche Duldungskraft und Gelassenheit, mit welcher Jesus diese Misshandlung ertrug, so lebensnah wie möglich darstellen. Nun passierte es, dass einer der Stuntleute, welcher eine reale Lederpeitsche benutzte, den Jesusdarsteller versehentlich traf, worauf dieser sogleich – wie wohl jeder von uns in einer vergleichbaren Situation – voller Schmerzen aufschrie und den Stuntman wütend beschimpfte.

Es ist leicht, vorzugeben, wir seien geduldig und bereit zur Vergebung, doch unter herausfordernden Umständen gleiten wir ab – oder springen sogar Hals über Kopf zurück in die Niederungen unserer negativen Eigenschaften des Zorns und der Ungeduld. Jeder kann die Schriften zitieren und behaupten: „Ich bin das höchste Bewusstsein", aber wer von uns kann dies schon in die Praxis umsetzen und wirklich in allen Lebensumständen göttliche Eigenschaften an den Tag legen?

Ein Mensch, dessen Geist völlig rein ist, ist fähig, seine wahre Natur zu verwirklichen, indem er einfach nur auf die Worte des Meisters hört. Für die große Mehrheit von uns jedoch reicht es nicht aus, wenn der Meister uns sagt: „Du bist das höchste Wesen." Dies liegt daran, dass unsere wahre Natur von Schichten der Unwissenheit verhüllt ist. Sie bestehen aus Begierden, Anhaftungen und der starken Identifikation mit unserem begrenzten Ego. Amma erzählt dazu folgende Geschichte:

Einst sandte ein *guru* zwei seiner Schüler zum Marktplatz, um dort Proviant für den *ashram* einzukaufen. Als sie zurückkehrten, war einer der beiden verstimmt; der andere war rot im Gesicht und wütend. Der *guru* fragte die beiden Schüler, was sich zugetragen hatte.

„Er hat mich grün und blau geschlagen", sagte der eine.

„Aber nur, weil er mich einen Affen genannt hat!", sagte der zweite.

Der *guru* rügte den zweiten Schüler und sprach zu ihm: „Obwohl ich dir in den letzten Jahren hunderte Male erklärt habe: ‚Du bist weder Körper, Gemüt noch Intellekt, sondern das höchste Bewusstsein,' so zeigt doch dein Verhalten, dass du mir niemals geglaubt hast. Dein Bruder brauchte dich nur ein einziges Mal einen Affen zu nennen, und i h m hast du sofort geglaubt."

Obwohl der Schüler den Worten des *gurus* und den Aussagen der Schriften zugehört hatte, hatte er sie sich niemals tief zu Herzen genommen.

Amma hat schon oft demonstriert, wie es ist, wenn ein vollkommen geläuterter Geist spontan auf die Aussagen über das Göttliche antwortet und dies an Ort und Stelle erfährt. Sie war erst 16 Jahre alt, als sie an einem Haus vorbeikam, wo das *Srimad Bhagavatam* vorgelesen wurde. Als der Vorleser die Geschichte von *Krishnas* Leben zu rezitieren begann, fiel sie spontan in einen Zustand der völligen Identifikation mit dem Herrn. Alle im Haus fühlten sich unwiderstehlich von ihrem wunderbaren Lächeln und ihrer bezaubernden Stimmung angezogen. Dies markierte den Anfang ihres *Krishnabhava-darshans*.

Im großen indischen Epos *Ramayana* muss *Hanuman* sehr schnell nach *Lanka* reisen, um *Sita*, der Geliebten seines Herrn *Rama*, eine Botschaft zu überbringen. Sie wird von dem Dämonenkönig *Ravana* gefangen gehalten. Tatsächlich ist *Hanuman* ja ein Gott und verfügt über außergewöhnliche Kräfte; doch in seiner Kindheit pflegte er *rishis* mit zahlreichen Streichen und groben Scherzen zu schikanieren; daraufhin verfluchten sie ihn, so dass er alle seine Kräfte vergaß. Später segneten sie ihn, indem sie sagten, dass wenn jemand ihm seine Kräfte ins Gedächtnis zurückrufen würde, er sich ihrer erinnern und fähig sein würde, sie anzuwenden. Als nun *Hanuman* an der Küste stand und verzweifelt in Richtung *Lanka* schaute, war er umgeben von *Ramas* Affenarmee; sie wussten, dass allein *Hanuman* die Fähigkeit besaß, nach *Lanka* zu springen. Als sie begannen, Ruhmeslieder auf ihn anzustimmen, erinnerte er sich sofort seiner göttlichen Natur und ergriff die Gelegenheit, das Meer zu überqueren und *Lanka* in einem einzigen Riesensprung zu erreichen.

Wie *Hanuman* haben auch wir unsere göttliche Natur vergessen. Die vielen großen Aussagen der Schriften *(mahavakyas)*, wie etwa *tat tvam asi* („Das bist du") singen das Ruhmeslied auf unser wahres Selbst, um uns zu erinnern, wer wir wirklich sind.

Um die Erfahrung des Einsseins mit dem Höchsten fest zu begründen, müssen wir laut Aussage der Schriften einen dreistufigen Prozess durchlaufen: Der erste Schritt wird *sravana* (hören) genannt, dies bedeutet das Hören (oder Lesen) der Aussagen der heiligen Schriften und der großen Meister. Wir lesen in den *srutis* (Offenbarungsschriften) oder hören von den Meistern, dass wir nicht der Körper, das Gemüt noch der Intellekt sind, sondern vielmehr der *Atman*, der die genannten drei belebt.

Weil unser Gemüt aber nicht rein ist, entstehen Zweifel, wenn die Lehren der Meister unserer alltäglichen Erfahrung widersprechen. Der *guru* sagt: „Du bist unendliches Sein, Bewusstsein und Wonne *(saccidananda)*, Unsere Erfahrung ist jedoch die, dass wir begrenzt, dass wir voller Kummer und der Vernichtung anheim gegeben sind. Die nächste Stufe nach *sravanam* ist daher *mananam* (Betrachtung); darunter versteht man das tiefe Nachdenken über die Aussagen des Meisters. Wenn der Meister zur Welle im Ozean spricht: Du bist grenzenlos", so muss die Welle zuerst verstehen, dass sie solange begrenzt ist, wie sie sich als Welle empfindet, dass sie aber unendlich wird, sobald sie begreift, dass ihre wahre Natur der unermessliche Ozean ist.

Rama fragte *Hanuman* einmal: „Wer bist Du?"

Hanumans Antwort erläutert auf wunderbare Weise die verschiedenen Perspektiven, unter denen wir uns dem Absoluten annähern können: „Oh Herr, wenn ich glaube, ich bin der Körper, dann bin ich Dein Diener. Wenn ich mich als *jivatman* (Individualseele) betrachte, bin ich ein Teil von Dir. Betrachte ich mich schließlich als den *Atman*, bin ich Du selbst. Dies ist meine Überzeugung." *Hanuman* wusste, dass sein Verhältnis zum Herrn von der Weite der jeweiligen Perspektive abhing, die einzunehmen er fähig war.

Durch Betrachtung *(manana)* gelangen wir zu dem Verständnis, dass wir nicht der begrenzte Körper, das Gemüt noch der Intellekt, sondern das unbegrenzte Bewusstsein sind. Wenn wir, ohne dass auch nur die Spur eines Zweifels zurückbleibt, die Gewissheit *(vijñana)* gewonnen haben, dass dies die Wahrheit ist, müssen wir diese Lehre so tief in uns aufnehmen, dass wir unsere irrtümliche Identifikation mit Körper, Gemüt und Intellekt transzendieren und völlige Identität mit dem reinen Bewusstsein erlangen. Dieser Prozess wird *nididhyasana* oder Besinnung (Kontemplation) genannt.

Bei der Besinnung entwickelt der Schüler die Gewohnheit, während jeder Erfahrung und Handlung ununterbrochen die Einsicht wach zu halten: „Ich bin nicht der Körper noch das Gemüt, ich bin das reine Bewusstsein ohne Anfang und Ende." Unsere Reaktion auf jegliche Situation – sofern eine solche erforderlich ist – sollte von dieser Wahrheit bestimmt werden. Indem er fortlaufend die Gedanken an die Lehren des Meisters aufrechterhält, erlangt der Schüler genug Reinheit, die Wahrheit klar zu erkennen. Der verwirklichte Meister ist wie eine Streichholzschachtel, während der ausgereifte Adept einem trockenen Streichholz gleicht – eine leichte Reibung an der Streichholzschachtel, und es fängt Feuer. Doch ist es einzig die Gnade und Führung des Meisters, die den Schüler diesen Zustand der Reife erlangen lässt.

Wir können den Schlaf nicht herbeizwingen. Wenn wir in einem bequemen Bett liegen können, sollten wir Sorge tragen, dass das Zimmer verdunkelt ist und Stille herrscht, dass es warm genug ist – wenn es schließlich aber darum geht, tatsächlich einzuschlafen, bleibt uns nichts anderes übrig, als geduldig darauf zu warten. Genau wie das Bedürfnis nach Schlaf jeden anderen Gedanken im Geist verjagt und den Menschen ins Schlafzimmer treibt, so jagt die beständige Besinnung auf die vedantische Wahrheit der Nichtdualität jeden anderen Gedanken im Geist des Schülers davon.

Der Pfad des *vedanta*, die Erkenntnis der Wahrheit durch direkte Erforschung und Besinnung auf Das *(tat)*, was jenseits von Name und Form liegt, ist extrem schwierig.Tatsächlich ist er für die meisten Menschen nicht empfehlenswert. Selbst *Adi Shankaracarya*, der die Vorherrschaft der Philosophie des *advaita-vedanta* neu begründete, komponierte viele Hymnen zu Ehren der göttlichen Mutter, da er wusste, dass dem Pfad des *advaita* (Nichtzweiheit) zu folgen für die meisten Menschen überaus schwierig ist. Der *Buddha* befürwortete einen im Wesentlichen nichtdualistischen Pfad und wies seine Jünger an, weder ihn selbst noch irgendeine Form zu verehren. Und doch ist die größte religiöse Statue, die heutzutage auf der Welt existiert, eine Darstellung *Buddhas*. Dies zeigt, dass für die große Mehrheit der Menschen die Anbetung eines formlosen Gottes schwierig bis unmöglich ist. *Krishna* sagt in der *Bhagavad Gita*:

kleṣo'dhikataras teṣām avyaktāsakta cetasām
avyaktā hi gatir duḥkham dehavadbhir avāpyate

(XII.5)

„Mühevoller ist der Weg für diejenigen, deren Geist auf das Nichtmanifeste (avyaktam) gerichtet ist, denn dieses Ziel, das Nichtmanifeste, ist für verkörperte Wesen nur schwer zu erreichen.“

Für die meisten von uns reicht es aus, wenn wir uns daran erinnern, in der rechten Weise zu handeln und zu erfahren. Wenn wir in dem Verständnis handeln, dass wir nur ein Instrument in Gottes Händen sind oder wenn wir uns vergegenwärtigen, dass wir zwar ein Recht besitzen, zu handeln, nicht jedoch darauf, das

Ergebnis der Handlungen zu bestimmen, können wir im Hinblick auf unsere Erfahrungen einen Zustand der Gelassenheit erreichen, der dem Zeugenbewusstsein des *sakshi bhava* sehr nahe kommt. Auch auf dem Pfad der *bhakti* kommen wir zu dem Punkt, wo uns Gut und Schlecht, Erfolg und Scheitern, Freude und Sorge nicht mehr tangieren. Indem wir uns dem Willen Gottes oder dem Willen des *gurus* unterwerfen, tun wir gleichwohl unser Bestes, um unsere Ziele zu erreichen – wenn wir aber keinen Erfolg haben oder wenn uns ein Missgeschick widerfährt, akzeptieren wir es mit gleichmütigem Geist und friedvollem Herzen. Sind wir andererseits erfolgreich, sehen wir dies ebenfalls als Gnade unseres Meisters an.

Wenn wir einen Tempel besuchen, beten wir zur dortigen Gottheit, und der Tempelpriester bietet uns etwas *prasad* an; es mag sich um *payasam* (Pudding), Früchte oder Nüsse handeln. Was immer es auch ist, wir betrachten es als eine kostbare Gabe des Herrn. Auf dem Pfad der Hingabe wird diese Dynamik ausgedehnt und auf alle Lebensbereiche angewandt. Wir betrachten alle unsere Handlungen als Anbetung des *gurus* und fassen die Ergebnisse dieser Handlungen ebenso wie alle anderen Erfahrungen, die uns widerfahren, als sein *prasad* auf.

Auf diese Weise sind wir im Erfolgsfalle niemals freudig erregt noch niedergeschlagen bei Misserfolg. Vielmehr sind wir zu jeder Zeit zufrieden. Diese Empfindung des Gleichmutes entsteht, wenn wir unser Bestes tun, um uns Gott oder dem *guru* zu überantworten. Durch Überantwortung lassen wir unser Ego, unser Gefühl für „mein" und „dein" los – für uns gibt es dann nur noch Gott oder den *guru*, und nichts sonst.

Bei dem einen Pfad betrachten wir alles als Gott, bei dem anderen alles als das Selbst. Wenn wir Gott in einer bestimmten Gestalt verehren, sagt Amma, wird uns ebendiese Gestalt zu dem Ort geleiten, von wo aus es nicht mehr schwierig ist, den

Paramatman (das höchste Selbst) zu erkennen. Einen wahren Devotee, der den Zustand höchster Hingabe erreicht hat, wird Gott selbst zur Verwirklichung des nichtdualen Zustandes führen.

KAPITEL 11

Wie man das Pferd wieder vor den Karren spannt – zum Verständnis der Wichtigkeit der Gottesverehrung

In der heutigen Welt wird die Gültigkeit der Verehrung einer Gottheit oder der Verehrung eines Meisters von vielen Menschen in Frage gestellt. Manchmal stellen Leute Amma die Frage: „Wenn doch letztlich alles Illusion ist, spricht sich *vedanta* dann nicht gegen jegliche besondere Form der Gottesverehrung aus?" Ein anderer Einwand lautet so: „Wenn die höchste Wahrheit ohne Name und ohne Form ist, warum sollten wir dann über einen Gott mit Eigenschaften, wie etwa *Ganesha*, *Shiva* oder *Kali* meditieren? Warum sollen wir über einen *guru* meditieren?"

Jedermann, der einen anspruchsvollen Text wie z.B. eine der *Upanishads* in die Hand nimmt, kann scheinbar intelligente Fragen wie die oben formulierten ersinnen - rühmen die *Upanishads* doch die Kontemplation über das formlose *Brahman* als die höchste Form spiritueller Praxis. Diejenigen, die mehr intellektuell orientiert sind, mögen sich durch solche Texte inspiriert fühlen und die Kontemplation über *Brahman* als ihre persönliche Annäherung an das Absolute favorisieren. Wenn sie dies jedoch ohne die rechte Anleitung tun, werden sie nur selten irgendeinen spirituellen Fortschritt machen.

Natürlich ist das Studium der *shastras* (heilige Schriften) für jeden spirituellen Sucher von essentieller Bedeutung; wenn wir uns ihnen zuwenden, sollten wir sehr vorsichtig sein, wo wir beginnen. Heutzutage sind viele der vedischen Schriften leicht erhältlich; sie wurden inzwischen in viele Sprachen übersetzt, publiziert und sind sogar im Internet verfügbar. Viele englische Übersetzungen jedoch wurden ohne das rechte Verständnis der tieferen Bedeutung dessen verfasst, was in den *shastras* gelehrt wird. So kann zum Beispiel das Wort *palu* mit „Kuh" übersetzt werden; es kann aber auch „Ego" bedeuten. So kommt es, dass einige der populärsten Übersetzungen behaupten, die Schriften befürworteten die Opferung von Kühen, während eine angemessenere Übersetzung genau desselben Verses zu dem Schluss gelangt, die vedischen Schriften forderten uns auf, unser begrenztes Ego zu transzendieren und unsere Einheit mit dem universellen Selbst *(Atman)* zu verwirklichen.

Einstmals unterzogen sich die *devas* (Götter), die *asuras* (Dämonen) und die Menschen strengen Bußen *(tapas)*. Plötzlich vernahmen sie den Klang „*da*", der in der Atmosphäre widerhallte. Sie alle fassten es als eine Botschaft des höchsten Wesens auf, doch jeder interpretierte die Botschaft auf eine andere Weise. Die Menschen dachten, „*da*" bedeute danam oder Wohltätigkeit. Sie glaubten, der Höchste hielte sie an, freigiebiger zu sein. Die *asuras* hingegen waren der Ansicht, das Wort hieße *daya* oder Mitgefühl. Die *devas* schließlich gingen davon aus, der Klang wolle sie zu mehr *damam*, zu mehr Enthaltsamkeit in Bezug auf Sinnlichkeit inspirieren. Das alles kam nicht überraschend: die größte Schwäche der Menschen war Selbstsucht; die *asuras* hingegen waren grausam und hartherzig; die Götter ergingen sich die ganze Zeit über in den Vergnügungen der himmlischen Gefilde.

Alle gingen davon aus, Gott würde sie zur Kultivierung gerade derjenigen Tugend auffordern, die ihnen am meisten fehlte. In ähnlicher Weise wird jeder die vedischen Schriften entsprechend seinem Verständnisniveau interpretieren.

Der *veda* wurde erst vor relativ kurzer Zeit niedergeschrieben. In antiker Zeit wurde er in den traditionellen *gurukulas* mündlich weitergegeben: der *guru* rezitierte eine bestimmte Stelle und die Schüler waren in der Lage, sie im Gedächtnis zu behalten. Aus dem Gedächtnis lehrten sie dann wiederum ihre eigenen Schüler. Daher lautet ein anderer Sanskritname für den *veda* auch *sruti* (=das, was durch Hören übermittelt wurde). Weil die Schüler in die Lage versetzt wurden, ihn direkt aus dem Munde des *gurus* zu hören, gab es keine Missverständnisse. Nun, da alles gedruckt ist, kann es auch jeder lesen und verwirrt werden. Tatsächlich sind wir ja schon verwirrt genug, und indem wir die anspruchsvollen Texte lesen, werden wir noch mehr in Konfusion geraten. Welches Ausmaß an Geistesklarheit wir auch immer besitzen mögen, sie wird dahinschwinden, wenn wir die Schriften ohne Anleitung eines selbstverwirklichten Meisters lesen.

Es ist gut, mit der *Bhagavad Gita* zu beginnen, doch selbst bevor wir anfangen, diesen bekannten Text zu lesen, empfiehlt Amma immer wieder, Eigenschaften wie Unschuld, Hingabe und Überantwortung an Gott zu kultivieren. Hierfür ist es erforderlich, die Bücher großer *bhaktas* des Herrn zu lesen, die besagte Qualitäten in Hülle und Fülle besaßen. Diese Eigenschaften vor dem Beginn des Studiums der vedantischen Schriften zu entwickeln ist überaus wichtig, denn letztere erklären uns, dass wir der *Paramatman* (das höchste Selbst) sind und alles andere eine Illusion ist. Wenn wir diese Schriften, d.h. die *Upanishads*, studieren, ohne die nötigen Eigenschaften zu besitzen, fangen wir an, so zu denken: „Warum sollte ich spirituelle Übungen verrichten, warum sollte ich zu einem Meister gehen? Ich bin die Wahrheit, also kann ich tun, was immer ich will."

Um den Trugschluss, der hinter dieser Haltung steht, aufzudecken, gibt Amma das Beispiel eines Samenkornes und eines Baumes. Natürlich kann ein großer, blühender Baum denjenigen, die vorbeigehen, Schatten spenden und sie mit Obst und Blüten erfreuen. Kann jedoch das Samenkorn sich damit brüsten, die Welt mit solchen Dingen zu beglücken? Obwohl der Baum im Samenkorn erhalten ist, muss es zuerst hinunter ins Erdreich, aufkeimen, Wurzeln schlagen, zu einem Setzling werden und langsam zu einem Baum heranwachsen. Ebenso unsinnig ist es, wenn Menschen umherlaufen und sagen: „Ich bin *Brahman*" – es muss zu unserer Erfahrung werden.

Wir können nicht in der Erfahrung des Absoluten fest gegründet sein, wenn wir einfach nur fortgeschrittene vedische Texte lesen – doch gleichzeitig trifft es zu, dass wir einzig durch Erkenntnis Selbstverwirklichung zu erlangen vermögen. Meditation, *seva*, spirituelle Übungen, durch all dies können wir nur unser Gemüt läutern; sie können uns nicht direkt zur Selbstverwirklichung führen. Dies liegt daran, dass das Selbst nicht etwas ist, das neu geschaffen wird. Es ist schon da. Es ist alldurchdringend und hat immer existiert. Indem wir befreit werden, bekommen wir tatsächlich überhaupt nichts; wir erkennen nur das, was schon ist. Aus diesem Grund wird es Vergegenwärtigung[1]

---

[1] Die englischen Worte „realize" bzw. „realization" besitzen die Doppelbedeutung von 1.„einsehen", „erkennen" und 2. „verwirklichen". In den originalen vedantischen Begriffen *(„vidya", „jñana", „sakshatkara")* findet sich jedoch nicht die Spur eines Hinweises auf „Verwirklichung" in letztgenanntem Sinne. Hier ist tatsächlich nur von „Erkenntnis", von „Bezeugen" die Rede. Das Wort *atma-jñana* oder *atma-sakshatkara* mit „self-realization" zu übersetzen, kann daher schon im Englischen in die Irre führen; erst recht gilt dies für das deutsche Wort „Selbstverwirklichung", das sich an dem englischen Terminus orientiert, aber eben nicht die alternative Bedeutung von „erkennen",

(realization) genannt. Wenn wir zum Beispiel unsere Brille verlieren, werden wir überall nach ihr suchen. Was geschieht aber, wenn uns jemand sagt, dass wir sie die ganze Zeit tragen? Erhalten wir dann etwas, was wir verloren hatten? Die Brille war die ganze Zeit über da; wir mussten uns nur darüber klar werden, dass es so ist. Aus diesem Grund wird gesagt, dass wir das Selbst nicht erkennen können, indem wir etwas Bestimmtes tun, wie etwa eine festgelegte Anzahl von *mantren* zu rezitieren oder für eine bestimmte Zeit zu meditieren. Eher ist es der durch Wolken verdeckten Sonne vergleichbar, die sichtbar wird, sobald die Wolken weiterziehen – ebenso verhält es sich, wenn unsere *vasanas* und andere mentalen Störungen durch spirituelle Übungen und die Gnade des *gurus* allmählich entfernt werden – nun kann wahres *jñana*, die Erkenntnis des *Atman*, auf natürliche und mühelose Weise in uns aufdämmern. Wenn wir uns der Tatsache „ich bin *Brahman*" mit derselben unumstößlichen Gewissheit bewusst sind wie der Tatsache „ich bin ein Mensch", dann ist das Selbst uns zur Wirklichkeit geworden.

Als ich vor 27 Jahren in den *ashram* kam, war das erste Buch, das Amma mir und den anderen *brahmacharis* zu lesen gab, das Leben und die Lehre von *Ramakrishna Paramahamsa*. Wenn wir Bücher über große Meister lesen, die so viel Hingabe, Demut und Unschuld besitzen, hilft es uns, unser Herz zu läutern. Ist jemand stolz und egoistisch, so imponiert uns das nicht besonders. Ist da aber jemand, der wahrhaft unschuldig ist – so kann uns dies schon eher beeindrucken. Amma sagt, dass ein unschuldiges Herz der Schlüssel zu spirituellem Fortschritt ist.„Jemand, der

---

„vergegenwärtigrn" oder „sich klar werden" hat. Verwirklichen kann man einen Plan, ein Vorhaben oder eine Idee, nicht aber etwas, was schon existiert, wie etwa die Zahl 4 oder die Schwerkraft. Noch viel weniger gilt dies in Bezug auf das zeitlose Selbst. Nur in einer bestimmten Hinsicht macht das Wort „Selbstverwirklichung" Sinn: der *jiva* ist potentiell zwar der *Atman*, muss jedoch erst noch von dieser Potentialität zur Wirklichkeit übergehen.

wirklich auf der Suche nach Wahrheit ist, wird Einfachheit und Demut besitzen. Die Gnade des *gurus* wird sich über solch einen Menschen ergießen. Um wirklich spirituell zu leben und spirituelle Erfahrungen zu erlangen, muss man die Eigenschaften der Liebe, Demut und Unschuld entwickeln."

Wenn man die Schriften liest, erfährt man manches über verschiedene spirituelle Praktiken. Doch diese Praktiken sind nicht für jedermann bestimmt. Ohne Anleitung durch einen spirituellen Meister ist es ziemlich schwierig, zu erkennen, welche Art von Übung die richtige für uns ist. Amma gibt das Beispiel eines sehr wirksamen Tonikums, das Gesundheit, Energie und Vitalität stärkt. Das Stärkungsmittel tut uns gut, doch wenn wir die ganze Flasche trinken und glauben, daraus größeren Nutzen ziehen zu können, ruiniert es unsere Gesundheit. Nehmen wir dagegen die vorgeschriebene Dosis zu uns, wird es zu unserem Wohlergehen beitragen.

1987, während Ammas erster Welttour, las ein *brahmachari* auf dem Etikett einer Flasche von Pflaumensaft, welche Ingredienzien sich in dem Getränk befanden. Er sah, dass es sehr reich an Vitamin C war. Da ein Arzt ihm kurze Zeit vorher geraten hatte, mehr Vitamin C zu sich zu nehmen, entschloss er sich, die ganze Flasche auszutrinken. Bis zu diesem Zeitpunkt hatte er Indien nicht verlassen und niemals Fruchtsaft in Flaschen gesehen. Er war mit seiner Entscheidung überaus zufrieden und erzählte uns, wie viel Vitamin C er zu sich genommen hatte. Innerhalb weniger Stunden bekam er schrecklichen Durchfall, der über die nächsten drei Tage anhielt; er konnte nicht einmal zu Ammas Programmen erscheinen.

Hätte ihn jemand, der sich mit Pflaumensaft auskennt, davor gewarnt, nicht zuviel zu nehmen, hätte das Trinken der empfohlenen Dosis sicherlich zu seinem Wohlbefinden beigetragen. In ähnlicher Weise fühlen sich viele von uns, die zum ersten Mal mit

Spiritualität in Berührung kommen, von den mystischen Versen und Versprechungen ewiger Wonne, wie sie sich in den vedischen Schriften und in spirituellen Büchern finden, angezogen; das Problem beginnt, wenn wir versuchen, die spirituellen Prinzipien in die Praxis umzusetzen. Wir benötigen den Ratschlag eines Meisters, um zu wissen, welche geistigen Übungen uns förderlich sind und wie viel davon täglich zu praktizieren sind.

Das 12. Kapitel der *Bhagavad Gita* beschreibt den Pfad der Hingabe als einen Prozess, der bei *saguna* (mit Eigenschaften) anhebt und zu *nirguna* (ohne Eigenschaften) hinführt. Dieses elementare Verständnis des Pfades ist natürlich von essentieller Bedeutung, doch sind wir dazu nur fähig, wenn wir unter der Anleitung eines lebenden *sadguru* stehen. In einem wahren Meister sind alle Lehren, die uns in den Schriften begegnen, vereint. Er verkörpert nicht nur deren Weisheit, sondern gewährt uns den persönlichen Kontakt, den wir benötigen, um auf dem Pfad auszuharren. Unter Millionen von Menschen mag es einen *Buddha* oder einen *Ramana Maharshi* [2] geben – für alle anderen ist es nur möglich, das Gemüt zu verwandeln und das Unendliche zu erreichen, wenn sie unter der Anleitung einer Seele stehen, welche die Verankerung in Brahman bereits erlangt hat.

Es bereitet uns nur wenig Mühe, uns an die Zeit, bevor wir Amma trafen, zu erinnern. Wir hatten vielleicht ein paar spirituelle Bücher gelesen und sogar zu meditieren versucht, doch

---

[2] *Ramana Maharshi*, der Weise vom Arunachala, verwirklichte das Selbst im Alter von 18 Jahren, nachdem er auf dem Boden gelegen hatte und sich vorstellte, wie es wäre, wenn er sterben müsste. Es gibt noch andere Fälle von solchen, die ohne die Führung durch einen *guru* Befreiung erreichten, doch sind sie extrem selten. Diese Individuen hatten mit Sicherheit in ihrer vorigen Existenzen einen Meister und müssen, als sie starben, am Rande der Selbstverwirklichung gestanden haben, sodass sie nur einen sanften Stoß benötigten, d.h. sie hatten nur noch ein geringes Ausmaß an *prarabdha karma* zu durchleben, um das Ziel zu erreichen.

all unsere Bemühungen waren, verglichen mit dem, wozu wir in Ammas Gegenwart in der Lage sind, von äußerst mittelmäßiger Natur. Hätten wir sie nicht getroffen, befänden wir uns höchstwahrscheinlich immer noch in fast demselben Zustand. Bis wir dem *guru* begegnen, bleiben alle Lehren, mit denen wir Bekanntschaft machen, abstrakte Ideen, die wir nicht vollständig in uns aufnehmen und in unser Leben integrieren können. Selbst wenn wir uns für einige Zeit der Praxis widmen, so fällt doch alles auseinander, sobald sich schwierige Lebensumstände ergeben, und wir sind wieder beim Punkt Null angelangt.

Selbst diejenigen, welche das Formlose verehren, haben einen Meister, der sie anleitet. Nisargadatta Maharaj hatte einen *guru*, der ihn in jenem Pfad unterwies, und allein dadurch, dass er starkes Vertrauen in die Lehren seines Meisters besaß, war er fähig, das Ziel innerhalb einer relativ kurzen Zeitspanne zu erlangen. Selbst nachdem er vollständig im nichtdualen Zustand verankert war, verehrte er das Bild seines *guru* – bis zu seinem letzten Atemzug. Amma sagt: „Ein wahrer Schüler mag sagen: ‚Ich bin eins mit Gott', aber er wird niemals sagen: „Ich bin eins mit dem *guru*", selbst nachdem er eins mit dem gesamten Universum geworden ist. Der Schüler weiß, dass es nur die Gnade des *guru* war, die ihn befähigte, den Zustand der höchsten Wirklichkeit zu erreichen, aus diesem Grund wird er immer ein Gefühl der höchsten Wertschätzung und Hingabe ihm gegenüber bewahren."

Für die meisten von uns, ob wir nun den gestalthaften Herrn *(isvara)* oder das formlose Absolute, *nirakara brahma*, verehren, ist der spirituelle Pfad natürlich ein langer Prozess, der viel Geduld und harte Arbeit verlangt. Wir wären nicht fähig, das verlangte Niveau an Bemühung ohne die ständige Inspiration und Führung, die wir durch die Form des *gurus* erhalten, aufrechtzuerhalten. Amma bietet uns diese Inspiration und Führung, und zwar genau zur richtigen Zeit. Wir sind vielleicht völlig verzweifelt und kurz davor, alle Hoffnung aufzugeben, doch eine bloße Umarmung oder ein Blick von ihr verändert unsere ganze Stimmung und hält uns für Monate aufrecht.

Ein Grund, wieso viele Menschen heutzutage eine Vorliebe für die Meditation über das formlose Absolute besitzen, ist der, dass die letztere wie eine Abkürzung aussieht. Wenn gesagt wird, die Wahrheit läge jenseits von Name und Form, scheint es schneller zu gehen und vernünftiger zu sein, direkt mit der formlosen Meditation zu beginnen, und dabei den ganzen Prozess der Anbetung einer Gestalt, die die Läuterung des Gemütes mit sich bringen soll, zu überspringen. Doch ohne angemessene Führung ist es bei dieser Art von Praxis leicht möglich, dem eigenen Gemüt zum Opfer zu fallen, indem wir unser Handeln durch Vorlieben und Abneigungen bestimmen lassen. Heutzutage mögen die meisten von uns es nicht, wenn man kontrolliert, was sie tun. Wir denken vielleicht, wir hätten schon zu viele Chefs in unserem Leben. Unsere Eltern und Lehrer sind unsere Chefs, wenn wir aufwachsen. Unser Partner wird unser Chef, nachdem wir geheiratet haben, auf der Arbeit haben wir einen Vorgesetzten usw. Von dieser Perspektive aus betrachtet ist Gott oder der *guru* dann einfach nur ein anderer Chef – sozusagen eine spirituelle Art von Chef. Vielleicht sagen wir: „Ich möchte Geistesfrieden; ich möchte nicht vor einer Ehrfurcht gebietenden Autoritätsfigur zittern, sei es in der Kirche oder im Tempel. Somit ist die Kontemplation auf das Formlose das Beste für mich."

Diese Haltung entspringt jedoch einem Missverständnis darüber, was Gott ist bzw. was ein *guru* ist. Wenn man einen lebenden Meister hat, ändern sich die Perspektiven völlig. Aus Erfahrung wissen wir, dass wir Amma nicht einfach als eine Autoritätsperson wahrnehmen. Die Rolle des strengen Lehrers ist Teil ihrer Existenz, doch spielt sie auch alle anderen Rollen in unserem Leben: Mutter, Vater, Geliebte(r), Schwester, Bruder, selbst Sohn und Tochter. Der Schüler weiß, dass was immer der *guru* auch sagt, es zu seinem Besten dient. Je mehr er ihm gehorcht, desto mehr übergießt ihn der Meister mit seiner Gnade in Form weiterer Anweisungen und Anleitungen.

Die Meditation auf das, was keinerlei Attribute besitzt, birgt in sich zahlreiche Nachteile. Zunächst einmal vermögen wir uns keine Eigenschaften oder Attribute vorzustellen, die nicht mit Formen in Zusammenhang stehen. Wir sind nur dann fähig, die Werte, die in den Schriften erklärt werden, völlig zu verstehen, wenn wir sie in dem physischen Medium verkörpert sehen, das Amma uns darbietet. Man stelle sich nur die Süße ihres Lächelns vor ohne ihre Lippen und Zähne oder ihren barmherzigen Blick ohne die Augen. Da unser Geist für die rechte Kontemplation nicht subtil genug ist, brauchen wir einen Gegenstand, der über die Eigenschaften verfügt, die wir als das ihm zugehörige Merkmal zu entwickeln versuchen.

Amma sagt: „Wenn in einem Restaurant nur ein einziges Gericht serviert wird oder in einem Kaufhaus nur Schuhe in einer Größe verkauft werden, wie viele Menschen werden dann Nutzen davon haben? Um den Geschmack und die Bedürfnisse zahlreicher Menschen zu befriedigen, müssen wir eine Vielfalt von Speisen oder Schuhen in zahlreichen Größen zur Verfügung stellen. Ebenso wussten die *rishis* Bescheid über die unterschiedlichen Veranlagungen der Menschen. In Anbetracht dieser Tatsache wurden die zahlreichen Gottheiten, die sich im Hinblick auf Eigenschaft und Erscheinung voneinander unterscheiden, als anzubetende Wesenheiten manifestiert. Es ist gut, eine bestimmte Gottheit zu wählen und seine Aufmerksamkeit auf sie zu richten, doch wir sollten es mit dem Verständnis tun, dass ähnlich wie dieselbe Elektrizität den Kühlschrank, die Klimaanlage, den Heizkörper und die Glühbirne mit Strom versorgt, jede Gottheit eine unterschiedliche Emanation des Göttlichen Urwesens darstellt."

Es gibt die Geschichte eines *brahmacharis*, der in Ammas *ashram* kam und auf das formlose Absolute meditierte. Eines Tages nahm sie plötzlich ein Bild der Göttin Kali von der Wand und gab es ihm: sie forderte ihn auf, über es zu meditieren, statt seine auf das Unpersönliche gerichtete Übung fortzusetzen. Sie wusste, dass er gewohnt war, über Kali zu meditieren und dass er nur aufgrund des Ratschlages eines Gelehrten mit dem Nachsinnen über das formlose Absolute angefangen hatte. Amma sagte ihm: „Du bist noch nicht reif genug, um *dhyana*[3] auf das Absolute zu praktizieren. Besinne dich daher auf die Gestalt der Mutter. Ohne Liebe kann nichts erreicht werden. Dein Gemüt ist sehr hart geworden. Besprenge es mit dem Wasser der Liebe und mache es weich." Das Kali-Bild, welches sie ihm gab, entsprach tatsächlich der Geste der Göttin, über die er immer meditiert hatte. Nur weil er einen *guru* wie Amma besaß, war er in der Lage, das große Hindernis zu vermeiden, welches auf seinem Pfad aufgetaucht wäre.

Amma sagt: „Tempel entstanden erst in späteren Epochen, als der Geist der Menschen zu grob wurde, um die Läuterung auf eine rein innerliche Weise zu erreichen. Die *rishis* wussten, dass die Menschen zukünftiger Zeitalter unfähig sein würden, diese subtilen Wahrheiten aufzunehmen, wenn man sie ihnen nicht in einer anderen Weise präsentieren würde." Die Verehrung der Gestalt beginnt mit der Anbetung einer bestimmten Persönlichkeit, erlangt jedoch später einen Zustand höherer Reife, wenn der Anbetende die Prinzipien und Ideale versteht, die hinter den sichtbaren Attributen seiner Gottheit stehen. Es ist eine Entwicklung vom Persönlichen hin zum Unpersönlichen.

---

[3] Die Worte „dhyana" (sanskrit), meditatio (lateinisch) und Bedenken (deutsch) sind synonym zu verwenden. Die etymologische Verwandtschaft zwischen dem altindischen „dhyan" und den germanischen Worten „denken" oder „think" ist sehr augenfällig.

Zu Beginn ist die Anhaftung an eine Form sehr wichtig, weil es die einzige Möglichkeit ist, den Wesenskern, der hinter ihr steht, in uns aufzunehmen und in unser Leben zu integrieren. Ohne Anhaftung an Ammas Gestalt sind wir nicht fähig, die ganze Reichweite ihrer *bhavas* und *lilas* (göttlichen Spiele) zu entdecken, welche das Medium sind, durch die sie die Werte demonstriert, die wir zu entwickeln haben.

Über das fortgeschrittene Stadium der Meditation sagt sie: „Auf einer bestimmten Stufe der spirituellen Praxis werden sich alle Formen auflösen und verschwinden; man wird den formlosen Zustand erreichen. Höchste Hingabe ist reiner *vedanta*. Ein wahrer *bhakta* sieht alles als von Gott durchdrungen an. Er sieht überall nichts anderes als Gott. Wenn ein *bhakta* sagt: ‚Alles ist durchdrungen von Gott‘, so sagt der *vedantin*: ‚Alles ist durchdrungen von *Brahman*.‘"

Amma vergleicht den Sprung ins Formlose, ohne zuerst die rechten Geistes-Eigenschaften entwickelt zu haben, mit dem Versuch, einen Baum mit einem einzigen Satz zu erklettern. Nicht nur, dass wir scheitern werden – wir werden vielleicht auch hinunterfallen und uns dabei verletzen. Man kann es auch mit der bekannten Redewendung „den Karren vor das Pferd spannen" ausdrücken. Um auf dem geistigen Pfad vorwärts zu kommen, ist es notwendig „das Pferd vor den Karren zu spannen" – d.h. die Wichtigkeit der Verehrung einer Gestalt Gottes zu verstehen und ihren Wert als wichtiges Stadium unserer spirituellen Praxis anzuerkennen. Ein Gelehrter begreift vielleicht die I d e e hinter der Entwicklung von der Form hin zum Formlosen, doch um diese konzeptuelle Vorstellung in wirkliche Praxis innerhalb des eigenen Lebens umzuwandeln, bedarf es des *guru*. Wenn der Schüler die fortgeschrittenen Stadien der geistigen Praxis erreicht, geschieht es durch das Medium der Gestalt des Meisters; nur so erhält man die nötigen Unterweisungen im Hinblick auf die Brahman-Meditation.

Wir sollten unsere Beziehung zu Amma nicht für selbstverständlich erachten. In ihr liegt alles beschlossen, was wir brauchen; alle Spiritualität ist hierin enthalten. Vom Anfang bis zum Ende führt uns der *guru* den Pfad entlang, gibt uns alle Inspiration, die wir brauchen und beseitigt die Hindernisse, denen wir auf dem Weg begegnen. Beständiger Kontakt mit ihm stellt auch das wirksamste Mittel dar, das Ego zu beseitigen, wann immer es an derOberfläche erscheint. Auf diese Weise leitet der *guru* den Adepten über alle Begrenzungen des Gemütes hinweg, so dass er schließlich das Höchste Absolute – *Parabrahman* – erreicht.

KAPITEL 12

Das Gute zu sehen, heißt Gott zu sehen

Amma wurde einmal von jemandem gefragt: „Was ist die beste Methode, Gott in jedem Menschen zu erkennen?" Amma antwortete, dass der beste Weg, Gott überall zu wahrzunehmen, darin besteht das Gute überall zu sehen. Wir belügen uns keinesfalls, wenn wir uns diese Sichtweise zueigen machen. Amma weist darauf hin, dass selbst ein Mörder Gefühle der Liebe und der Fürsorge hegt, und zwar für sein eigenes Kind. Somit existiert Güte in jedermann. Sie sagt, dass Güte und Gott miteinander identisch seien.

Während Amma in allen nur das Gute sieht, sind die meisten von uns augenblicklich nur in der Lage, die Fehler der anderen zu entdecken. Vor vielen Jahren kam ein Devotee zu Amma, weil er mit seiner Firma in ernsten finanziellen Schwierigkeiten steckte. Obwohl er wusste, dass die pekuniäre Lage des *ashrams* zu jener Zeit angespannt war, hoffte er darauf, dass Amma ihm irgendwie helfen würde. Er versprach, das Geld zurückzuzahlen, sobald seine Firma wieder Gewinn erwirtschaften würde. Als sie seine miserable Situation sah, zögerte sie nicht, ihm zu helfen, obwohl dies für den *ashram* große Härten mit sich brachte.

Einige von uns sahen es nicht gerne, dass Amma Geld weggab, wo wir selbst so wenig besaßen. Zu jener Zeit war ich der Chefkassierer in einer Bank und sehr besorgt über die finanzielle Situation des *ashrams*. Als der Mann das Geld nicht zurückgab, selbst nachdem sich sein Geschäft stabilisiert hatte, waren einige damals im *ashram* lebende *brahmacharis* sehr empört darüber und wollten ihn zwingen, das Geld zurückzuzahlen. Ohne Amma etwas davon zu sagen, begaben sich einige von uns zu seinem Haus und übten Druck auf ihn aus. Wir benutzten heftige Worte und bestanden auf der sofortigen Rückgabe des Geldes; andernfalls hätte er mit Konsequenzen zu rechnen. Unsere Bemühungen hatten jedoch keinen Erfolg.

Bevor wir noch extremere Schritte ergreifen würden, beschloss ich, zu Amma zu gehen, um sie zu fragen, was zu tun sei. Sie antwortete ruhig: Was soll es, wenn er das Geld nicht zurückgibt? Auch er ist mein Sohn, genau wie du, nicht wahr?"

Ich hatte geglaubt, durch das besondere Engagement in dieser Angelegenheit meine Aufrichtigkeit und mein Interesse, dem *ashram* zu helfen, unter Beweis zu stellen. Doch nachdem ich Ammas Antwort gehört hatte, fühlte ich mich wie ein Ballon, aus dem man die Luft herausgelassen hat. Während ich nur das Geld im Kopf hatte und den Mann verurteilte, weil er es nicht zurückzahlte, sah Amma uns alle als gleichwertig an. Sie sagt immer, dass es die negativen Handlungen eines Menschen sind, die es verdienen, verurteilt zu werden, nicht aber der Mensch selbst. Der Grund dafür besteht darin, dass jedermann essentiell derselbe *Atman* ist.

Wenn wir unser Augenmerk allein darauf richten, was uns an einem Menschen oder an einer Situation nicht gefällt, können wir sogar zu dem Punkt gelangen, dass wir nicht einmal das wertzuschätzen in der Lage sind, was uns wirklich etwas bedeutet.

Ein verheirateter Mann war einmal im Büro damit beschäftigt, mit seiner Sekretärin einige Baupläne durchzusehen. Er saß nahe bei ihr und bemerkte nicht, dass eines ihrer langen dunklen Haare an seinem weißen Hemd hängen blieb. Als er nach Hause zurückkehrte, sah seine Frau sofort das Haar der Sekretärin auf dem Hemd und begann zu weinen.

„Oh, jetzt habe ich einen Beweis dafür, dass du eine Affäre mit deiner Sekretärin hast."

Erst jetzt bemerkte der Mann das Haar auf seinem Hemd und versuchte, das Ganze zu erklären, jedoch ohne Erfolg. Bevor er am nächsten Tag nach Hause zurückkehrte, versicherte er sich zuerst, dass sich auf keinem seiner Kleidungsstücke ein Haar befand. Kurz bevor er sein Haus erreichte, sah er, wie jemand einen großen Hund mit langem goldenen Fell spazieren führte. Der Hund gefiel ihm, und er konnte dem Gefühl nicht widerstehen, ihn zu streicheln. Der Hund schmiegte sich an seine Beine und versuchte ihn abzulecken. Dabei blieben ein paar Strähnen seiner langen, goldenen Haare an der Hose des Mannes hängen, aber letzterer bemerkte es nicht.

Er betrat das Haus mit einem Strauß Rosen in der Hand und rief: „Liebling, ich bin zu Hause."

Sie schaute nicht auf. Stattdessen untersuchte sie jeden Zentimeter seiner Kleidung, ob sich dort irgendwelche verirrten Haare befänden. Als sie die goldenen Haare des Hundes erblickte, brach sie sofort in Tränen aus.

„Was ist los Liebling, was stimmt denn nicht?"

„Ich sehe die blonden Haare auf deiner Hose! Nun weiß ich, dass du nicht nur mit deiner Sekretärin sondern auch mit meiner besten Freundin eine Affäre hast!"

Der Mann war mit seinem Latein am Ende. Am nächsten Tag sorgte er dafür, dass sich auch nicht ein Staubkorn irgendwo auf seiner Kleidung befand. Er wechselte sogar die Straßenseite, wenn er irgendwo eine Person mit einem Hund erblickte. In dem Bewusstsein, jede nur erdenkliche Vorsichtsmaßnahme getroffen zu haben, betrat er sein Haus und rief voller Selbstvertrauen: „Hallo Liebling, ich bin zu Hause!" In der einen Hand hatte er eine Schachtel Pralinen, in der anderen zwei Tickets für einen Urlaub auf Hawaii.

Doch wieder inspizierte seine Frau ihn von Kopf bis Fuß. Nachdem sie jeden Zentimeter seines Körpers abgesucht und nichts gefunden hatte, brach sie in ein Wehklagen aus – sogar noch lauter als zuvor.

„Was ist denn nicht in Ordnung, Liebling? Es befindet sich doch kein Haar an mir, nicht wahr?

„Ja, das sehe ich," sagte die Frau während der Pausen zwischen ihren Schluchzern. „Die Affäre mit deiner Sekretärin war schon schlimm genug; die mit meiner besten Freundin war noch schlimmer, aber nie hätte ich gedacht, dass du sogar ein Verhältnis mit einer kahlköpfigen Frau beginnst."

So kann es zuweilen geschehen, dass selbst dann, wenn andere uns mit Liebe begegnen, wir dennoch nicht bereit sind, sie anzunehmen, da unser Herz verschlossen ist. Die folgende Geschichte aus der jüdischen Überlieferung zeigt den Wert auf, der darin besteht, in jeder Situation, die das Leben bringt, das Gute zu erblicken.

Rabbi Moshe unternahm eine Reise in ein fremdes Land. Mit sich führte er einen Esel, einen Hahn und eine Lampe. Eines Abends wurde ihm in einem bestimmten Dorf von allen Bewohnern der Einlass verwehrt. Da er keine andere Wahl hatte, beschloss er, im Wald zu schlafen.

Er zündete die Lampe an, um in den heiligen Schriften zu lesen, doch ein wilder Sturm kam auf, stieß die Lampe um und zerbrach sie. Der Rabbi entschied darauf, sich schlafen legen und sprach: „Was Gott tut, das ist wohlgetan." In der Nacht kamen einige wilde Tiere an seiner Schlafstelle vorbei und verjagten den Hahn; der Esel wurde von Dieben gestohlen. Doch als der Rabbi aufwachte und den Schaden bemerkte, den er davongetragen hatte, rief er dennoch aus: „Was Gott tut, das ist wohlgetan."

Danach ging er zurück in das Dorf, in welchem man ihm am Abend vorher die Unterkunft verweigert hatte. Er stellte fest, dass dort während der Nacht feindliche Soldaten eingefallen waren und alle Bewohner getötet hatten. Außerdem fand er heraus, dass diese Soldaten durch denselben Teil des Waldes gekommen waren, in dem er geschlafen hatte. Wäre die Lampe nicht entzweigebrochen, hätte man ihn mit Sicherheit entdeckt.

Wäre der Hahn nicht verjagt worden, hätte er gekräht und ihn verraten. Als ebenso fatal hätte es sich erwiesen, wenn man den Esel nicht gestohlen hätte, denn sein Schreien wäre dem Rabbi zum Verhängnis geworden. Und so rief Rabbi Moshe ein drittes Mal aus: „Was Gott tut, das ist wohlgetan."

Diese Strategie wirkt auch in umgekehrter Richtung: Wenn wir fähig sind, Gott überall zu sehen, werden wir auch in jedem das Gute sehen und uns daran erinnern, dass jeder Mensch und jedes Ding ein wertvoller Teil von Gottes Schöpfung ist.

Der große Weise *Shankaracarya* traf einmal auf einen Kastenlosen, den man traditionell als einen Unberührbaren betrachtet. *Shankara* forderte ihn auf, zur Seite zu treten, damit er seinen Weg fortsetzen könne Der Unberührbare bewegte sich jedoch nicht von der Stelle; stattdessen fragte er den Weisen: „Wer soll sich von seinem Pfad fortbewegen, dieser Körper oder das innewohnende Selbst?" Er fuhr fort: „Oh, großer Asket, Ihr habt dargelegt, dass das Absolute sich überall befindet, in Euch ebenso wie in mir. Ist es dieser Leib, der aus den fünf Elementen besteht, von dem du verlangst, dass er sich in gebührender Entfernung von deinem Körper aufhält, der ebenfalls aus den genannten Elementen besteht? Oder wünschst du die reine Bewusstheit, die hier präsent ist, von derjenigen abzutrennen, die dort gegenwärtig ist?"

Sofort erkannte *Shankara* seinen Fehler. Er beugte sich vor ihm nieder und komponierte aus dem Stegreif fünf Verse, deren Inhalt folgendermaßen lautete: Wer immer eine solche universale, unparteiliche Schau offenbare, der sei sein Meister, und sei er auch ein Unberührbarer. Als der Heilige die Verse vollendet hatte, war der Unberührbare verschwunden und an seiner Stelle stand *Shiva*, der ursprüngliche *guru*.

Viele Leute stellen die Frage: Wenn es einen Gott gibt, wieso existiert dann soviel Leid in der Welt? Amma sagt hingegen, dass in Gottes Schöpfung überhaupt kein Leid existiert. Auf der Ebene des menschlichen Daseins gibt es sowohl Kummer wie Glück, Vergnügen wie auch Schmerz. Auf der Ebene Gottes gibt es weder Sorge noch Glück, sondern einzig und allein Glückseligkeit. Aus diesem Grund sprechen die vedischen Schriften vom höchsten Wesen als *anandasvarupam* (wörtlich: „die eigene Form der Wonne" oder „die Wesensform der Glückseligkeit"). Die folgende Geschichte illustriert diesen Punkt.

Einst beklagte sich jemand bei der Sonne: „Wieso lässt du die Hälfte der Welt in Dunkelheit verharren? Wenn du wirklich die Welt lieben würdest, wäre das Licht dann nicht überall?

Als die Sonne das hörte, war sie tatsächlich verwirrt und besorgt. Sie fragte den Menschen: Stimmt das wirklich, herrscht in einem Teil der Welt Finsternis? Kannst du es mir zeigen?"

Der Mensch erklärte sich einverstanden und führte die Sonne durch die ganze Welt, um ihr die Dunkelheit auf der anderen Seite zu zeigen. Doch wohin die Sonne auch kam, überall war es hell. Schließlich hatte sie die ganze Welt umrundet und nirgendwo Finsternis angetroffen.

Gott zu fragen, warum es in der Welt so viel Leid gibt, ist dasselbe, wie die Sonne zu fragen, warum Dunkelheit existiert. Wo die Sonne ist, gibt es keine Dunkelheit. Ebenso gibt es für jemanden, der das wahre Selbst realisiert hat, kein Leid.

Wir alle haben so viele Probleme und Beschwerden. In den Tagen und Wochen, bevor wir Amma besuchen, fangen wir vielleicht an, im Geiste eine Beschwerdeliste anzufertigen, die wir ihr beim *darshan* mitzuteilen gedenken. Doch was geschieht? Oft genug vermögen wir in dem Moment, wo wir uns in ihrem Schoß befinden, überhaupt nicht an unsere Probleme zu denken. Unsere Leiden scheinen sich zu verflüchtigen. Der Meister ist ein Spiegel, der unser wahres Selbst reflektiert. In Ammas Gegenwart erhalten wir einen Vorgeschmack auf das, was sich jenseits des Kummers befindet – und ebenso jenseits der Freude: die Glückseligkeit des Selbst.

Anstatt die Probleme aus einem negativen Blickwinkel zu betrachten, können wir großen Gewinn daraus ziehen, wenn wir jeder Situation mit einer positiven Grundhaltung begegnen. Jacques Lousseyran, ein französischer Universitätsprofessor, der im Alter von acht Jahren erblindete und zehn Jahre später in einem Konzentrationslager der Nazis die schlimmsten Exzesse menschlicher Grausamkeit erdulden musste, schrieb später einmal: „Freude kommt nicht von außerhalb – was immer uns zustößt, befindet sich innen." Wenn es Lousseyran gelang, selbst unter den furchtbarsten Umständen inneren Frieden zu wahren, dann besitzen auch wir ganz bestimmt die Fähigkeit, jede Art von Schwierigkeit in unserem Leben zu transzendieren und innere Seligkeit zu erfahren, egal wie unsere äußeren Umstände auch aussehen mögen.

Vor mehreren Jahren stattete ein Reisender Ammas indischem *ashram* einen Besuch ab, wobei auch ein wenig Zufall im Spiel war; er blieb für eine Weile. Während der ersten paar Tage sah ich ihn bei keinem der regulären Programme und war etwas besorgt. Daher fragte ich ihn, wie ihm sein Aufenthalt im *ashram* gefallen würde.

„Dies hier ist ein friedvoller Ort", sagte er, „obwohl es ein paar Dinge gibt, die mir auf die Nerven gehen."

„Wirklich, welche denn?", fragte ich ihn.

Er antwortete: „Nun, ich stehe morgens früh auf, um zu meditieren, doch dann beginnt dieser schreckliche Krach im Tempel." Er sprach vom *archana*. „Danach ist alles nett und ruhig bis etwa gegen 11.00 Uhr. Dann rennen die Leute im Tempel herum, singen und machen Lärm." Hier bezog er sich auf Ammas *darshan*. „Danach ist es für einige Zeit wieder angenehm und friedvoll, bis sie abends anfangen, diese aufdringlichen Lieder zu singen." Dieser Kommentar bezog sich auf Ammas *bhajans*.

„Alles in allem empfinde ich hier jedoch großen Frieden; ich kann mich einfach nicht dazu durchringen, abzureisen."

Der Besucher war sich nicht darüber im Klaren, dass gerade das, was ihm an diesem *ashram* nicht gefiel – das *archana*, Ammas *darshan* und die *bajans* – die friedvolle Atmosphäre erzeugte, die er so sehr genoss.

Nachdem ich mit diesem Reisenden gesprochen hatte, erinnerte ich mich an eine Geschichte, die mir einer von Ammas *brahmacharis* über seine Erfahrung bei einem Besuch in einem japanischen Kloster erzählt hatte. Als er das Klostergelände betrat, war er sofort beeindruckt von der idyllischen Lage und der friedvollen Umgebung. Später gestand er mir, es habe ihn beim Betreten dieses buddhistischen Klosters sogar eine kurze Anwandlung von Neid übermannt. Bei sich selbst dachte er: „Diese Menschen sind wirklich vom Glück begünstigt, dass sie in einer solch friedvollen, meditativen Atmosphäre leben und hier ihre geistige Praxis ausüben können. Schaue dich selbst an, du kannst nicht lange an einem Ort bleiben, und wenn, dann ist es in Tokio. Wenn wir in Amritapuri sind, ist alles überfüllt; wenn wir bei Amma sind, ist alles so hektisch. Dies hier dagegen ist so ein netter Ort...."

Als der *brahmachari* jedoch mit dem Vorsteher sprach, traten manche interessanten Fakten über den Zustand des Klosters zu Tage. Der Abt sagte, sie hätten sich mit mehreren Problemen auf ganz unterschiedlichen Ebenen auseinanderzusetzen. Da gab es zum einen die zwischenmenschlichen Reibereien und Konflikte, die überall auftauchen, wo zwei oder mehrere ego-verhaftete

Personen sich zusammenfinden. Desweiteren waren sie auch mit juristischen und finanziellen Schwierigkeiten konfrontiert.

Der Mönch fuhr mit seiner Schilderung fort: „Tatsächlich sind diese Dinge jedoch relativ unbedeutend, verglichen mit unserem Hauptproblem."

„Und welches ist dies?", fragte der *brahmachari*.

Der Klostervorsteher antwortete: „Es ist ein Problem, das heutzutage vielen Mönchen in Japan auf der Seele lastet. Die gesamte Tradition befindet sich in einer ernsten Krise, die darin besteht, dass es praktisch keine erleuchteten Meister mehr gibt."

Während er so den Worten des Abtes zuhörte, wurde dem *brahmachari* klar, dass es ungeachtet der scheinbar heiteren Atmosphäre dennoch keinen Frieden in den Herzen der Menschen gab, die hier lebten. Ammas *ashram* hingegen (sie hat ihn sogar schon mit einem Dschungel verglichen) erscheint oft chaotisch; die Bewohner werden dazu angehalten, den Frieden im Inneren wahrzunehmen, egal wie die äußeren Umstände auch sein mögen. Der entscheidende Unterschied zwischen dem japanischen Kloster und Ammas *ashram* lässt sich hingegen nicht am Dezibelwert abmessen, sondern einzig und allein an der Anwesenheit eines selbstverwirklichten Meisters. Ohne einen solchen ist es schwierig, selbst unter optimalen Voraussetzungen ein authentisches spirituelles Leben zu führen.

Wenn wir auf dem geistigen Pfad vorwärts schreiten, tendieren wir dazu, zwischen den Extremen überschwänglichen Selbstvertrauens und Verzweiflung hin- und herzupendeln. Wir glauben entweder, wir seien nahezu vollkommen oder sind der Meinung, es bestehe keinerlei Hoffnung. Die ideale Haltung wäre die, unseren gegenwärtigen unvollkommenen Zustand anzuerkennen und dennoch festes Vertrauen zu haben, dass Amma uns ans Ziel bringen wird – wir benötigen gleichermaßen Geduld wie Enthusiasmus.

Als Beethoven kaum über dreißig Jahre alt war, begann er sein Gehör zu verlieren. Er war sehr niedergeschlagen und spielte sogar mit dem Gedanken, sich umzubringen. Stellen wir uns nun vor, wir könnten in der Zeit zurückgehen und dem verzweifelten Beethoven an jenem kritischen Punkt seines Lebens begegnen. Er fühlt sich elend, doch wir wissen inzwischen, welch große Meisterwerke er noch schaffen wird. Was würden wir ihm sagen? Ja, Ludwig, du hast Recht, die Lage ist hoffnungslos. Du vergeudest nur deine Zeit. Gib auf!" Natürlich würde niemand so etwa sagen, weil jeder weiß, was für einen unersetzlichen Verlust dies für die Welt bedeuten würde. Ohne Zweifel würden wir alles in unserer Macht stehende tun, um ihn zum Weitermachen zu ermutigen.

Ebenso wie Beethoven sind auch wir uns der latenten Kraft und Größe, die sich zukünftig offenbaren wird, nicht bewusst. Jeder von uns geht sozusagen schwanger mit der Sinfonie ewiger Freude und ewigen Friedens. Wir neigen dazu, über unsere Schwächen nachzudenken, doch Amma sieht nur das unendliche Potential jenseits davon und trachtet danach, es ans Tageslicht zu bringen.

Viele *brahmacharis*, die bei Ammas Amrita Kutiram-Projekt mitarbeiten, hatten keinerlei Vorerfahrung, was den Bau von Wohnhäusern anbetrifft. Einige von ihnen waren wirklich überrascht, als Amma sie bat, mit dem Bau der Häuser zu beginnen und die Arbeiten zu beaufsichtigen. Doch mit ihrer Gnade waren sie dazu fähig, sehr schnell zu lernen; nun sind sie sogar in der Lage, groß angelegte Entwicklungsprojekte sachkundig zu leiten, wie etwa die Rehabilitation von Slums oder den Wiederaufbau ganzer von Naturkatastrophen verwüsteter Gemeinden.

Als es klar wurde, dass Ammas Spezialklinik in Kochin ein digitales hauseigenes Informationssystem benötigte, suchten die Krankenhaus-Administratoren Amma auf und zeigten ihr eine Liste mit den Preisen, die von multinationalen Unternehmen für die bereits bestehenden Informationssysteme erhoben wurden. Diese Systeme sind nicht gerade billig. Als Amma die Gebote sah, sagte sie nur: „Wir entwickeln unser eigenes Klinik-Informationssystem" und ernannte einen der *brahmacharis* zum verantwortlichen Projektleiter. Die Krankenhaus-Administratoren trauten ihren Ohren nicht. Der *brahmachari*, den Amma ausgewählt hatte, um das System zu entwickeln, besaß zwar die notwenige formelle Qualifikation, doch verfügte er kaum über praktische Erfahrung; normalerweise dauert es viele Jahre und bedarf ganzer Teams von Software-Experten, um solche Systeme zu entwickeln. Die Verwaltungsleute waren überzeugt, dass Amma einen großen Fehler machte, aber ihnen blieb nichts anderes übrig, als ihre Entscheidung mitzutragen. Innerhalb eines Jahres war das System funktionstüchtig, und die Administratoren mussten eingestehen, dass es mindestens genauso gut, wenn nicht besser war als die überaus teuren Systeme, deren Kauf sie erwogen hatten.

Einem Zimmermann fällt es leicht, blitzende neue Nägel bei der Arbeit zu verwenden, doch man stelle sich vor, welche Herausforderung es für ihn bedeutet, wenn er nur rostige, krumme Nägel zur Verfügung hat. Aus ihrem unendlichen Mitgefühl heraus benutzt Amma uns rostige, krumme Nägel, und mit ungeheurer Geduld arbeitet sie daran, uns zu polieren und geradezubiegen.

Es gibt einen Vers *Adi Shankaracaryas*, und zwar aus seinem *Shivaparadha-kshamapanastotram*, der unseren tatsächlichen Zustand auf den Punkt bringt: „Ich bin unfähig, der Pflicht nachzukommen, die in der Befolgung der in den Schriften vorgeschriebenen Rituale besteht, denn diese sind bei jedem Schritt überhäuft mit komplizierten Zeremonien. Noch viel weniger bin ich in der Lage, der vorgeschriebenen Pflicht zu genügen, indem ich den vedischen Anleitungen folge, die zum essentiellen Pfad der Brahman-Erkenntnis führen. Ich habe weder das Verlangen, den *dharma* zu kennen noch ihn zu praktizieren. Auch habe ich keine

Vorstellung, wie man die Bedeutung des veda aus dem Munde des guru vernimmt und darüber Betrachtungen anstellt. Was bleibt dann noch übrig, worüber ich meditieren könnte, um das Selbst zu realisieren? Oh, Herr, bitte verzeihe mir alle meine Schwächen; aus deiner unendlichen Barmherzigkeit heraus nehme mich an."

Amma erteilte einst einigen westlichen Devotees , die unter den Mühseligkeiten litten, innerhalb der Herausforderungen des Alltags ein spirituelles Leben zu führen, einen Rat. Sie sagte folgendes: „Während dieses Prozesses mag man viele Male versagen. Lasst die Fehlschläge nur kommen! Von Fehlschlägen können schließlich nur die heimgesucht werden, die nach Erfolg streben. Verliert nur nicht euren Enthusiasmus und euer Interesse. Versucht es wieder und wieder. Erklärt eurem Gemüt (manas) den offenen Krieg. Es mag euch wieder und wieder in die Furchen der ewig-selben Gewohnheiten hineinziehen und hineindrücken. Begreift, dass dies nur ein Trick des größten Trickbetrügers ist, um euch vom Pfad abzubringen. Gebt nicht auf. Es wird der Zeitpunkt kommen, wo die vasanas alle Kraft einbüßen, um den Platz zu räumen für den Herrn, damit er eintrete und allein herrsche. Bis dahin versucht es und versucht es unaufhörlich. Lasst alle Fehlschläge dabei scheitern, euch von der geistigen Praxis abzubringen."

Weil sie unser inneres Potential besser kennt als wir selbst, gibt Amma die Bemühungen niemals auf, ihre Kinder anzuleiten und zu formen. Wir mögen uns selbst aufgeben – sie nicht. In dem Wissen, dass Amma uns niemals fallen lassen wird, wollen wir darum beten, das Vertrauen wach zu halten in die göttliche Gegenwart, um mit Geduld und Enthusiasmus auszuharren, bis wir am Ziel angelangt sind.

Amma weiß, dass unserem Wesenskern Güte und Reinheit innewohnt. Sie weiß, dass auch wir uns auf dem Weg zur Selbstverwirklichung befinden. Wenn sie sagt, dass sie Gott überall sieht, könnte sie genauso gut sagen, sie sehe das Gute überall. Da sie unaufhörlich die Güte in uns nährt, wird diese Güte gestärkt und strahlt heller. Ebenso wie der Bildhauer aus einem unförmigen Steinblock eine wunderbare Statue herstellt, löst Amma allmählich unsere negativen Eigenschaften und Neigungen ab und lässt unsere innere Göttlichkeit und Schönheit hervorleuchten.

KAPITEL 13

Wo und wie man anfängt, Liebe zu teilen

Wenn wir über all das nachdenken, was Amma uns geschenkt hat, wollen wir natürlich unser Bestes tun, um ihr etwas davon zurückzugeben. Dann stellt sich die Frage: Wie können wir ihr überhaupt jemals etwas zurückzahlen? In Wahrheit ist das eine unlösbare Aufgabe – wir können es niemals zurückerstatten. Sie zeigt uns unendliche, bedingungslose Liebe und Barmherzigkeit. Um uns für eine unendliche Gabe erkenntlich zu zeigen, müssten wir schon mit gleicher Münze zurückzahlen. Solange unser Bewusstsein auf die Endlichkeit, auf den begrenzten *ahamkara* (Ego) beschränkt bleibt, werden wir niemals in der Lage sein, ein unendliches Geschenk darzureichen. Wann immer Amma gefragt wird, was sie gerne hätte, antwortet sie, das sie nichts braucht; wenn wir sie aber wirklich liebten, würden wir allen Wesen Liebe und Mitgefühl entgegenbringen.

Wir fühlen uns vielleicht bereits mit zuviel Verantwortung und Problemen überlastet und haben weder die Zeit noch die Energie, um Gutes für andere zu tun. Die folgende Geschichte zeigt, dass wir jederzeit Mittel und Wege finden können, anderen zu helfen, unabhängig von den äußeren Umständen.

Ein Witwer wollte einmal seinen Garten bepflanzen, aber er war nicht mehr stark genug, um so viel physische Anstrengung auf sich zu nehmen. Sein einziger Sohn, der ihm normalerweise geholfen hätte, verbrachte seine Zeit im Gefängnis – als überführter Juwelendieb. Der alte Mann schrieb seinem Sohn folgenden Brief:

Lieber Sohn,
ich fühle mich ziemlich schlecht, denn es sieht so aus, als
ob ich dieses Jahr meinen Garten nicht bearbeiten kann.
Ich sträube mich dagegen, die Gartenarbeit zu versäumen,
denn Deine Mutter hat diese Zeit des Anpflanzens immer so
geliebt. Ich bin einfach zu alt, um den Großteil des Gartens
umzugraben. Wärest Du hier, dann wären meine Probleme
gelöst. Ich weiß, Du würdest das Gartenstück für mich
umgraben, wenn Du nicht im Gefängnis wärst.
In Liebe,
Dein Vater

Ein paar Tage später erhielt der Mann von seinem Sohn folgende kurze schriftliche Nachricht:

Um Gottes Willen, Vater, grabe den Garten nicht um! Ich
habe die Juwelen dort versteckt!

Am nächsten Morgen rückten um 4.00 Uhr morgens ein Dutzend Polizeibeamte an und gruben den ganzen Garten um, konnten jedoch keine Juwelen finden. Verwirrt schrieb der Mann seinem Sohn einen weiteren Brief, beschrieb ihm, was geschehen war und fragte ihn, was er als Nächstes tun sollte.
Der Sohn schrieb zurück:

Mach weiter, Vater, und pflanze Deine Kartoffeln an... das
war das Beste, was ich von hier aus für Dich tun konnte.

Amma sagt, wir sollten versuchen, zumindest einen Menschen am Tag glücklich zu machen, sei es, dass wir ihm körperliche oder finanzielle Hilfe zukommen lassen, ein offenes Ohr haben für seinen Kummer oder ihn an unseren Talenten teilhaben lassen. Wenn wir das Gefühl haben, wir hätten anderen nichts zu geben, können wir denjenigen, die unseren Weg kreuzen, zumindest ein

Lächeln schenken. Über den Wert des Lächelns erzählt Amma folgende Geschichte:

Ein deprimierter Mann befand sich eines Tages auf dem Weg vom Büro nach Hause. An seinem Arbeitsplatz hatte er einen sehr schlechten Tag gehabt. Als er an der Bushaltestelle wartete, fühlte er sich wirklich miserabel. Mit ihm wartete dort auch eine freundliche und warmherzige Dame, die dem niedergeschlagenen Büroangestellten ein mitfühlendes Lächeln schenkte.

Ein solches Lächeln war ihm nie zuvor in seinem Leben begegnet. Wie die Sonne durch dunkle Wolken bricht, so durchbohrte dieses Lächeln wie ein Lichtstrahl all die Depression und Hoffnungslosigkeit, die sein Gemüt umwölkten. Als er so dastand, ganz umhüllt vom Licht des mitfühlenden Lächelns, das von der Fremden ausging, fühlte er sich plötzlich glücklich, und dieses Glücksgefühl begleitete ihn auch, als er den Bus bestieg und sich auf den Heimweg machte.

Nachdem er ausgestiegen war, sah er auf der Straße einen zusammengekauerten Bettler. Da er sich, ganz durchflutet von dem Lächeln der Fremden, immer noch glücklich fühlte, gab er dem Bettler alles Geld, was sich in seiner Tasche befand. Der Bettler nahm das Geld, aß sich zunächst einmal satt, trank eine Tasse Kaffee und beschloss, sich ein Lotterielos zu kaufen. Als er das Los öffnete, stellte er fest, dass er einen kleinen Preis gewonnen hatte. Es war nicht viel, aber in jedem Fall mehr, als er normalerweise besaß; er wusste, dass er sich für die nächsten Tage keine Sorgen zu machen brauchte, etwas zu essen zu bekommen. Dies erfüllte ihn mit einem Gefühl der Erleichterung und Glück, als er den Heimweg zurück in sein Dorf antrat. Auf dem Weg begegnete ihm ein kleiner, kranker, ausgezehrter Hund, der aussah, als ob er bald sterben würde. Als er das Elend des Hundes sah, wurde der Bettler sehr traurig. Normalerweise hätte ihn das nicht berührt, jetzt aber, da er sich vom günstigen Schicksal glücklich und gesegnet fühlte, war er ganz von Mitleid erfüllt, als er den Hund leiden sah. Er hob ihn auf, wiegte ihn in seinen Armen und ging nach Hause. Unterwegs kaufte er Futter für ihn. Es war das erste Mal seit Tagen, dass der Hund etwas zu Fressen bekommen hatte. Nachdem er satt war, fühlte er sich schon etwas stärker und wurde lebhafter. Als die Nacht hereinbrach, hatte der Bettler noch immer nicht sein Dorf erreicht, also machte er Rast im Haus einer Familie, die ihm manchmal Unterkunft gewährte. Hund und Bettler erhielten beide in der Garage des Hauses einen Platz zum Schlafen.

In der Nacht brach in dem Haus plötzlich Feuer aus. Alle befanden sich in tiefem Schlaf und wären umgekommen, wäre der Hund nicht aufgewacht und hätte angefangen zu bellen. Er weckte alle Mitglieder der Familie auf, so dass alle unversehrt blieben und sich in Sicherheit bringen konnten. Die Familie hatte zwei Kinder, von welchen eines später ein *mahatma* wurde, der seine Segnungen tausenden spiritueller Adepten und Trost suchender Seelen zuteil werden ließ. Hätte die warmherzige Dame an der Bushaltestelle den niedergeschlagenen Büroangestellten nicht mit einem Lächeln beschenkt, wäre dieser *mahatma* im Schlaf umgekommen und die Welt wäre ohne seinen göttlichen Segen geblieben. Dies ist die Macht eines einzigen Lächelns. Wie Amma einmal sagte: „Selbst Dinge, die erst nach 20 000 Jahren zu geschehen bestimmt sind – selbst ein unbedeutendes Ereignis – sind bereits jetzt in keimhafter Form gegenwärtig." Wenn wir bedenken, wie nachhaltig selbst die kleinsten unserer Handlungen die Welt zu beeinflussen vermögen, wie können wir dann fortfahren, Liebe und Freundlichkeit in uns zurückzuhalten.

Selbst wenn wir nur ein kleines Geschenk machen, kann das – wenn wir es mit Liebe tun – eine sehr positive Wirkung auf das Leben eines Menschen haben. Manchmal bringen kleine Kinder Amma ihre Zeichnungen. Wenn man auf das Blatt schaut, dann ist da kaum mehr zu sehen als zwei oder drei Striche, ein paar „Hühner - Kratzer", aber die Kleinen bringen sie Amma mit viel Liebe dar. Sie nimmt die Zeichnungen oftmals an sich, indem sie sie an ihren Kopf hält. In Indien gilt dies als eine Geste, seine Wertschätzung und Achtung für etwas Heiliges zum Ausdruck zu bringen; sie zeigt auch das Gefühl an, dass Gnade und Güte den gesamten eigenen Körper durchdringen.

Das Geschenk mag an sich unbedeutend sein; was soll Amma mit all diesen Zeichnungen anfangen? Und doch betrachtet sie selbst die Kritzeleien kleiner Kinder als heilig, weil sie mit Liebe gezeichnet und überreicht wurden. Wenn es in einer Haltung der Liebe dargeboten wird, kann sogar das unbedeutendste Geschenk großartig sein; ohne Liebe hingegen wird selbst ein teures und ausgefallenes Geschenk, das wir anderen zukommen lassen, keinen tiefen Eindruck hinterlassen. So verschenkt beispielsweise eine Firma alljährlich irgendwelche Präsente an ihre Kunden, doch dies geschieht nicht aus Liebe, sondern vielmehr in der Absicht, die Kunden damit dauerhaft an die Firma zu binden. Die Kunden selbst wissen sehr genau, dass sie einen Aktivposten für das Unternehmen darstellen und daher rechnen sie ganz selbstverständlich damit, dass man ihnen Jahr um Jahr Geschenke macht. Das sind „Präsente", die nicht einmal diesen Namen verdienen: eher handelt es sich hierbei um eine Art Tauschhandel.

Amma sagt, dass es jemanden zu einer heiligen Person macht, wenn er fähig ist, echte Liebe zu schenken. Solche Liebe ist sowohl der Auslöser wie auch die Konsequenz spirituellen Wachstums. Wenn wir in der Lage sind, anderen Liebe zu geben, wachsen wir spirituell. Je mehr wir spirituell wachsen, desto mehr sind wir fähig, Liebe zu spenden.

Wie können wir damit anfangen, das Liebes-Geschenk darzubringen? Ich würde sagen, der beste Ort, damit zu beginnen, ist genau da, wo man sich gerade befindet. Glaubt nicht, um spirituell zu sein, müsse man ein *sannyasin* werden. Wenn man eine Familie hat, ist der beste Platz, diese Tugend zu üben, das eigene Heim. Die Kinder sind dort; der Partner ist dort. Übt euch darin, liebevoller mit ihnen umzugehen.

Amma sagt, Liebe zu spenden bedeutet nicht notwendigerweise, jeden zu umarmen. Liebe zu geben bedeutet, etwas von unserer Zeit, unserer Aufmerksamkeit abzugeben, bedeutet, anderen zu zeigen, dass wir Anteil nehmen an ihrem Wohlergehen, an ihrem Glück wie an ihrem Unglück. So etwas zu praktizieren erzeugt eine wunderbare Atmosphäre in der Familie. Wenn man allein lebt, versucht, eure Interessen, eure Zeit und Aufmerksamkeit mit Arbeitskollegen und Freunden zu teilen. Wo auch immer man sich aufhält, man erwarte nicht, dass andere so freundlich sind wie man selbst. Wenn ein Mensch von seinem Nächsten nicht die erwartete Reaktion empfängt, verringert sich normalerweise sofort das Ausmaß seiner Liebe. Wir sollten nicht vergessen, dass die Beziehung, die gegenwärtig zwischen uns und unseren Mitmenschen besteht, die zweier unwissender Personen ist. Jeder von beiden erwartet, bedingungslose Liebe und Aufmerksamkeit vom anderen zu erhalten, doch keiner ist fähig, selbstlose Liebe zu geben. Statt die Tatsache zu betonen, dass der eigene Partner einem nicht die Art von Liebe gibt, nach der man sucht, und sich schuldig zu fühlen, weil man selbst ebenso unfähig ist, reine Liebe zu spenden, versucht Trost daraus zu schöpfen, dass ihr euer Bestes tut.

Regelmäßig besuche ich Ammas Devotees zuhause. Oft höre ich Klagen vom Ehemann, Klagen von der Frau und von den Kindern. Der Mann macht der Frau Vorwürfe, die Frau macht dem Mann Vorwürfe, die Kinder machen den Eltern Vorwürfe. Das alles liegt daran, dass man in der Familie nicht genug Zeit und Aufmerksamkeit füreinander aufbringt. Manchmal spricht die Frau, während der Mann fernsieht. Er sagt zu ihr: „Ja, sprich weiter, ich höre dir zu", doch während er das sagt, schaut er wie gebannt auf den Fernseher. Wie soll die Frau da das Gefühl bekommen, dass man ihr Gehör schenkt?

Der Richter im Dorf von Mullah Nasruddin war in Urlaub gefahren. Gemäß den lokalen Gepflogenheiten wurde der Mullah gebeten, für einen Tag das Amt des Richters zu übernehmen. Der Mullah setzte sich also hinter das Richterpult, den Hammer in der Hand, und blickte grimmig auf das Publikum hinunter. Schließlich ordnete er an, dass der erste Fall zur Anhörung gebracht wurde.

„Ihr habt Recht," sagte der Mullah, nachdem er die Argumente der ersten Partei gehört hatte.

„Ihr habt Recht," sagte er, als die Gegenpartei ihre Sicht der Dinge vorgetragen hatte.

„Es können aber nicht beide Seiten Recht haben," protestierte eine Stimme aus dem Publikum.

„Ihr habt Recht," sagte der Mullah.

In ähnlicher Weise glauben wir alle, dass die anderen die Quelle der Probleme seien. Der Ehemann denkt, die Frau liege falsch, und die Frau denkt, der Ehemann habe Unrecht. Das eigentliche Problem ist der Mangel an aufrichtiger Liebe, Interesse und Aufmerksamkeit für den anderen. Wenn in unserer Familie eine Atmosphäre der Liebe herrscht, fühlen wir uns selbst dann, wenn ein Problem in unserem Leben auftaucht, erleichtert, wenn wir nach Hause kommen. Nun aber ist die Situation umgekehrt. Wir haben in unserem äußeren Leben schon viele Probleme, und wenn wir nach Hause kommen, werden es sogar noch mehr. Deshalb gehen viele Menschen nach der Arbeit nicht nach Hause; stattdessen hängen sie irgendwo herum und kommen erst mitten in der Nacht heim, wenn alle schon fest schlafen.

Versucht, die Haltung zu entwickeln, dass Gott euch eine Familie gegeben hat. Erinnert euch daran, dass es so viele

Menschen gibt, die eine Familie haben wollen, doch es gelingt ihnen nicht, zu heiraten. Selbst wenn sie geheiratet haben, verlässt der Ehemann die Frau vielleicht nach zwei Jahren, oder die Ehefrau verlässt den Mann. Selbst wenn sie zusammenbleiben, kann es sein, dass sie keine Kinder bekommen. Um eine Familie zu gründen, bedarf es Gottes Gnade. Wenn man also eine Familie hat, dann ist dort der beste Platz, um damit anzufangen, das Geschenk der Liebe zu geben. Amma sagt, dass sie möchte, dass wie alle unser Bestes tun, um diese Liebe zu verschenken und unsere Zeit und Aufmerksamkeit vor allem unseren Familienmitgliedern zu widmen. Wenn wir fähig sind, dies in unserer Familie zu tun, können wir es langsam auf unsere Freunde und die Gesellschaft als Ganzes übertragen und schließlich auf die gesamte Schöpfung ausdehnen. Am Ende können wir zu einer Verkörperung von Ammas Liebe werden, so dass jeder, der in unsere Nähe kommt, auch ihre Liebe fühlen kann.

KAPITEL 14

Geheiligte Arbeit

V iele Menschen gestehen mir, dass sie es als sehr schmerzlich empfinden, Amma, nachdem sie ein paar Tage bei ihr verbracht haben, wieder verlassen zu müssen und von ihrer physischen Gegenwart getrennt zu sein. Verglichen damit erscheinen alle weltlichen Aktivitäten dumpf und leer. Doch es ist nun einmal eine Tatsache, dass die meisten von uns viele Verpflichtungen haben, denen wir nicht entfliehen können. Wir haben vielleicht Kinder, einen Partner oder Eltern in fortgeschrittenem Alter, die von uns abhängig sind. Wenn wir unsere Stärke und unseren Enthusiasmus verlieren und glauben, dass alles, was wir tun, nur Zeitverschwendung ist, werden die uns nahe stehenden Menschen vielleicht darunter leiden.

Im alten Indien gab es einen König namens *Shivaji*. Er gründete sein eigenes Königreich, indem er den Mogulherrschern, die in Indien eingefallen waren und ihr eigenes Imperium geschaffen hatten, viele ihrer Territorien wieder entriss. Im Laufe der Jahre wurde er des Krieges und des Blutvergießens müde, wie nobel auch immer das Motiv dafür sein mochte. Eines Tages, als *Shivajis guru* bei ihm auftauchte und um *bhiksha* (Almosen) bat, schrieb der Herrscher etwas auf einen Zettel und überreichte es seinem Meister.

Sein *guru* tadelte ihn und sagte: „Ich bin ein *sannyasin* und benötige Nahrung. Papier kann ich nicht essen.

Shivaji antwortete: „Auf diesem Stück Papier habe ich dir mein ganzes Königreich und mein gesamtes Vermögen überschrieben. Du bist für Almosen gekommen, und das habe ich dir gegeben. Ich will mit dieser Welt und ihren Kostbarkeiten, ihrem Ruhm und ihrer Macht, nichts mehr zu tun haben."

Der *guru* sprach: „Du hast mir das Königreich dargeboten, und ich akzeptiere. Nun gehört es mir."

Mit einem Seufzer tiefer Erleichterung warf sich *Shivaji* seinem *guru* zu Füßen und fühlte, wie die Last der Welt buchstäblich von seinen Schultern genommen wurde. Dann fragte er seinen Meister, was er mit dem Rest seines Lebens anfangen sollte.

„Ich möchte, dass du dich um das Königreich kümmerst – als mein Treuhänder. Ich will, dass du das Reich als mein Stellvertreter regierst." So lauteten die Anweisungen des Meisters an seinen Schüler.

So blieb *Shivaji* also der Herrscher des Königreiches, aber im Namen seines *guru*. Obwohl er dieselben Aufgaben wie zuvor wahrnahm, war seine Einstellung nun doch eine völlig andere. Statt das Gefühl zu haben, er sei der Herr des Landes, sagte er sich nun: „Dies ist nicht mehr mein Reich; ich bin nur ein Hausverwalter, der seinem Meister dient." Auf diese Weise war alle Angespanntheit, die er vorher empfunden hatte, von ihm gewichen. In seinen Handlungen war nun auch mehr Liebe und Aufmerksamkeit als zuvor. Selbst heute noch wird *Shivaji* als einer der größten Könige in der Menschheitsgeschichte verehrt.

Auch wir brauchen die Arbeit, die wir augenblicklich tun, nicht aufzugeben. Alles was Not tut, um eine Wandlung in unserem Leben zu vollbringen, ist eine Änderung unserer Haltung. Wenn wir glauben, dass Amma uns eine Arbeit gegeben hat und sie als Dienst am *guru* auffassen, werden wir fähig sein, unsere Verpflichtungen mit Liebe und Aufrichtigkeit zu erfüllen. Dies selbst kann schon als ein Leben aufgefasst werden, dass Amma geweiht ist.

Bevor Amma Ron Gottsegen bat, Verwaltungschef von AIMS, des Super-Spezialkrankenhauses in Kochin zu werden, war er nur damit befasst, die *shastras* (heilige Schriften) bzw. Kommentare zu diesen Schriften zu lesen. Als er aber diese Verpflichtung übernahm, musste er sich in Fachbücher vertiefen, die mit Medizin, Technologie und Krankenhausverwaltung zu tun hatten. Nach zwei oder drei Jahren begann er sich Sorgen darüber zu machen, dass er überhaupt keine Zeit mehr für das Studium der Schriften aufbringen konnte. Anstatt den *Atman* zu studieren, lernte er nun alles über MRI (Medical Regulations of India). Eines Tages erzählte er Amma, dass er nach all diesen Jahren des Studiums der *Upanishads*, der *Bhagavad Gita* und anderer spiritueller Kostbarkeiten nun befürchte, seine Zeit mit dem Lesen all dieser Bücher zu verschwenden.

Ammas wunderbare Antwort kann für uns alle von Nutzen sein: „Dies ist die Arbeit, die ich dir für den Augenblick aufgetragen habe. Kümmere dich nicht darum, ob das deinem spirituellen Wachstum förderlich ist oder nicht. Wenn du deine Arbeit aufrichtig erledigst, dann ist das Dienst am guru, es wird dir mit Sicherheit spirituellen Nutzen bringen.“

Was immer ein *mahatma* wie Amma tut, dient einzig der Wiederherstellung der verloren gegangenen Harmonie in der Gesellschaft und der Schöpfung als ganzer. Wenn sie eine neue Institution ins Leben ruft – sei es eine Klinik, eine Wirtschaftsschule, ein Waisenhaus oder eine Hochschule für Medizin – es dient immer dazu, für mehr Ordnung und Harmonie in der Gesellschaft zu sorgen. Bevor Amma beispielsweise das Waisenhaus in Paripally übernahm, vegetierten die Kinder dort in einem hoffnungslosen Zustand dahin und fristeten ihre Tage unter lebensunwürdigen Umständen. Als Amma das Waisenhaus übernahm, gestaltete sie es völlig neu und stellte seine Infrastruktur und das Versorgungssystem wieder her; auf diese Weise brachte sie Harmonie an einen Ort, der der Inbegriff von Disharmonie und Kummer gewesen war. Als sie ihre Super-Spezialklinik in Kochin (AIMS) bauen ließ, war dies die Antwort auf die harte Tatsache, dass man de facto zum Tode verurteilt war, wenn man in Kerala (wie auch in anderen Teilen Indiens) eine überlebenswichtige Spezialoperation benötigte und nicht über das notwendige Geld verfügte. Nun jedoch steht armen Patienten in Zeiten der Not nicht nur AIMS als Ausweg zur Verfügung – viele Krankenhäuser Keralas wurden auch gezwungen, ihre Preise zu senken, um wettbewerbsfähig zu bleiben. Auch hier gelang es Amma, aus *adharma dharma*, Harmonie aus Disharmonie entstehen zu lassen. Fasst man alle von ihr gegründeten Institutionen zusammen, dann arbeiten dort tausende von Angestellten und weitere tausende, die freiwilligen Dienst verrichten. Wenn man in einer von diesen Institutionen oder Projekten arbeitet, tragen die eigenen Aktivitäten mit dazu bei, die Harmonie in der Gesellschaft und in der Welt wieder-herzustellen. Nicht nur, dass solche Institutionen der Gesellschaft einen großen Dienst erweisen, sie sind auch den Freiwilligen und Angestellten spirituell von Nutzen. Die Schriften sagen: „Wer immer zur universellen Harmonie beiträgt, verehrt Gott; wer immer die Harmonie stört, vergeht sich an Gott."

Natürlich bezieht sich dies nicht nur auf diejenigen, die in Ammas Einrichtungen arbeiten. Jeder von uns kann diese Haltung verinnerlichen, egal was er tut. Amma riet mir dasselbe, als ich in einer Bank arbeitete, die mit dem *ashram* überhaupt nichts zu tun hatte. Aber weil ich dachte, dass Amma mich in diese Position gebracht und mir diesen Job gegeben hatte und dass jeder Kunde, der zu mir kam, persönlich von ihr gesandt war, vermochte ich die Kunden mit sehr viel mehr Geduld, Ver-ständnis und Herzlichkeit zu bedienen. Dies selbst ist Dienst am *guru*. Amma sagt, sie wirklich zu lieben bedeute, alle Lebewesen zu lieben und ihnen zu dienen. Wo immer wir uns also aufhal-ten, welche Arbeit wir auch immer tun – wenn wir es vermögen, unsere Kollegen und andere, mit denen wir zusammenarbeiten, mit Freundlichkeit und Liebe zu behandeln und uns dabei vorstellen, dass Amma uns in diese spezielle Situation gebracht hat, um genau das zu tun, was wir tun, dann führen wir wirklich ein spirituelles Leben.

Es ist nur eine Frage der Veränderung unserer Einstellung. Solange wir fähig sind, unsere Arbeit mit Liebe und Aufrichtigkeit zu tun, wird dies zum Dienst am *guru*. Andernfalls wird Spiritualität zu einer einzig den *sannyasins* vorbehaltenen Domäne. Spiritualität ist jedoch nicht lediglich etwas für eine begrenzte Anzahl von Menschen – sie ist etwas für alle. Tatsächlich ist es die praktischste aller Wissenschaften. Die heiligen Schriften und spirituellen Meister wissen um die Tatsache, dass die meisten Menschen damit beschäftigt sind, ihre Pflichten anderen gegenüber zu erfüllen, dass sie nicht in der Lage sind, sich in einen *ashram* oder an einen einsamen Ort zurückzuziehen und ihre Zeit mit spiritueller Praxis zu verbringen. Wie können sie dann also geistiges Leben in ihren Alltag integrieren?

Um eine Antwort zu bekommen, brauchen wir nur auf Amma zu schauen: Obwohl sie keine leiblichen Kinder hat, so kann man doch sagen, dass sie weltweit die größte Familie besitzt – Millionen von Devotees betrachten sie als ihre Mutter, und sie sieht alle Wesen in der Schöpfung als ihre Kinder an. Daher kann man sagen, dass Amma mehr weltliche Verantwortung trägt als irgendjemand auf diesem Planeten. Doch niemals denkt sie: „Lasst mich meine Tagesarbeit zu Ende bringen und mich danach der spirituellen Praxis widmen." Obwohl sie immer aktiv ist, sieht sie niemals etwas als getrennt von ihrer spirituellen Praxis an. In jedem Menschen, der zu ihr kommt, sieht sie Gott. In das Ohr jeder Person spricht sie den Namen der göttlichen Mutter. Sie ist der lebende Beweis, dass wir, obwohl wir so viel Verantwortung zu tragen haben, so vielen Verpflichtungen nachkommen müssen, trotzdem ein geistiges Leben in der Welt führen können.

Amma sagt, sie liebe zwar alle Wesen gleichermaßen, doch empfinde sie ein besonderes Zartgefühl für jene, die für andere arbeiten, anstatt nur für sich selbst. Als Teil ihrer Hauptrede anlässlich des Weltparlamentes der Religionen, das 2004 in Barcelona stattfand, sagte sie, dass wir täglich zusätzlich eine halbe Stunde arbeiten sollten, falls wir in unserem Herzen auch nur ein wenig Mitgefühl besitzen, um für die Armen Geld zu verdienen. Sie ist der festen Überzeugung, dass darin die Lösung für die Beseitigung aller Armut und allen Kummers in der Welt liege. Selbst wenn wir das Gefühl haben, dass unser Beruf absolut nichts zu tun hat mit Ammas Organisation und dem Werk, das sie ins Leben gerufen hat, so wäre doch die Verpflichtung, täglich eine halbe Stunde unentgeltlich für die Bedürftigen zu arbeiten, selbst schon *karma-yoga*, egal, welchen Beruf wir ausüben. Einfach dadurch, dass wir Ammas Anregungen folgen, wird unser gesamtes Arbeitsleben eine Darbringung an Gott – das Weltliche wird heilig.

Einstmals beschwerten sich die Bewohner der Hölle bei Gott: „Wir leiden hier unten nun schon seit Jahrhunderten," erklärten sie Ihm, „und wann immer wir nach oben schauen, erblicken wir die Himmelsbewohner, die in Saus und Braus leben und sich in himmlischen Vergnügungen ergehen."

Gott hörte ihnen geduldig zu. „Ich werde sehen, was ich tun kann," versprach er. Er stattete den Himmelsbewohnern einen Besuch ab und trug ihnen das Anliegen der Höllenbewohner vor. Ohne auch nur darum gebeten worden zu sein, erklärten sich die Himmelsbewohner großzügig bereit, mit ihnen die Plätze zu tauschen.

Natürlich nahmen die Höllenbewohner sie direkt beim Wort, und so kam es, dass jeder, der vorher die Freuden des Himmels genossen hatte, zur Hölle hinabstieg und alle diejenigen, die zuvor Höllenqualen erleiden mussten, zu den himmlischen Gefilden aufsteigen durften.

Zwei Wochen später besuchte Gott den Himmel, um zu sehen, wie es den neuen Bewohnern ergangen war. Als er jedoch dort anlangte, erkannte er den Ort nicht wieder. Die neuen Bewohner kümmerten sich um überhaupt nichts. Sie hatten aufgehört, die Straßen und Häuser zu reinigen, und es hatte den Anschein, dass sie seit ihrem Eintreffen dort nicht gebadet hatten. Man hätte sagen können, dass die Kriminalitätsrate im Steigen begriffen war, doch tatsächlich war es das erste Mal, dass es dort oben überhaupt Kriminalität gab. Die Menschen lächelten einander nicht zu, wenn sie einander auf der Straße begegneten. Gefühle der Furcht, des Zweifels, des Hasses und der Hoffnungslosigkeit herrschten vor. Faktisch fing nach nur zwei Wochen der Himmel bereits an, wie eine Hölle auszusehen.

Danach stieg Gott hinab zur Hölle, um die früheren Himmelsbewohner zu fragen, wie man im Hinblick auf die Zustände im Himmel verfahren sollte. Schließlich waren sie es gewesen, die freiwillig ihren Platz dort geräumt hatten, und niemand konnte sie daran hindern, ihn wieder zurückzuverlangen.

Ebenso wie er den Himmel nach zwei Wochen der Besetzung durch die früheren Höllenbewohner nicht wieder erkannt hatte, so konnte man dasselbe nun über deren alte Trampelpfade sagen. Die früheren Himmelsbewohner hatten hart gearbeitet: sie hatten alles gereinigt, wieder instand gesetzt und neu angestrichen. Alle halfen sie einander und niemand vertrat die Ansicht, man würde ein Durcheinander, das man nicht selbst angerichtet habe, nicht wieder in Ordnung bringen müssen. Somit war der ganze Ort durchdrungen von Gefühlen gemeinschaftlichen Geistes, wechselseitiger Unterstützung, Optimismus und guter Stimmung. Tatsächlich, dachte Gott bei sich, fing die Hölle an, immer mehr auszusehen wie der Himmel.

Die Bürger der Hölle hatten geglaubt, alle ihre Probleme wären gelöst, wenn sie einfach die Plätze mit ihren Nachbarn vom Himmel tauschen würden. Am Ende wurde jedoch deutlich, dass die himmlischen und höllischen Eigenschaften nicht durch den jeweiligen Ort bestimmt wurden, sondern durch die Einstellung und Handlungsweise der Bewohner. In gerade einmal zwei Wochen hatten die Himmelsbewohner die Hölle in einen Ort verwandelt, der dem Himmel sehr ähnlich sah, während umgekehrt die Insassen der Hölle aus dem Himmel eine Art Hölle gemacht hatten.

Egal, ob wir in Ammas *ashram* leben oder in der Welt tätig sind, unsere Einstellung ist der letztendlich bestimmende Faktor unserer Erfahrung. Frieden, Liebe, Geduld und Mitgefühl: wenn wir diese Qualitäten in uns kultivieren, werden wir im Himmel sein, selbst wenn wir uns äußerlich in einer Hölle befinden. Wenn wir hingegen Eigenschaften wie Neid, Ärger, Ungeduld und Hass erlauben, Besitz von uns zu ergreifen, befinden wir uns in der Hölle, wie vergnüglich, bequem oder spirituell die äußeren Umstände auch erscheinen mögen.

❀

Teil 3

Der Schauer der Gnade

Wie Regen herab fällt Gnade, immerzu,
nur offen müssen wir sein, Sie zu empfangen.

– Amma

KAPITEL 15

Ammas Allwissenheit

Bereits früh lernten wir, dass es unmöglich war, vor Amma etwas geheim zu halten. Anfangs war das für uns eine Überraschung. Wir besaßen ja keine „Vorkenntnisse" über *mahatmas* und über die Eigenschaften selbstverwirklichter Meister; daher begriffen wir zu Beginn auch nicht, dass Amma allwissend war; und obwohl sie uns niemals direkt mitteilte, dass sie es sei, ließ sie uns ihre allwissende Natur doch oft genug erfahren.

Von den frühesten Tagen des *ashrams* an bestand Amma darauf, dass zuerst alle Devotees, die uns besuchten, gegessen haben mussten, bevor die *brahmacharis* und am Schluss sie selbst irgendwelche Nahrung zu sich nehmen durften. So war an manchen Tagen, nachdem alle Besucher gegessen hatten, nicht mehr genug übrig. An manchen Tagen gab es Reis, aber ohne Curry; an anderen Tagen Curry, aber keinen Reis. Zuweilen, wenn wir nur Reis hatten, aber keine Beilage, verwendeten wir Currypulver, um dem Reis wenigstens etwas Geschmack zu verleihen. Bei einer solchen Gelegenheit – das Ganze liegt jetzt ungefähr 25 Jahre zurück – hielten sich zwei *brahmacharis* in der Küche auf, während Amma *darshan* gab, und entdeckten, dass nur ein Topf Reis übrig geblieben war – jedoch kein Curry. So behalfen sie sich damit, auf die Oberfläche ihres Reistellers Currypulver zu streuen. Ob es nun auf ihren Hunger oder auf eine Unachtsamkeit zurückzuführen war – sie streuten jedenfalls viel zu viel Pulver über den Reis. Genau in diesem Augenblick hörten sie Amma in die Küche kommen. Sie wussten, sie würde betrübt reagieren, wenn sie entdeckte, dass so viel Currypulver verschwendet worden war[1]. Um also ihr Missgeschick zu verbergen, schaufelten sie hastig noch mehr Reis auf die beiden Teller, die bereits mit Currypulver überhäuft waren. Dann versteckten sie sie in einer Zimmerecke hinter der Tür.

Als Amma den Raum betrat, verschränkte einer der *brahmacharis* die Arme vor der Brust und summte so ungezwungen wie nur möglich eine Melodie, so als ob überhaupt nichts passiert wäre. Der andere der beiden war nicht so geschickt bei dem Versuch, sein Vergehen zu verbergen. Sorgsam war er darauf bedacht, ihren Augen auszuweichen und täuschte vor, nach etwas zu suchen, und zwar in derjenigen Zimmerecke, die der Stelle, wo sich die versteckten Teller befanden, gegenüber lag.

Amma jedoch ließ sich dadurch auch nicht für einen Augenblick hinters Licht führen. Sie ging geradewegs auf die Ecke zu, wo die Teller verstaut waren, strich den zur Tarnung dienenden Reis beiseite und brachte den riesigen Haufen Currypulver darunter zum Vorschein.

In den frühen Tagen seiner Beziehung zu Amma hatte *Swami Purnamritananda* (damals *Srikumar*) ein Erlebnis, welches jegliche Zweifel an Ammas Allwissenheit in ihm ausräumte.

Als er noch ein Junge war, besuchte er einmal ein Flötenkonzert. Es übte einen so nachhaltigen Eindruck auf ihn aus, dass er unbedingt lernen wollte, dieses Instrument zu spielen; doch sein Vater erlaubte es ihm nicht. Er wollte nicht, dass sein Sohn von schulischen Verpflichtungen abgelenkt würde. Das machte den Jungen sehr traurig. Eines Tages fand in einem nahe gelegenen

---

[1] In jenen Tagen musste Amma manchmal sogar zu Nachbarhäusern gehen, um Reis oder etwas anderes Essbares für die *brahmacharis* zu erbitten. Eine Handvoll Currypulver war also sehr kostbar. Selbst heute, da der *ashram* 3000 Bewohner beherbergt und täglich Zehntausende beköstigt, ist sie darauf bedacht, den Ashrambewohnern eine Haltung der Verehrung und des Respekts für Nahrung, überhaupt für alle Lebensmittel, die im *ashram* benutzt werden, zu vermitteln.

Tempel ein Fest statt. Dort sah er einen Mann, der die Flöte auf eine wunderbare Weise zu spielen verstand; auch wurden an diesem Ort viele Flöten zum Verkauf angeboten. *Swami Purnamritananda* kaufte eine davon und versuchte, darauf zu spielen, doch erwies es sich als überaus schwierig. Seiner Großmutter gegenüber äußerte er den Wunsch, jemanden zu finden, der es ihm beibringen würde. Sie gab ihm den Rat, zum Göttlichen Flötenspieler *Sri Krishna* zu beten, dass er Selbst ihm Flötenunterricht erteilen möge.

Der junge *Swami Purnamritananda* glaubte ihr. Er ging in einen *Krishna*-Tempel und betete zu ihm, sein Meister im Flötespielen zu werden. Als ob der Herr sein Gebet erhört hätte, erwies sich *Swami Purnamritananda* plötzlich als fähig, einige einfache Lieder zu spielen.

Viele Jahre später, kurz nachdem er Amma begegnet war, beschloss er, sie einer persönlichen Prüfung zu unterziehen. Während eines *Krishnabhava* wickelte er seine Flöte in Zeitungspapier ein und brachte sie in den alten Tempel, wo Amma immer *darshan* gab. Er zeigt ihr die Packung und fragte sie, ob sie den Inhalt identifizieren könnte. Sie lächelte und antwortete:

„Du wirst es mir sagen, mein Sohn."

„Ich weiß es ja schon", erwiderte er, „ich möchte es von Dir hören."

Amma bestand jedoch darauf, dass er es ihr sagte, Schließlich musste er ihr gestehen, dass es sich bei dem Inhalt um seine Bambusflöte handelte. Er war sichtlich enttäuscht, dass Amma nicht in der Lage war, sie zu erkennen.

Ohne auch nur einen Augenblick zu zögern, widersprach sie ihm: „Das ist keine Flöte, mein Kind, sondern eine Packung Räucherstäbchen."

Er war sicher, dass er Recht hatte und insistierte: „Nein, das ist eine Flöte, ich habe sie selbst eingepackt."

Amma forderte ihn auf, die Verpackung zu entfernen und alle Devotees schauten voller Neugier zu, als er das Zeitungspapier abriss. Zu seinem großen Schrecken kam statt der Flöte ein brandneues Metallrohr mit Räucherstäbchen zum Vorschein.

Swami Purnamritananda traute seinen Augen nicht. Wie konnte so etwas geschehen? Innerlich fragte er Amma: „Bist Du eine Zauberin? Wieso hast Du meine Flöte in eine Packung Räucherstäbchen verwandelt?" Testen wollte er sie inzwischen nicht mehr – wohl aber wollte er seine Flöte wiederhaben. Demütig bat er Amma: „Bitte sag mir, wo meine Flöte ist."

Mit einem schelmischen Lächeln antwortete sie: „Sie ist in eurem Puja-Raum direkt hinter dem Krishna-Bild." Sofort eilte er nach Hause, ging in den Puja-Raum und suchte nach seiner Flöte.

Er fand sie genau an der Stelle, die Amma beschrieben hatte. „Wie kann das sein?", fragte er sich und rekonstruierte sorgfältig die Ereignisse des Tages. Nachdem er die Flöte eingepackt hatte und im Begriff gewesen war, das Haus zu verlassen, hatte ihn seine Mutter in die Küche gerufen und darauf bestanden, dass er erst etwas aß, bevor er ging.

Gehorsam begab er sich in die Küche, legte aber zuvor noch die Flöte auf den Wohnzimmertisch. Genau zu dieser Zeit kam sein Vater vom Geschäft nach Hause; er hatte eine metallene Rolle Räucherstäbchen gekauft, die ebenfalls in Zeitungspapier eingewickelt war. Er legte sie auf den Wohnzimmertisch, direkt neben die Packung, in welche die Flöte eingewickelt war, und ging ins Bad, um seine Füße zu waschen, bevor er den Raum wieder betreten würde. Als er aus dem Badezimmer kam, nahm er statt der Räucherstäbchen die ähnlich eingepackte Flöte und legte sie hinter das Photo *Krishnas*, welches der Ort war, wo im Haus normalerweise die Räucherstäbchen aufbewahrt wurden.

Nachdem *Swami Purnamritananda* aus der Küche zurückgekehrt war, nahm er die Packung mit den Räucherstäbchen an sich, in der Annahme, dass sich seine Flöte darin befände, mit der er Amma zu prüfen beabsichtigte.

So also hatten sich die Dinge an jenem Tag zugetragen – doch es bestand nicht die geringste Möglichkeit, dass Amma von dieser Folge der Ereignisse in irgendeiner Weise Kenntnis erlangt haben konnte. Er war der festen Überzeugung, dass Amma um sein Vorhaben, sie einem Test zu unterziehen, wusste und die Geschehnisse des Tages „umarrangiert" hatte, um ihm stattdessen einen schadenfrohen Streich zu spielen. Streich oder nicht Streich – von diesem Tag an, waren in ihm jegliche Zweifel an Ammas allwissender Natur ausgelöscht, und er entschloss sich, das „Testprogramm" aufzugeben.

Im Epos *Mahabharata* wird ein Vorfall geschildert, der sich ereignete, als sich die Pandava-Brüder im Waldexil, fernab von ihrem Zuhause, befanden. Eines Tages kam *Krishna* dorthin, um sie alle zu besuchen. Zwischen ihm und *Arjuna* entwickelte sich ein Gespräch. Indem er auf einen Baum deutete, sprach *Krishna* zu *Arjuna*: „Siehst du die Krähe dort sitzen?"

„Ja, Herr", sagte *Arjuna*.

„Ich denke doch, es ist eher ein Kuckuck als eine Krähe", berichtigte sich *Krishna*.

„Ja, es ist ein Kuckuck", pflichtete *Arjuna* ihm bei.

Doch *Krishna* korrigierte sich und sagte stattdessen:

„Das ist gar kein Kuckuck, das ist ein junger Pfau."

„Oh ja, nun sehe ich es auch, dass es ein wunderbarer kleiner Pfau ist."

Krishna machte alledem ein Ende und sagte:

„*Arjuna*, das ist weder eine Krähe, noch ein Kuckuck noch ein Pfau – es ist vielmehr ein Adler. Warum hast du mir die ganze Zeit zugestimmt, als ich all die anderen Dinge sagte, wo du doch klar erkennen konntest, um was für einen Vogel es sich tatsächlich handelte?"

Arjuna antwortete: „Herr, Du bist Gott Selbst; also kannst Du leicht eine Krähe in einen Kuckuck, einen Kuckuck in einen Pfau und einen Pfau in einen Adler verwandeln. Ich weiß, dass Deine Schau der meinen zu jeder Zeit überlegen ist."

Als ich vor Jahren während eines ihrer Programme in Tamil Nadu einmal Ammas Worte übersetzte, unterbrach sie mich und bezichtigte mich eines Übersetzungsfehlers. Selbstbewusst wies ich sie darauf hin, dass ich in der Schule 14 Jahre Tamil gelernt hatte und kein Zweifel an der Richtigkeit meiner Übertragung bestand. Plötzlich forderte sie mich auf, die Bühne zu verlassen und sagte: „Du brauchst nicht mehr weiter für mich zu übersetzen." Darauf rief sie einen Devotee aus dem Publikum, der bisher zugehört hatte, zu sich und bat ihn, für mich weiterzumachen. Traurig stand ich von meinem Platz auf, blieb aber doch nahe genug bei Amma, um mit anzuhören, was sie sagte.

Bevor der Devotee mit der Übersetzung fortfuhr, fragte sie ihn, was ich gesagt hatte. Er wiederholte meine Worte, und indem ich ihm zuhörte, wurde mir klar, dass ich einen Fehler gemacht hatte. Was Amma gesagt hatte war eines, und was ich übersetzt hatte, etwas ganz anderes. Obwohl ich sowohl Malayalam als auch Tamil beherrsche, hatte ich nicht das vermittelt, was Amma gemeint hatte. Ich fühlte mich miserabel. Ich dachte, ich würde nie mehr eine Chance bekommen, für sie zu übersetzen. Ich schwor mir, dass ich, falls ich doch noch eine weitere Gelegenheit erhielte, niemals mehr beweisen wollte, dass ich Recht und sie Unrecht habe. In der nächsten Stadt auf der Tour – vielleicht hatte sie meinen stillen Entschluss ja gehört – rief sie mich dann wieder und bat mich, zu übersetzen.

Wenn man diese Geschichte hört, drängt sich einem vielleicht der Gedanke auf, dass Amma ja viele tamilische Devotees hat und daher vielleicht über eine gewisse Kenntnis dieser Sprache verfüge und daher nichts Wunderbares daran sei, dass sie in der

Lage war, mich zu berichtigen. Doch vermag sie dasselbe – wie sie oft gezeigt hat –auch in Sprachen zu tun, von denen man annehmen sollte, dass sie ihr völlig unbekannt sind.

Als sie das erste Mal nach Frankreich kam und ihre Rede ins Französische übersetzt wurde, unterbrach sie den Dolmetscher, wiederholte eine ihrer Aussagen und forderte ihn auf, sie nochmals zu übersetzen. Als sie das tat, wurde er sich darüber bewusst, dass er völlig vergessen hatte, besagten Punkt zu erwähnen. Obwohl auf französisch, hatte Amma doch gewusst, dass er einen bestimmten Gedanken weggelassen hatte. Später fragte er sie: „Du sprichst doch gar kein französisch, wie konntest Du dann wissen, dass dieser Punkt unübersetzt geblieben war?"

Sie antwortete: „Es ist wahr, Amma kennt die Sprache nicht, doch sieht sie deinen Geist. Bevor die Worte deinen Mund verlassen, existieren sie in Form von Gedanken, nicht wahr. Die subtile Form der Sprache ist der Gedanke. Amma beobachtete deine Gedanken und konnte sehen, dass du versäumt hattest, diesen Punkt auszuführen."

Ein *brahmachari*, der an Ammas Amrita Kutiram-Projekt mitgearbeitet hatte, kehrte von einer Baustelle in Bangalore zum *ashram* zurück und fragte Amma, ob er nicht auf einer Baustelle arbeiten könnte, die sich in größerer Nähe zum *ashram* befand; sie gab ihre Einwilligung. Nachdem er eine Woche auf dieser Baustelle tätig war, rief Amma ihn während des Morgen-Darshan zu sich und forderte ihn auf, sofort zu einer anderen Baustelle abzureisen, die sich in Ernakulam befand (ca. drei Stunden vom *ashram* entfernt). Er war überaus bestürzt und fragte sie, ob es wirklich nötig sei, dass er nach ein paar Wochen schon wieder abreisen müsse; schließlich sei er doch gerade erst aus Bangalore zurückgekehrt. Amma bestand jedoch darauf, er solle sich sofort auf den Weg nach Ernakulam machen. Weinend kam er zu mir und sagte, er wolle nicht fahren. Ich versuchte ihn zu überzeugen, dass ein Schüler den Anweisungen des *gurus* so exakt wie nur möglich Folge leisten müsse. Ich erzählte ihm auch von meinen eigenen Erfahrungen und brachte ihn schließlich dazu, abzufahren. Am frühen Abend reiste er zur Baustelle nach Ernakulam, wo er Anstalten traf, die Bauleitung von einem anderen *brahmachari* zu übernehmen. Nach nur einer Stunde bekam er unerträgliche Bauchschmerzen und wurde sofort nach AIMS, Ammas Spezialklinik, eingewiesen, die nur eine kurze Autostrecke von der Baustelle entfernt war. Als sich sein Zustand verschlechterte, veranlassten die Ärzte eine Ultraschalluntersuchung und entdeckten, dass der Blinddarm des besagten *brahmachari* jeden Augenblick durchzubrechen drohte. In größter Eile wurde er in einen Operationssaal gebracht, wo der Blinddarm noch rechtzeitig entfernt wurde. Nachdem er aus dem Krankenhaus entlassen worden war, erlaubte Amma ihm, in den *ashram* zurückzukehren und auf einer Baustelle in der Nähe von Amritapuri zu arbeiten.

Als der *brahmachari* damals weinend zu mir gekommen war, hatte ich ihn zwar zu überzeugen versucht, Ammas Anweisungen auf den Punkt genau zu befolgen, doch innerlich hatte ich mich schon gewundert, warum sie so streng war, ihn gleich nach seiner Rückkehr wieder wegzuschicken. Ich fand es seltsam, dass sie ihn nicht einmal einen Tag länger im *ashram* bleiben ließ. Als ich jedoch von seiner Operation hörte, wurde mir das Motiv für Ammas unerbittliche Anweisung sonnenklar. Sie hatte gewusst, es würde sich als nötig erweisen, dass er an jenem Tag in der Nähe der Klinik war. Hätte sich der Blinddarm nachts im *ashram* entzündet, wäre es vielleicht nicht möglich gewesen, den *brahmachari* noch rechtzeitig in ein Krankenhaus zu bringen, um ihn zu entfernen. Das Ganze hätte unter Umständen tödlich für ihn ausgehen können.

Man mag sich fragen, wieso Amma, wenn sie denn alles weiß, dem jungen Mann nicht einfach gesagt hat, dass er sich am Abend einer chirurgischen Behandlung unterziehen müsse und ihn umgehend ins Krankenhaus schickte. Nun, indem sie ihn aufforderte, zur Baustelle zu fahren, sorgte sie dafür, dass er nicht den ganzen Tag über seine bevorstehende Operation nachgrübelte; außerdem wurde ihm auf diese Weise eine wertvolle Lektion erteilt, wie wichtig es ist, den Anweisungen des Meisters zu folgen. Gleichzeitig stellte sie sicher, dass er sich so nahe wie möglich beim Krankenhaus aufhielt, als es passierte. Auch entspricht es ihrer demütigen Haltung, ihre allwissende Natur niemals direkt zu offenbaren – es sei denn, es erweist sich als unumgänglich. Manchmal jedoch enthüllen Ammas geheimnisvollen Worte unmittelbar ihre allwissende Natur, wie etwa in dem oben beschriebenen Fall Bei anderen Ereignissen braucht es für solche Lektionen Jahre, zuweilen sogar Jahrzehnte, bis uns ihre Tragweite vollkommen klar wird.

In den ersten Jahren des *ashrams* war Amma nur von einigen *brahmacharis* umgeben. Zu dieser Zeit fühlten wir uns so sehr zu ihrer physischen Gestalt hingezogen, dass wir ihr überall hin folgten, selbst wenn sie dies nicht wollte. Manchmal versuchte sie auch, ohne unser Wissen aus dem *ashram* „auszureißen", doch irgendwie gelang es uns immer, herauszufinden, wo sie hingegangen war. Bei einer bestimmten Gelegenheit begab sie sich an einen Ort, der ziemlich weit vom *ashram* entfernt war, um sich dort mit einer Familie zu treffen. Sie saß in einer Hütte und wartete darauf, dass die Familie eintraf, als die *brahmacharis*, einer nach dem anderen, hereintröpfelten und sich so nahe wie möglich zu ihr setzten. Als die Familie ankam, forderte Amma uns auf, auf der anderen Seite der Hütte Platz zu nehmen. Wir folgten zwar ihrer Anweisung, aber glücklich waren wir darüber nicht gerade. Als die Familie gegangen war, sagte *Swami Paramatmananda* (damals noch Br. Nealu) zu ihr: „Amma, wir sind sehr traurig, wenn Du uns bittest, uns von Dir wegzusetzen. Wir wollen Dich ja gar nicht bei Deiner Unterredung mit den Leuten stören; wir möchten nur nahe bei Dir sein."

Hierauf erwiderte sie besonnen: „Nun seid ihr traurig, wenn ihr euch zwei Meter von mir wegbewegen müsst. Es wird der Tag kommen, da braucht ihr ein Fernglas, um mich zu sehen." Zu dieser Zeit verstanden wir nicht, inwiefern ihre Worte sich bewahrheiten würden; wir dachten, es wäre irgendeine Metapher. Doch mehr als 20 Jahre später, während der Feier anlässlich ihres 50. Geburtstages (Amritavarsham 50), die als ein internationales Friedensgebet im Stadion von Kochin abgehalten wurde, versuchte *Swami Paramatmananda* sich seinen Weg auf die Bühne zu bahnen – doch er wurde aufgehalten von den Sicherheitskräften des Stadions, die ihn nicht als einen der älteren Schüler Ammas wieder erkannten. Um das Abendprogramm dennoch verfolgen zu können, war er gezwungen, auf der Tribüne des Stadions Platz zu nehmen, von wo aus Amma nur wie ein winziger, leuchtender, weißer Punkt erschien. Nun wurde ihm klar, dass Ammas prophetische Worte, die sie über zwei Jahrzehnte zuvor gesprochen hatte, sich bis aufs Iota erfüllt hatten.

Manchmal machte das, was wir in den heiligen Schriften gelesen hatten, die Aufgabe für Amma schwerer. Ich erinnere mich noch, wie wir einst lernten, dass ein Meister niemals wirklich ärgerlich mit einem Schüler sein kann, und dass der Zorn, den er nach außen hin zeigt, nichts als eine Maske ist, die er überzieht, um den Schüler aufzurichten.

Nachdem wir dies verstanden hatten, spielte es kaum eine Rolle mehr, wenn sie uns gegenüber viel Ärger zeigte – wir nahmen es nicht besonders ernst. Zu jener Zeit waren wir Ammas physischer Gestalt gegenüber so anhänglich, dass wir sie nicht einmal für eine Minute allein ließen. Sie wollte nicht, dass wir uns so sehr auf ihre körperliche Form fixierten; also probierte sie mehrere Methoden aus, um uns fernzuhalten: sie wurde zornig oder ignorierte uns völlig, als ob sie keinerlei Liebe für uns empfände. Aber nichts half, um uns davon abzubringen, in ihrer Nähe zu bleiben und darauf zu bestehen, dass sie uns ihre Aufmerksamkeit widmete.

Manchmal schloss sie sich in ihrem Zimmer ein und öffnete selbst nach mehrmaligem Klopfen unsererseits nicht die Tür. Einmal stand ein *brahmachari* vor der Tür und begann zu rufen: „Ammmaaa, Ammmaaa!" Dann hörte er auf und teilte ihr mit: „Amma, ich habe Dich jetzt zehnmal gerufen." Als von drinnen keine Antwort kam, rief er ihren Namen aufs Neue. Dann hielt er inne und rief: „Ich habe Deinen Namen jetzt zwanzigmal gerufen. Darauf machte er weiter und sagte schließlich: „Ich habe Deinen Namen hundertachtmal gerufen, nun musst du die Tür öffnen." Doch immer noch ließ sie die Tür verschlossen. Dann machte er Lärm, als ob er weinen würde. Aufgrund ihrer außergewöhnlich barmherzigen Natur hatte Amma seiner Taktik am Ende nichts entgegenzusetzen. Als sie jedoch die Tür öffnete, stellte sie fest, dass der *brahmachari* dastand und lächelte. Manchmal befand Amma sich in stundenlanger tiefer Meditation. Zu jener Zeit hatten wir keine Ahnung von *samadhi*, der völligen Versunkenheit im *paramatman* (höchsten Selbst), und wir brachten auch nicht viel Geduld auf, wenn sie sich ganz in ihr Selbst zurückzog. Zuweilen kam es vor, dass ich, nachdem ich etwa eine Stunde gewartet hatte, Amma einfach an der Schulter zog, um ihre Aufmerksamkeit zu erregen. Ich erinnere mich noch, wie ein *brahmachari* ihr einmal etwas mitteilen wollte, was er für sehr wichtig hielt. Als sie auf sein Rufen nicht antwortete, ging er zu ihr und begann langsam aber bestimmt, ihre geschlossenen Augenlider hochzuziehen.

Selbst wenn sie uns wegstieß, klammerten wir uns an ihre Arme und sagten zu ihr: „Du kannst uns ausschimpfen, wegstoßen, Du kannst alles mit uns machen, aber bitte bleibe nicht stumm; verhalte Dich nicht gleichgültig uns gegenüber. Das ist mehr, als wir ertragen können.

Unwissentlich gaben wir Amma dadurch einen der Schlüssel in die Hand, mit denen sie uns disziplinieren konnte. Wenn sie unsere Fehler korrigieren wollte, schimpfte sie nicht direkt mit uns. Stattdessen vollzog sie irgendeine Form von Strafe an ihrem eigenen Körper. Manchmal lehnte sie es ab, zu essen; manchmal stand sie auch stundenlang hüfttief in einem Teich. Diese Form der Erziehung war für uns extrem qualvoll, und so lernten wir langsam, ihre Zurechtweisungen ernster zu nehmen, damit sie nicht zu solch drastischen Methoden greifen musste.

Auf besonders bittere Weise wurde Ammas Allwissenheit durch ihre Aussagen im Hinblick auf die „kommende Finsternis" im Jahr 2005 deutlich. Privat hatte sie mit ihren Schülern seit mehreren Jahren über 2005 gesprochen. Im Juli 2003 machte sie dann kurz vor einem *Devibhava-darshan* auf Rhode Island eine öffentliche Ankündigung vor mehr als 4000 Menschen. Auf dieser Veranstaltung sagte sie allen, man solle zwar keine Angst haben, doch habe sie das Gefühl, dass schlechte Zeiten bevorstünden. „Amma sieht viel Dunkelheit in der Welt; äußerste Vorsicht ist vonnöten für jedermann. Wenn Amma herabblickt, sieht sie tiefe Löcher; wenn die Menschen also nicht aufpassen, können die Dinge sehr schlimm werden."

Tatsächlich war dies der eigentliche Grund, wieso Amma einwilligte, ihren 50. Geburtstag im September 2003 als internationales Ereignis zu feiern. Sie fühlte, dass die Zusammenkunft von hunderttausenden von Menschen, die für Frieden und Harmonie beten würden, die Auswirkung aller nur erdenklichen Unglücksfälle, die unseren Weg kreuzen, reduzieren würde. So beginnt denn auch das regelmäßige Rezitieren des Friedensmantras mit den folgenden Worten: *Om lokah samastah sukhino bhavantu.* (Mögen alle Wesen in allen Welten glücklich sein.) Es wird von

Ammas Kindern sowohl individuell wie auch in Gruppen rezitiert, und zwar weltweit.

An einem bestimmten Abend der Feierlichkeiten anlässlich ihres 50. Geburtstages, als sich mehr als 200 000 Menschen aus aller Welt im Stadion befanden, bat Amma alle ihre Kinder, für eine volle Minute das Friedensmantra zu singen und sich dabei vorzustellen, dass Vibrationen des Friedens von ihren Herzen aus in alle Welt ausstrahlen würden. Als die Minute vorbei war, bat sie jeden, die Hand des Nachbarn zu ergreifen und das Friedensmantra drei weitere Male zu singen. Sie zelebrierte auch eine *Puja*, bei welcher sie den Setzling eines Banyan-Baumes bewässerte. Das dabei benutzte Wasser stammte aus Flüssen und Seen beinahe aller vertretenen Nationen.

Im Sommer 2004 erklärte Amma abermals, sie habe die Empfindung, „dass dunkle Wolken den Himmel verschlingen würden." Als die Vereinten Nationen sie baten, am internationalen Friedenstag teilzunehmen, sicherte sie ihre volle Unterstützung zu und motivierte hunderttausende, sich an einem kollektiven Friedensgebet am 21. September 2004 zu beteiligen. In ihrer Ansprache an diesem Tag sagte sie: „Heute ist die Notwendigkeit für Gebete und spirituelle Praxis größer denn je zuvor." Während ihrer Europatournee im Oktober und November desselben Jahres inspirierte Amma ihre Kinder in jeder Stadt, die sie besuchte, zu kollektiven Gebeten für zukünftigen Frieden und Harmonie.

Nur ein paar Wochen, bevor die Tsunamikatastrophe Südasien heimsuchte, sagte Amma zu einigen ihrer Schüler, sie habe eine starke Ahnung, dass die Tage nach Weihnachten sehr schlimm werden würden; bei einem bestimmten Anlass äußerte sie sogar, sie würden für viele Menschen tragisch verlaufen. In der Nacht des 25. Dezembers hörte Amma gleichzeitig das Krächzen von Krähen und den Ruf der Nachtigall. Sie wurde überaus ernst und sagte ihrer ständigen Begleiterin, dies sei ein sehr schlechtes

Omen. In jener Woche konnte man auch beobachten, dass sie beim Singen der *bhajan* weinte, besonders bei einem *bhajan* mit den Zeilen:*Om lokah samastah sukhino bhavantu.* Viele Menschen im *ashram*, die dies mit ansahen, vergossen ebenfalls stille Tränen.

Tatsächlich zeigten Ammas Handlungsweisen am Tag vor der Katastrophe deutlich, dass sie wusste, dass etwas Schlimmes geschehen würde. Für den 26.Dezember war eingeplant, dass 5000 mittellose Frauen aus dem Alappad-Bezirk, der Küstenregion um Amritapuri, sich ihre Pensionen abholen sollten, die der *ashram* ihnen vierteljährlich auszahlt. Am Tag zuvor hatte Amma, von einer Intuition geleitet, veranlasst, dass die Verteilung der Pensionen für jene Frauen um eine Woche verschoben werden sollte. Wäre dies nicht geschehen, hätten die Frauen ihre Kinder allein zu Hause lassen müssen, um sich das Geld abzuholen. Somit wäre niemand da gewesen, der die Kinder vor den hereinbrechenden Fluten in Sicherheit hätte bringen können, und höchstwahrscheinlich wären viel mehr Kinder in den umliegenden Ortschaften getötet worden.

Die Verteilung der Pensionen für die Witwen aus dem landeinwärts gelegenen Teil von Kollam hingegen wurde nicht verschoben, doch ordnete Amma an, dass die Prozedur nicht in der Bhajan-Halle – dem normalerweise dafür vorgesehenen Ort – stattfinden sollte, sondern am Landungssteg, der sich am entgegengesetzten Ende des *ashrams* befindet, ganz in der Nähe der Boote, die auf den Backwaters verkehren. Man stelle sich das Chaos vor, wenn die Halle, die völlig überflutet wurde, sich voller Frauen befunden hätte, die auf ihre Pensionen warteten. So hingegen war die Halle nahezu leer, als das Wasser dort eindrang.

Normalerweise hätte Amma sonntags in dieser Halle *darshan* gegeben, und sie wäre mit mindestens 15 000 Menschen gefüllt gewesen. Eine Stunde vor Beginn jedoch gab Amma bekannt, der *darshan* würde diesmal in der alten Gebetshalle stattfinden (welche sich ungefähr anderthalb Stockwerke über dem Erdboden befindet). Aus diesem Grunde war die Halle, als die Fluten hineinströmten, fast leer.

Selbst heute schüttelt Amma nur den Kopf, wenn man sie fragt, ob sie allwissend sei, und sagt lachend: „Ich weiß überhaupt nichts, ich bin einfach nur ein verrücktes Mädchen." Ein Meister wird niemals mit seiner Größe prahlen. Wie Amma zu sagen pflegt: wenn wir in einer Ecke Zucker aufbewahrt haben, besteht dann irgendeine Notwendigkeit, auf ein Schild darüber zu schreiben: „Dies ist Zucker"? Die Tatsache, dass es sich um Zucker handelt, ist ja offensichtlich. Wenn jemand direkt daneben steht und behauptet, es sei nicht Zucker, sondern Salz, wird der Zucker dann in irgendeiner Weise davon berührt? Solche Leute verpassen nur die Gelegenheit, seine Süße zu kosten, während sich gerade vor ihnen eine Menschenschlange bildet, für die jenseits allen Zweifels feststeht, dass es sich hier um Zucker und nichts als Zucker handelt.

Unmittelbar vor dem Beginn des Mahabharata-Krieges unternahm *Krishna* einen letzten Versuch, ihn zu verhindern. Allein und unbewaffnet reiste er als Botschafter der rechtschaffenen *Pandavas* an den Hof der übel gesinnten *Kauravas*. Als er sein Friedensgesuch vortrug, lehnte *Duryodhana*, der Prinz der *Kauravas*, es ab, ihn zu Ende anzuhören und befahl stattdessen, ihn zu fesseln und wegzubringen. Nachdem er somit alle anderen Mittel ausgeschöpft hatte, enthüllte *Krishna Duryodhana* direkt an Ort und Stelle seine universelle Form *(vishvarupa-darshana)*.

Doch selbst jetzt, da ihm der gesamte Kosmos innerhalb *Krishnas* Gestalt offenbart wurde, blieb *Duryodhana* völlig unbeeindruckt. Er misstraute vielmehr seinen Augen und verspottete *Krishna* als einen einfältigen Zauberer.

Später offenbarte *Krishna Arjuna* auf dem Schlachtfeld, während er ihm die *Bhagavad Gita* vortrug, dieselbe kosmische

Form. *Arjuna* war von Staunen ergriffen, fiel ihm zu Füßen und bat Ihn um Verzeihung für jegliches zufällig geäußerte Wort, in welchem er ihn als eine gleichgestellte Person angesprochen hatte. Der Anblick von *Krishnas* Gestalt erschreckte *Arjuna*, und gleichzeitig inspirierte es ihn, bei ihm allein Zuflucht zu nehmen.

Selbst wenn Gott unverhüllt vor uns steht, wird nicht jedermann ihn erkennen. Wie Christus sagte: „Diejenigen, die da Augen haben, mögen sehen."

❁

KAPITEL 16

Das Licht der Bewusstheit

Viele Menschen haben mir anvertraut, sie hätten das Gefühl, seit ihrer Begegnung mit Amma plötzlich mehr negative Neigungen und Gedanken als zuvor entwickelt zu haben. Somit schwindet die anfängliche Begeisterung, die sie für die spirituelle Praxis empfanden, dahin. Dazu sagt Amma, dass die Negativität in Wirklichkeit die ganze Zeit über vorhanden war. Entweder waren wir uns ihrer nicht bewusst oder sie lag schlafend in unserem Unterbewusstsein verborgen und wartete auf günstige Umstände, um zu hervorzutreten. Um diesen Punkt zu verdeutlichen, erzählt Amma folgende Geschichte:

Auf seinem Weg durch den Himalaja entdeckte ein Mann eine Schlange, die zusammengerollt am Straßenrand lag. Vom Schnee völlig eingefroren konnte sie sich nicht einmal mehr einen Zentimeter weiterbewegen. Der Mann, um das Wohl der Schlange besorgt, fing an, sie zu streicheln. Sie sah so freundlich und harmlos aus, dass er beschloss, sie mitzunehmen. Auf seinem Rückweg kam ihm der Gedanke, die Schlange müsste doch sicherlich sehr frieren und entschloss sich, sie unter seine Achselhöhle zu nehmen, um sie dort warm zu halten. Nach und nach nahm die Schlange die Körperwärme des Mannes in sich auf, erwachte aus ihrem Winterschlaf und biss ihn mit ihren giftigen Fangzähnen.

In ähnlicher Weise mögen sich unsere negativen Tendenzen aus Mangel an Gelegenheit nicht sofort enthüllen. In der Gegenwart eines wahren Meisters wie Amma jedoch ergeben sich die rechten Umstände, um auch die versteckten *vasanas* an die Oberfläche zu bringen, ganz spontan. Nur dann, wenn sie ins

Licht der Bewusstheit treten, können sie gewandelt und letztlich transzendiert werden.

In Ammas Gegenwart ergeben sich so viele verschiedene Umstände, die unsere negativen Gefühle wie Ärger, Groll und Eifersucht an die Oberfläche bringen. Wenn wir zuschauen, wie Amma *darshan* gibt und jemand unsere Sicht blockiert, werden wir vielleicht ärgerlich auf ihn. Wenn Amma jemandem mehr Aufmerksamkeit schenkt als uns, kann es sein, dass wir Eifersucht dieser Person gegenüber empfinden. Jemand fordert uns vielleicht auf, nicht an einem bestimmten Platz zu sitzen. Alle derartigen Umstände sind Gelegenheiten für unsere *vasanas*, sich zu zeigen.

Jedes Jahr reist Amma zwei Monate nach Nordindien, und viele Menschen begleiten sie auf dieser Tour. Im Laufe der Jahre ist das, was einmal mit zwei Lieferwagen begann, auf eine riesige Karawane von sechs oder sieben Bussen sowie mehrerer kleinerer Fahrzeuge angewachsen. Während einer solchen Tour fiel einmal einer der Busse aus, sodass die übrigen Busse die Insassen aufnehmen mussten. Da es sich um eine der längsten Strecken der Tour handelte und die Busse überfüllt waren, führte der zusätzliche Stress und die Spannung dazu, dass Streitigkeiten unter den Reisenden aufkamen. Während einer kurzen Pause bestieg Amma einen der Busse und sprach zu allen ein paar aufmunternde Worte. Sie sagte, wir sollten daran denken, dass es einfach nur Amma ist, die in Gestalt einer Person an uns arbeitet, wann immer uns jemand kritisiert oder lästig wird. Später erzählte mir einer der Fahrgäste aus diesem Bus, dass der Mann, der hinter ihm saß, während der ganzen Tour ein und denselben Fehler wiederholte: Jedes Mal, wenn er etwas aus seiner Tasche aus dem oberen Gepäckfach holte, ließ er versehentlich etwas auf den Kopf des Mannes fallen, der mir die Geschichte erzählte. Das passierte immer wieder, zwei bis dreimal während jeder Fahrt. Der Mann erzählte mir, die ersten Male sei er noch fähig gewesen, liebevoll und freundlich zu reagieren, am Ende jedoch habe er den Hintermann beschimpft: „Jetzt reicht es aber, du Idiot. Mit dir stimmt doch irgendwas nicht!"

Nachdem aber Amma in den Bus gekommen war und zu allen gesprochen hatte, konnte er alles mit einem Lächeln ertragen, wenn sich auch die Verhaltensweise seines Nachbarn nicht geändert hatte.

Manchmal geschieht es während der nachmittäglichen Darshan-Programme, dass Amma die Ordner auffordert, die Darshan-Reihe gegen 17.30 Uhr zu schließen, da sie mit dem Abendprogramm bereits um 19.30 Uhr beginnen und normalerweise zwischenzeitlich an mehreren wichtigen Besprechungen teilnehmen muss.

Die Ordner bitten die Devotees höflich, sich nicht mehr in der Darshan-Wartereihe anzustellen, doch oft begegnen sie einigem Widerstand. Jeder möchte sofort zum *darshan*, und alle haben sie ihre Entschuldigungen. Natürlich hat jeder seine eigenen Probleme. So ist es mit großen Schwierigkeiten verbunden, wenn die Darshan-Helfer, zuweilen auch die *brahmacharis* und *Swamis*, die Menschen um Verständnis bitten, und darauf hinweisen, dass sie auch abends noch kommen können oder am nächsten Tag, falls ihnen letzteres nicht möglich ist. Oft genug jedoch wollen die Leute darauf nicht hören. Stattdessen warten sie mit langen Gesichtern an den Seiten des Raums. Wenn Amma sie dort stehen sieht, fordert sie uns sofort auf, weitere 15 Leute in die Schlange zu nehmen. Dann schließen wir die Reihe wieder, nur um sie etwas später erneut zu öffnen; diese Prozedur wiederholt sich drei oder vier Mal. Manchmal werden die Devotees auch ärgerlich mit den Ordnern: „Was macht ihr hier eigentlich? Erst fordert ihr uns auf, zum *darshan* zu kommen, und dann hindert ihr uns daran."

In Hallen, in denen es so eingerichtet ist, dass die Darshan-Reihen von beiden Seiten kommen und die Menschen anschließend durch den Mittelgang weggehen können, möchte Amma nicht, dass Leute im Mittelgang sitzen, damit niemandem der Weg versperrt wird. Einmal schärfte sie den Ordnern ein, sicherzustellen, dass niemand während des Abendprogramms im Mittelgang sitzen solle. Als sie dann am Nachmittag alles vorbereiteten, achteten sie darauf, dass alle hinter den Seilen saßen, die sich zu beiden Seiten des Mittelgangs befanden.

Als Amma zum Abendprogramm erschien und sah, dass die Mitte völlig leer war, fragte sie mich: „Warum ist da eine so große Lücke? Mache eine Ankündigung, dass alle sich dorthin setzen können." Jeder hatte nur auf diese Gelegenheit gewartet, und der Mittelgang war im Nu besetzt. Am nächsten Tag entschlossen sich die Darshan-Helfer, niemanden vom Mittelgang fernzuhalten, da Amma ja am Tag zuvor alle aufgerufen hatte, sich dort hinzusetzen. Als sie in die Halle kam, fragte sie: „Warum habt ihr die Leute in die Mitte gesetzt? Ich habe euch doch gesagt, ihr sollt niemanden in der Mitte sitzen lassen. Wieso habt ihr ihnen erlaubt dort zu sitzen?"

Die Ordner antworteten: „Wir haben gestern niemanden da hingesetzt, aber Du selbst hast doch alle dazu aufgefordert; da haben wir gedacht, Du möchtest es so haben."

Amma entgegnete: „Tut einfach das, was ich euch sage und kümmert euch nicht darum, was ich anschließend tue."

Durch diese scheinbar widersprüchlichen Instruktionen und Verhaltensweisen schafft Amma Situationen, in denen die negativen Eigenschaften und Tendenzen der Darshan-Ordner sich erheben. Indem sie mit einer Reihe ähnlicher Situationen konfrontiert wurden, waren sie schließlich dazu fähig, Geduld zu kultivieren sowie eine Haltung der Überantwortung, Freundlichkeit und anderer positiver geistiger Eigenschaften zu entwickeln. Auf diese Weise hilft Amma ihnen, spirituell zu wachsen. Auch diejenigen, die widersprüchliche Anweisungen von den Ordnern erhalten (welche wiederum von Amma stammen), wird Gelegenheit gegeben, positive Eigenschaften zu entwickeln.

Es gibt viele Beispiele von Meistern, die den Widerspruch als ein Werkzeug verwenden, um den Schüler zu erleuchten. Tatsache ist, dass dies eines der grundlegenden Prinzipien der Tradition des Zen-Buddhismus ist. Zen-Meister sprechen zu ihren Schülern in Koans, d.h. in Fragen, auf die es keine rechte Antwort gibt. Hierdurch soll der Schüler überlistet werden, den Intellekt aufzugeben und in Kontakt mit dem reinen Bewusstsein jenseits davon zu treten. Der Zen-Meister Shuzan hielt beispielsweise seinen kurzen Zeigestock nach oben und sagte zu seinen Schülern: „Wenn ihr dies einen kurzen Zeigestock nennt, widersprecht ihr der Wirklichkeit. Wenn ihr ihn keinen kurzen Zeigestock nennt, ignoriert ihr die (empirischen) Tatsachen. Wie also wollt ihr das nennen?"

Eines der bekanntesten Beispiele ist die Geschichte *Marpas* und seines Lieblingsschülers *Milarepa*. Nach einer unruhigen Kindheit und einer Jugend voller Bösartigkeit, in welcher er getrieben war vom Wunsch nach Rache, wurde *Milarepa* schließlich leidenschaftslos der Welt gegenüber und suchte den berühmten *guru Marpa* auf, um von ihm spirituell unterwiesen zu werden. *Marpa* jedoch nahm ihn nicht sofort als Schüler an. Zunächst bat er *Milarepa*, er solle ihm ein steinernes Bauwerk auf einem hohen felsigen Kamm errichten, von wo aus man die Ländereien *Marpas* gut überschauen konnte. Da ihm nach Erkenntnis der Wahrheit dürstete, packte er die Gelegenheit, seinem *guru* zu dienen, gleich beim Schopfe. *Milarepa* hatte alle Felsblöcke zu Fuß von einem nahe gelegenen Steinbruch herbeizuschleppen, und es war niemand da, der ihm half, den Turm zu bauen. Es war eine zermürbende Tätigkeit, und sie nahm Monate intensiver Mühen in Anspruch. Eines Tages, als *Milarepa* an dem Bauwerk arbeitete, kam *Marpa* vorbei, um die Arbeit zu beaufsichtigen. Nachdem er sich den Turm eine Weile angeschaut hatte, forderte er *Milarepa* auf, ihn wieder einzureißen und alle Steine und Felsblöcke wieder dahin zurückzubringen, wo er sie gefunden hatte. Der Meister sagte, er habe seine Pläne geändert und wolle ein neues Bauwerk an einer anderen Stelle errichtet haben. Dies wiederholte sich mehrere Male, bis *Milarepa* schließlich einen riesigen neunstöckigen Turm gebaut hatte (er steht sogar noch heute dort). Während all dieser mühevollen, scheinbar sinnlosen Arbeiten nahm *Milarepa* herkulesartige Anstrengungen auf sich und verlor niemals seinen Glauben, am Ende die Unterweisungen zu erhalten, nach denen er suchte. Er räumte Steine fort, die normalerweise nur von der gemeinsamen Kraft dreier Männer hätten bewegt werden können. Er setzte sich derartigen Strapazen aus, dass sein Rücken vom Tragen der Steine und des Mörtels zu einer großen Wunde wurde. Seine Arme und Beine waren alle zerkratzt und blutig. Doch er arbeitete weiter, jeden Tag darauf hoffend, am Schluss doch noch eine religiöse Belehrung zu erhalten. Aus Mitgefühl zeigte *Marpa* ihm, wie er seinen Rücken polstern konnte und gestattete ihm, sich während der Heilungsphase auszuruhen, doch niemals erlaubte er *Milarepa*, irgendeiner der Arbeiten, die zu vollenden er ihm aufgetragen hatte, aus dem Wege zu gehen.

Milarepa hielt dies einige Jahre durch. Schließlich aber gab er die Hoffnung auf, jemals als Schüler akzeptiert zu werden und verließ *Marpas* Einsiedelei in der Absicht, niemehr zurückzukehren. Jeder erwartete, *Marpa* würde gleichgültig auf *Milarepas* Abreise reagieren, da er niemals irgendeine Art von Zartgefühl für ihn an den Tag gelegt hatte, doch als der Meister die Nachricht erfuhr, brach er in Tränen aus und sagte: „Bringt ihn um Himmelswillen zurück! Er ist mir der liebste Schüler."

Als *Marpa* ihn dann schließlich als Schüler akzeptierte, eröffnete er ihm, dass er ihm zwar immer mit großer Liebe zugetan gewesen sei, da er sein großes Potential erkannt habe; da *Milarepa* im ersten Teil seines Lebens jedoch so viele grässliche

Untaten verübt hätte, sei ihm, *Marpa*, keine andere Wahl geblieben, als ihn auf diese Weise zu behandeln. *Marpas* scheinbar widersprüchliche und sinnlose Anweisungen hatten einzig und allein dem Ziel gedient, *Milarepa* dazu zu verhelfen, sich von den Fesseln seiner vergangenen Taten zu lösen.

Swami Paramatmananda erzählt eine ähnliche Geschichte aus seiner anfänglichen Beziehung zu Amma. Eines Tages entschied sie, dass es an der Zeit sei, zusätzlich zu der einen, die wir bereits besaßen, zwei neue Hütten zu bauen. Durch den andauernden Zustrom ständiger Bewohner erwies es sich als notwenig, zwei weitere Räumlichkeiten zu besitzen.

Swami Paramatmananda, (damals noch *brahmachari* Nealu), war damit beauftragt, die Bauarbeiten zu überwachen. Nachdem er einen Plan entworfen hatte, zeigte er ihn Amma, und sie stimmte ihm zu. Der Plan sah drei Hütten vor, die zusammen die Form eines U ergaben und bei welchen sich der Eingang in entgegengesetzter Richtung befand. Er dachte, dies würde Platz sparen und es dem Wind ermöglichen, durch die Türöffnungen jeder der Hütten einzudringen. Ganz im Stillen war er stolz auf diesen Entwurf und die Art, wie es mit seiner Ausführung voranging.

Ein paar Stunden nach Baubeginn kam Amma an der Baustelle vorbei. Als sie sah, auf welche Weise die Hütten errichtet wurden, rief sie plötzlich aus:„Wer hat ihnen gesagt, sie sollten die Hütten auf diese Weise bauen?" Jeder zeigte auf *Swami Paramatmananda*. Er erinnerte Amma daran, dass sie selbst den Plan gesehen und ihn gebilligt hatte.

„Ich erinnere mich nicht, irgendeinen Plan gesehen zu haben. Reiß das wieder ein! Niemand sollte Hütten bauen, deren Eingänge voneinander wegzeigen. Alles, woran du denkst, ist Bequemlichkeit und wie man eine gute Brise in die Hütten bekommen kann. Hast du nie etwas von traditionellen Vorschriften gehört? Diese Vorschriften erlauben es nicht, Hütten auf diese Art zu bauen." Nachdem sie dies gesagt hatte, verließ sie die Baustelle.

Swami Paramatmananda wies die Arbeiter an, das, was sie seit Tagesbeginn fertig gestellt hatten, wieder einzureißen.

Nach einer Weile kehrte Amma wieder zurück. Als sie sah, wie die Bauarbeiter begannen, die Hütten wieder in ihre Bestandteile zu zerlegen, sagte sie: „Was machen die Leute da? Sag' ihnen, sie sollen die Hütten so bauen, wie es ursprünglich geplant war. Wie sonst soll Wind in sie hereinkommen?"

„Aber Amma, was ist denn mit den traditionellen Vorschriften?" fragte *Swami Paramatmananda*.

„Vorschriften? Es gibt keine Vorschriften für das Bauen von Hütten. Das bezieht sich nur auf normale Gebäude."

Ein Außenstehender hätte vielleicht gedacht, Amma sei verrückt. *Swami Paramatmananda* jedoch begriff, dass die ganze Situation Ammas Methode war, seinen Stolz ans Tageslicht zu bringen und ihm dabei zu helfen, ihn zu überwinden.

Die Umstände, die Amma herbeiführt, stellen das beste und rascheste Mittel dar, unser Gemüt reifen zu lassen. Tatsache ist, dass Amma ihren *ashram* mit *Kurukshetra* vergleicht, dem Schlachtfeld, auf welchem die 5 *Pandavas* und die 100 *Kauravas* – unterstützt von ihren jeweiligen Armeen – im Mahabharata-Krieg aufeinander trafen. Obwohl die *Pandavas* sich auf der Seite des *dharma* befanden, wurden sie doch zahlenmäßig weit von den *Kauravas* übertroffen. Auch war die Armee der *Kauravas* viel größer als die der *Pandavas*. Und doch waren die *Pandavas* fähig, über die *Kauravas* den Sieg davonzutragen, weil sie *Krishna* auf ihrer Seite hatten.

Es wird gesagt, dass dies das Verhältnis zwischen den positiven und negativen Kräften in den meisten von uns symbolisiert. Obwohl die üblen Eigenschaften in uns sowohl mächtiger als auch zahlenmäßig stärker zu sein scheinen als die positiven, sind wir durch die Gnade des *guru* dennoch in der Lage, eben diesen Kräften den Krieg zu erklären. Hierbei handelt es sich nicht um eine Schlacht, die einmal ausgekämpft wird und entweder mit Sieg oder Niederlage endet; es ist vielmehr eine, der wir uns mehrmals am Tag stellen müssen – eigentlich sogar jeden Augenblick unseres Lebens. Manchmal sind wir uns der schlechten Eigenschaften vielleicht bewusst, ohne aber die Notwendigkeit zu empfinden, uns von ihnen zu befreien. Wir alle sind schon einmal jemandem begegnet, der glücklich mit seiner Depression zu sein schien, und wir kennen die Erfahrung, den Ärger, den wir einer Person gegenüber empfinden, zu rechtfertigen. Manchmal, wenn wir über jemanden in Wut geraten sind, fühlen wir uns hinterher sogar richtig gut, wenn wir ihm ordentlich Bescheid gesagt haben.

Es fuhr einmal jemand über die Autobahn, als er einen kaputten LKW erblickte; ein etwas verwirrt aussehender Mann schlich um den Motor des Fahrzeugs herum. Der Autofahrer entschied sich, anzuhalten und zu fragen, ob er in irgendeiner Weise helfen könnte.

„Ich verstehe nicht viel von Motoren", erklärte er dem liegen gebliebenen LKW-Fahrer, aber kann ich ihnen vielleicht behilflich sein?"

„Und ob!", sagte der LKW-Fahrer. Sehen Sie, ich habe zwei Krokodile hinten im Wagen. Sie sind jedoch ziemlich klaustrophobisch, und ich kann sie nicht lange dort lassen. Können Sie die Viecher in den Zoo bringen, mein Herr?"

„Kein Problem," sagte der Mann. Der LKW-Fahrer half ihm dabei, die beiden Krokodile auf dem Rücksitz des Autos unterzubringen und sie schnallten sie fest, so gut es eben ging; dann machte er sich auf den Weg Richtung Zoo.

Etwa zwei Stunden später befand sich der LKW-Fahrer mit seinem steckengebliebenen Fahrzeug immer noch am

Straßenrand. Plötzlich sah er den anderen Mann mit seinem PKW in die entgegengesetzte Richtung vorbeifahren; die Krokodile befanden sich immer noch im Auto. Diesmal jedoch befand sich eines von ihnen auf dem Beifahrersitz.

Der LKW-Fahrer gab ihm ein Zeichen, anzuhalten.

„Ja sind sie denn verrückt? Ich habe Ihnen doch gesagt, Sie sollen die Krokodile in den Zoo bringen!"

„Wir waren auch im Zoo," erklärte der Mann enthusiastisch. „Und wir hatten soviel Spaß miteinander, dass wir beschlossen haben, nun ins Kino zu fahren!"

Ähnlich geht es uns, wenn wir mit unseren inneren Feinden wie Neid, Wut, Stolz und Wollust Kontakt halten, ohne uns darüber klar zu sein, dass sie uns jeden Augenblick verschlingen können. Um unsere *vasanas* zu überwinden, müssen wir in der Lage sein, die schädliche Auswirkungen, die sie auf uns und andere ausüben, klar zu erkennen. Wenn wir unsere *vasanas* vielleicht auch als angenehm empfinden – für andere sind sie es nicht.

Einst besuchte ein Nachbar den Mullah Nasruddin und fragte ihn, ob er sich seinen Esel ausleihen könnte.

„Tut mir leid", sagte der Mullah, „aber ich habe ihn schon verliehen." Kaum hatte er diese Worte ausgesprochen, als auch schon das Geschrei des Esels aus dem Stall des Mullahs ertönte.

„Aber Mullah, ich kann Euren Esel doch von drinnen hören."

„Schämt Euch", sagte der Mullah empört, „dass ihr dem Wort eines Esels mehr vertraut als meinem!"

Ebenso reagieren wir: wenn andere uns darauf hinweisen, dass wir falsch liegen, klammern wir uns an unsere eigene Sicht der Dinge und finden Wege, uns zu rechtfertigen.

Amma sagt, man könne zwar in einer Höhle sitzen und täglich mehrere Stunden meditieren, wenn man aber aus der Höhle herauskomme, könne es gut sein, dass man über einen Menschen in Wut gerät, sich von ihm angewidert fühlt oder eifersüchtig auf ihn wird. Wenn man auf diese Weise reagiere, werde viel von der spirituellen Energie, die man angesammelt hat, unnötig verschwendet. Oftmals erzählt sie das Beispiel des *rishi Vishvamitra*, der für tausende von Jahren *tapas* machte. Er war jedoch sehr heißblütig, und wann immer er aus seiner Meditation hervorkam, geriet er sehr schnell außer Fassung. Um die Energie, die er auf diese Weise verloren hatte, wiederzugewinnen, musste er viele weitere Jahre meditieren. Am Ende erreichte er zwar Selbstverwirklichung, doch es dauerte so viel länger, als wenn er früher fähig gewesen wäre, seine Gewohnheit, in Wut zu geraten, zu überwinden.

Aus diesem Grund legt Amma soviel Wert darauf, zusätzlich zur Meditation und anderen geistigen Übungen auch mit anderen Menschen zusammenzuarbeiten und ihnen behilflich zu sein. Wenn wir gemeinsam mit anderen leben und arbeiten, werden wir fähig, unsere negativen Neigungen zu entdecken und zu überwinden, von deren Existenz wir sonst möglicherweise gar nichts mitbekommen hätten.

Dazu gibt es einen Witz über zwei Mönche, die aus verschiedenen Traditionen stammten. Der eine Mönch fragte den anderen: „Was ist eigentlich deine spirituelle Disziplin?"

„Oh, ich befolge eine sehr strenge Disziplin. Um zwei Uhr morgens wache ich auf, singe und bete bis zum Frühstück. An manchen Tagen frühstücke ich nicht einmal. Mehr als 100 Tage im Jahr faste ich. Nur weil du mich heute ansprichst, kann ich überhaupt mit dir sprechen. An den meisten Tagen halte ich ein strenges Schweigegelübde ein; auch lebe ich einsam."

„Oh, das ist aber eine sehr strenge Disziplin," bemerkte der erste Mönch.

„Warum sagst du das? Gewiss machst du doch nahezu dasselbe," entgegnete der andere.

„Eigentlich nicht," gestand der erste Mönch kleinlaut.

„Was machst du denn dann?", erkundigte sich der andere.

„Ich lebe mit 100 anderen Mönchen zusammen."

Als er dies hörte, sagte der zweite Mönch nur: „Ich verbeuge mich vor dir, Bruder. Deine Disziplin ist viel strenger als meine."

Obwohl der zweite Mönch sich weitaus strengeren Bußen aussetzte, hielt er die Entsagungskraft des anderen für größer als seine eigene, einfach weil er fähig war, so nahe mit anderen Mönchen zusammenzuleben.

Im Gesundheitssystem des *Ayurveda* macht die Medizin nur 50% der Behandlung aus. Die andere Hälfte der Behandlung wird *pathyam* genannt. Dies bezieht sich auf die Disziplin, die wir im Hinblick auf die Ernährung, auf Ruhe, Baden usw. zu beachten haben. Nur wenn wir diese Dinge befolgen, wird die Medizin Wirkung zeigen. In gleicher Weise machen die geistigen Übungen nur 50% der Spiritualität aus. Der Rest besteht darin, die üblen Tendenzen in unserem Gemüt zu überwinden und in unserer Fähigkeit, auf verschiedene Lebenssituationen zu reagieren.

Amma sagt: „Es ist von großer Wichtigkeit, anzuerkennen und zu akzeptieren, wer man ist – sei man nun ignorant, ungebildet, gebildet, von moralischem oder egoistischem Charakter." Um wirkliche Fortschritte zu machen, müssen wir zunächst einmal beginnen, auf uns selbst und unsere Fehler zu schauen.

Der Schriftsteller Rafi Zabor sagte einmal: „Gott spricht so sanft wie er nur kann und so laut, wie es nötig ist." Auf die eine oder andere Weise ist es die Aufgabe des *gurus*, uns zu helfen, unsere Unzulänglichkeiten zu überwinden. Manchmal – wann immer es möglich ist – wird er es auf eine zartfühlende Weise tun. Doch zuweilen wird er auch zu drastischen Maßnahmen greifen müssen, um uns dabei zu helfen, unsere Hindernisse zu sehen und zu überwinden. Um diesen Punkt zu verdeutlichen, erzählt Amma folgende Geschichte:

„Einst befanden sich ein *guru* und sein Schüler, nachdem sie zuvor ein Dorf besucht hatten, auf dem Rückweg zu ihrem *ashram*. Es war eine lange Wanderung, und sie waren schon seit mehreren Stunden unterwegs. Als sie durch einen kühlen, schattigen Wald kamen, fragte der Schüler, der bereits seit längerer Zeit schweigend gelitten hatte und es nun nicht mehr aushalten konnte, den Meister, ob sie sich nicht für eine Weile hinlegen und ausruhen könnten. Der *guru* deutete auf eine freundliche Weise an, dass es besser wäre, weiterzugehen, doch der Schüler beharrte mit Nachdruck darauf, und der *guru* gab nach. Ein wenig später, als der Meister sich erhob, begann der Schüler, der sich inzwischen völlig seinem Erschöpfungszustand hingegeben hatte, laut zu stöhnen: „Ich kann mich keinen Zentimeter mehr weiterbewegen, Meister. Ich will Euch nicht vom *ashram* fernhalten, aber lasst wenigstens mich hier in diesem netten schattigen Wald bis morgen ausruhen." Der *guru* willigte ein und setzte seinen Weg alleine fort. Als er den Wald verlassen hatte, traf er zufällig auf eine Bauernfamilie, die dabei war, ihr Feld zu bestellen. Plötzlich schnappte der *guru* sich eines der Kinder der Familie und rannte in den Wald zurück, und zwar in dieselbe Richtung, aus der er gekommen war. Das Kind wiegte er dabei in seinen Armen. Hinter ihm kam es zu einem großen Geschrei, als die Familie entdeckte, dass ihre Lieblingstochter entführt worden war. Sie riefen alle Nachbarn zusammen und baten sie, sie bei dem Versuch zu unterstützen, ihre Tochter zu retten. Als der dahineilende Meister seinen Schüler erreichte, der sich in tiefem Schlaf befand, legte er das Kind sanft auf den Boden und bat es, neben dem Schüler sitzen zu bleiben. Das Kind gehorchte bereitwillig, und der *guru* verschwand.

So kam es, dass der zornige Suchtrupp auf den schlafenden Schüler traf, bei welchem sich das verloren gegangene Kind befand. Natürlich nahmen sie an, dass der Schüler der Kidnapper gewesen sei und versäumten keine Minute, ihn aufzuwecken. Als ihre Schläge auf ihn niederprasselten, rollte er sich schnell weg von ihnen, sprang auf seine Füße und bewegte sich in raschestem Tempo in Richtung des eigenen *ashrams*. So kam es, dass der Schüler, der vor kurzem noch versichert hatte, er könne keinen Zentimeter mehr weitergehen, den *ashram* noch vor dem *guru* erreichte.

Hierbei handelte es sich um einen Fall, wo der Meister zunächst versuchte, den Schüler auf sanfte Weise zu berichtigen; als diese Methode jedoch fehlschlug, musste er zu handfesteren Mitteln übergehen.

Sogar nachdem ich dem *ashram* beigetreten war, arbeitete ich auf Ammas Anweisungen hin noch für mehrere Jahre in einer Bank. All die anderen *brahmacharis* hatten angefangen, an Vedanta-Klassen teilzunehmen, doch da diese alle während meiner Arbeitszeit stattfanden, musste ich ihnen fernbleiben. Als ich von der Arbeit zum *ashram* zurückkehrte, schaute ich in ihren Notizen nach und versuchte, soviel wie möglich davon in mich aufzunehmen.

Eines Tages unterrichtete mich einer meiner Brüder darüber, wie man sich vor einem *guru* zu betragen habe. Er sagte mir, man müsse sogar auf seine Körpersprache achten: sich nicht stolz aufrichten; dem *guru* nicht direkt in die Augen schauen; immer mit einem sanften Tonfall zu ihm sprechen usw. Selbst wenn der Meister, so erklärte er mir, einen fälschlich bezichtige, einen Fehler gemacht zu haben, solle man nicht dagegen protestieren oder nach Entschuldigungen suchen. Es gelte vielmehr zu verstehen, dass dies ein Mittel sei, mit welchem der Meister unsere üblen Neigungen ans Licht bringe.

Da ich bereits begonnen hatte, die *shastras* (heilige Schriften) zu studieren, hörte ich mit gespannter Aufmerksamkeit zu, was er mir zu sagen hatte. In diesem Augenblick rief Amma ihn plötzlich zu sich. Er ließ mich stehen und lief in ihr Zimmer. Ein paar Minuten später konnte ich sowohl Ammas Stimme als auch die des *brahmacharis* hören, der mir kurz zuvor noch dargelegt hatte, wie man sich in Gegenwart eines *guru* auf angemessene Weise betragen müsse. Seine Stimme war jedoch erheblich lauter als die von Amma. Als ich hinaufflief, um festzustellen, was da vor sich ging, wurde ich Zeuge, wie der *brahmachari* sich ganz vehement gegen etwas aussprach, was Amma ihm sagte. Als er mich dort stehen sah, muss er sich seine vorherigen Ratschläge an mich ins Gedächtnis zurückgerufen haben, da er verlegen seine Stimme senkte, die nun einen sanften Tonfall annahm. Sofort wurde ihm klar, dass Amma die Situation geschaffen hatte, nur um zu sehen, ob er das, was er predigte, auch zu realisieren imstande war.

Im Januar 2003 stellte der *ashram* in *Rameswaram*, Tamil Nadu, ein Wohnungsbauprojekt mit insgesamt 108 Häusern fertig und verteilte diese an obdachlose Familien aus der Gegend. Später besuchte der indische Präsident, Dr. A.P.J. Abdul Kalam, dessen Heinatort *Rameswaram* ist, die Wohnkolonie. Der Präsident war beeindruckt von der Arbeit und beschloss, Ammas *ashram* für 10 Monate sein Präsidentengehalt zu spenden. Das Geld wurde verwendet, um den *ashram* beim Bau einer chirurgischen Station, die als Anbau des städtischen Krankenhauses von *Rameswaram* fungieren sollte, zu unterstützen. Als der Bau der chirurgischen Station sich der Fertigstellung näherte und kurz bevor sie planmäßig an die städtische Klinik übergeben werden sollte, informierte ein *brahmachari*, der in *Rameswaram* stationiert war, Amma darüber, dass ein neuerlicher Besuch des Präsidenten in *Rameswaram* unmittelbar bevorstand. Amma erhielt diese Nachricht, während sie *darshan* gab und schlug einem Devotee, der in der Nähe saß vor, man könnte doch den Präsidenten, solange er sich in *Rameswaram* aufhielt, dazu einladen, die chirurgische Station einzuweihen. Der Devotee stand sofort auf, um zu versuchen, das Büro des Präsidenten zu erreichen.

Glücklicherweise war der Sekretär des Präsidenten im Büro, als der Devotee anrief. Da der Präsident Amma bereits früher bei mehreren Gelegenheiten getroffen hatte, versicherte der Sekretär dem Anrufer, er würde die Einladung in jedem Fall an den Präsidenten weiterleiten. Nach weniger als einer halben Stunde rief der Sekretär den Devotee zurück und teilte ihm mit, der Präsident hätte wohlwollend zugestimmt, am Tag seines Aufenthalts in *Rameshvaram* die chirurgische Station kurz zu besuchen und einzuweihen.

Der Devotee war außer sich vor Freude und dachte, Amma wäre sicherlich sehr zufrieden mit ihm, da er alles so schnell in die Wege geleitet hatte. Er eilte zurück in die Darshan-Halle, um Amma von seinem Erfolg Mitteilung zu machen. Als er jedoch bei ihr anlangte, stellte er fest, dass sie ihn nicht einmal anschaute. Nicht dass sie es eilig gehabt hätte, den *darshan* zu beenden, vielmehr nahm sie sich eine Menge Zeit, mit jedem Devotee, zu sprechen und lachte und scherzte mit den anderen *brahmacharis* und Devotees, die nahe bei ihr standen. Seinen Blick jedoch mied sie. Es schien, als ob er unsichtbar für sie wäre. Er war sichtlich überrascht, weil er dachte, Amma wäre gespannt darauf, das Ergebnis seiner äußerst wichtigen Terminfestsetzung zu erfahren. Nachdem er fast eine Stunde ruhig dagestanden hatte, konnte er sich schließlich nicht länger zurückhalten. Er sagte Amma: „Der Präsident hat eingewilligt, die Chirurgiestation einzuweihen. Kannst Du Dir vorstellen, dass ich alles in weniger als einer halben Stunde erledigt habe?"

Amma sprach zu dem Devotee: „Glaube bloß nicht, du hättest irgendetwas Besonderes geleistet. Allein durch die Gnade Gottes hat sich alles so gefügt."

Als er Ammas Worte hörte, wurde er sofort demütig. Es wurde ihm klar, dass Amma schon wusste, wie das Ergebnis aussehen würde, bevor sie ihn fragte; nur um ihm Gelegenheit zu geben, selbstlosen Dienst zu leisten – und eine wertvolle Lektion zu lernen – hatte sie ihn mit der Sache beauftragt.

Amma ist eine Verkörperung an Bescheidenheit, doch sie wird nur solange demütig agieren, solange es dazu beiträgt, unsere eigene Demut wachsen zu lassen. Führt ihre Bescheidenheit hingegen dazu, dass unser Ego anschwillt, wird sie die Rolle des Lehrers annehmen und uns direkt auf unsere Fehler aufmerksam machen.

In den frühen Tagen des *ashrams* besaßen wir nur einen septischen Tank, der manuell geleert werden musste. An manchen Festtagen war der Tank bis zum Überlaufpunkt gefüllt. Dann hielt sich jeder die Nase zu, wenn er dort vorbeikam und machte eine Bemerkung über den widerwärtigen Geruch, aber war niemand bereit dazu, die Arbeit zu übernehmen, den Tank zu reinigen.

Einmal, am Tag nach einem solchen Fest, als alle Devotees gegangen und nur ein paar *brahmacharis* übrig geblieben waren, machten wir uns fertig für die *bhajans*. Gewöhnlich versäumte Amma niemals die abendlichen *bhajans*. An diesem Tag jedoch war Amma noch nicht erschienen, als es Zeit war, mit dem Singen anzufangen. Da er sich streng an die gewohnte Ashram-Disziplin hielt, begann einer der *brahmacharis* mit dem ersten Lied, und wir alle stimmten ein. Als es aber beendet war und auch noch ein zweites, fragten wir uns, was wohl passiert sein mochte. Einer stand auf und schaute in Ammas Zimmer nach, kehrte jedoch mit der Nachricht zurück, dort sei sie nicht. Schließlich sah jemand sie in dem Überlaufbereich des septischen Tanks stehen, wie sie gerade versuchte, die Zementplatte hochzuheben, die sich oben auf dem Tank befand. Er kam angerannt und informierte uns, womit Amma gerade beschäftigt war. Als wir dort anlangten, hatte sie den Deckel bereits entfernt und schöpfte, Eimer für Eimer, den Unrat heraus.

Wir fühlten uns furchtbar, Amma dort die Arbeit tun zu sehen, die wir so verabscheuten, und wir wussten natürlich, dass das einzig Richtige gewesen wäre, hineinzuspringen und ihr zu helfen. Doch wir sträubten uns immer noch, und Amma bat uns auch nicht darum. Schließlich stieg ein *brahmachari* in den Tank und begann, Amma bei der Säuberung zu helfen. Ein paar von uns hatten die blendende Idee, außerhalb des Tanks zu bleiben und die Eimer vom Tank zu den Backwaters zu tragen: auf diese Weise vermieden sie, in den Tank steigen zu müssen. Weil diese nun den Job übernommen hatten, blieb dem Rest von uns nichts anderes übrig, als ebenfalls in den Tank zu steigen. Als wir uns dann an die Arbeit machten, waren wir ebenso wie Amma selbst bald über und über mit Abfall bedeckt, doch wie wir Ammas seligen Gleichmut sahen – sie hätte genauso gut klares Wasser ausschöpfen können – verloren wir nach und nach unseren Ekel gegenüber der Arbeit, die wir da verrichteten.

Wann immer der Tank danach überfüllt war, reinigten ihn die *brahmacharis*, ohne dazu aufgefordert werden zu müssen – und immer war Amma an unserer Seite.

Die wertvollen Lektionen, die ich durch solche Erfahrungen gelernt habe, haben sich mir bis zum heutigen Tag eingeprägt. Am letzten Tag von Amritavarsham 50 wurde mir die Verantwortung übertragen, den indischen Präsidenten willkommen zu heißen und den hunderttausenden von Devotees und Bewunderern Ammas, die sich im Stadion eingefunden hatten, vorzustellen. Am 27.September kam Amma um 9.30 Uhr zu ihren Kindern ins Stadion hinaus. Nach einer Preisverleihung, einigen Ansprachen und Kulturprogrammen begann sie mit dem *darshan*.

Amma verließ die Bühne erst wieder gegen 10.00 Uhr am Morgen des nächsten Tages – nach über 24 Stunden. 19 Stunden davon hatte sie ohne Unterbrechung *darshan* gegeben. Obwohl es Ammas eigener Geburtstag war, war sie es selbst, die am meisten verschenkte – die höchste Gabe ihres Selbst.

Als sie nach diesem Darshan-Marathon schließlich aufstand, gab es eine wunderbare Stille. Sie schaute sich im Stadion um und blickte auf tausende ihrer Kinder, die sie immer noch umringten. Zu einem letzten *pranam* (Zusammenlegen der Handflächen zum Zeichen der Verehrung) hob sie ihre Hände. Viele Menschen erwarteten, sie würde vor Erschöpfung zusammenbrechen. Doch ganz im Gegenteil – Amma nahm ein Paar neuer *kaimanis* (Handzymbeln), die jemand ihr überreichte und schlug einen einfachen, freudvollen Rhythmus an – als ob sie den Takt hielte für Tänzer, die sie allein sehen konnte. Dann ging sie mit einem selig-entspannten Lächeln von der Bühne. Amritavarsham50 war zu Ende.

Im späteren Verlauf des Tages saß ich in Ammas Wagen, der sich auf dem Weg zurück zum *ashram* befand. Glücklich, dass die Feierlichkeiten so erfolgreich verlaufen waren, fühlte ich mich nicht direkt stolz…wenn es ein Gefühl des Stolzes gab, dann galt es eher Amma und dem gesamten *ashram* als mir selbst. Ich war einfach nur erstaunt über die Großartigkeit der ganzen Sache, auch fühlte ich mich gut, da es mein Privileg gewesen war, den indischen Präsidenten vorzustellen. Auf dem Weg zurück zum *ashram* gab Amma mir neue Instruktionen. Sie wies darauf hin, dass die Räumlichkeiten von mehr als 50 Schulen bereitgestellt worden waren, um die Devotees aufzunehmen, die an den Feierlichkeiten teilnahmen. Nun, da die Schulen wieder an die Schüler zurückgegeben werden mussten, sollten wir sicherstellen, dass die Räumlichkeiten vorher ausgiebig gereinigt würden. Besonders die Badezimmer und Toiletten, so schärfte sie mir ein, die in den letzten Tagen von tausenden von Menschen benutzt worden waren, sollten sich nach der Säuberung in tadellosem Zustand befinden – und ich, so trug sie mir auf, sollte die Reinigungsarbeiten überwachen. Kaum hatte sie dies gesagt, ließ sie das Auto mitten während der Fahrt zum *ashram* anhalten und forderte mich auf, auszusteigen und sofort nach Kochin zurückzukehren.

Als ich mir ihre Anweisungen anhörte, war ich sicher, dass sie mein „gutes Gefühl" entdeckt hatte, das von der Präsidentenbegrüßung her rührte; sie wollte sichergehen, dass ich nur ja nicht irgendwelche Empfindungen des Stolzes und des Egoismus entwickelte. So folgte also auf die Vorstellung des Staatspräsidenten am einen Tag die Reinigung dutzender schmutziger Toiletten am nächsten Tag. Wäre mir dasselbe Jahre zuvor passiert, hätte ich mich schrecklich gefühlt. Nun aber war ich in der Lage, nicht nur aus Ammas früherer Reinigung des septischen Tanks, sondern viel mehr noch aus einem anderen Beispiel, das sie erst vor kurzem in Amritapuri gegeben hatte, Inspiration zu schöpfen.

In den Tagen, bevor die Feierlichkeiten zu Amritavarsham 50 begannen, gab es einen scheinbar endlosen Strom von Würdenträgern, die eine private Zusammenkunft mit Amma wünschten. Eines Morgens, nachdem sie ein Treffen mit mehreren Staatsministern und anderen Würdenträgern beendet hatte, stieg sie die Treppe hinab und begann einigen Devotees dabei zu helfen, Plastiksäcke zusammenzunähen. Aus ihnen sollten Vorhänge für die hunderte von Toiletten hergestellt werden, die der *ashram* in und um das Stadion herum errichtete sowie für die Toiletten in den Schulen und anderen Unterkunftsplätzen, wo die Devotees, die den Feierlichkeiten beiwohnten, kampieren würden. Obwohl ich Amma doch schon seit so vielen Jahren kannte, versetzte mich dieser Anblick in Staunen. Nachdem sie eben noch mit all den vielen wichtigen Offiziellen und Firmenchefs zusammengetroffen war, zögerte sie nicht, die niedrigste Arbeit zu verrichten.

Obwohl ich bereits wusste, dass Amma niemals ein noch so winziges Detail übersieht und keine Arbeit als unter ihrer Würde betrachtet, so hört sie doch niemals auf, mich mit ihrer Demut und der Weite ihrer Schau aufs Neue zu überraschen. Für mich war es eine Sache, dass sie dazu bereit war, den septischen Tank zu reinigen, als dies noch eine bescheidene Klause war, in der lediglich ein paar *brahmacharis* in Hütten lebten - jedoch eine ganz andere, zu derselben Art von Arbeit bereit zu sein, als so viele Würdenträger versammelt waren, um sie zu treffen. Für Amma aber war es dasselbe.

❀

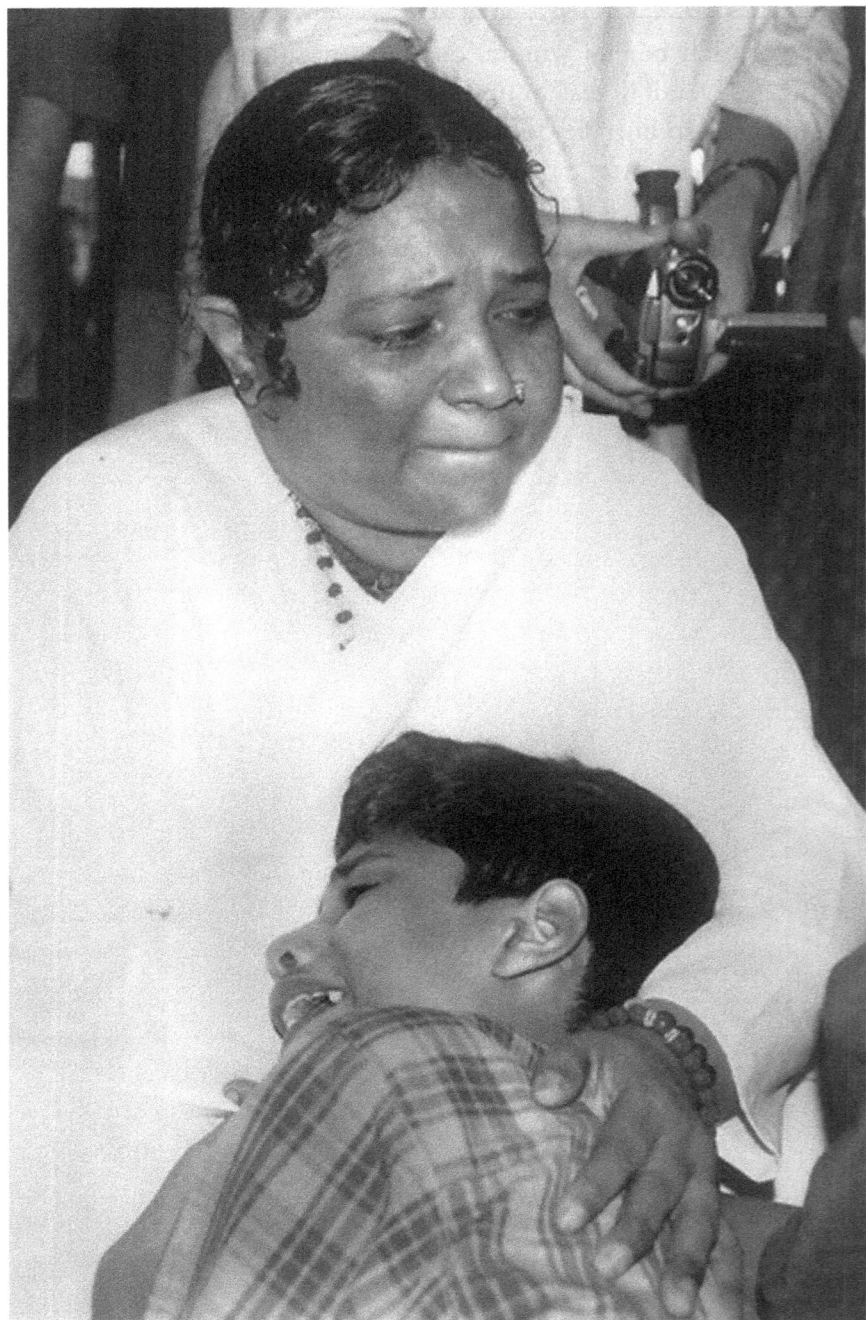

KAPITEL 17

Die Gnade fließt zu den unschuldigen Herzen

Es gab einen armen, älteren Devotee aus Tamil Nadu, der in den Gärten von Ammas *Amrita Vidyalayam* (Grundschule) in Madras *seva* machte. Obwohl er sehr arm war, nahm er niemals irgendeine Bezahlung für seine Dienste an. Eines Tages schenkte ihm ein Verwandter zwei weiße Knopfhemden und zwei weiße *dhotis*. Da seine alten Sachen sehr abgetragen waren, entschied er sich, einen Satz (Hemd plus *dhoti*) für sich selbst zu behalten; den anderen aber verwahrte er in seinem Puja-Raum, legte ihn vor Ammas Photo und wartete auf den Tag, an dem er ihn ihr schenken würde.

Ein Jahr später endlich ergab sich für ihn die Gelegenheit, Amritapuri zu besuchen. Die neuen Sachen brachte er mit. Als er sich Amma in der Darshan-reihe näherte, wurde er ein wenig nervös angesichts seines bevorstehenden Kleideropfers, denn schließlich handelte es sich bei seiner Gabe ja um Bekleidung für Männer.

Als er Amma erreichte, gab er ihr zögerlich seine Gaben. Sie öffnete das Paket und fand darin das neue weiße Hemd und den dhoti. Zu jedermanns großer Überraschung zog sie sich das Hemd sofort über ihren sari und gab weiter *darshan*, anstatt die Kleidungsstücke zu segnen und sie an den nächststehenden Helfer weiterzugeben. Für Stunden trug sie das Hemd des Mannes über ihrem sari. Später erklärte sie, angesichts der Unschuld des Mannes habe sie sich spontan dazu entschieden, das Hemd überzuziehen. Als ich diesen Vorfall mit ansah, wurde ich an eine ähnliche Begebenheit im Leben *Krishnas* erinnert.

Es gab einen großen, jedoch sehr armen Devotee *Krishnas* mit Namen *Kuchela*, der ein Freund aus den Kindheitstagen des Herrn war. Eines Tages empfand seine Ehefrau die finanzielle Notlage, in der sie sich befanden, als kaum mehr erträglich und schlug *Kuchela* vor, *Krishna*, der inzwischen zu einem König geworden war, zu besuchen und um Hilfe zu bitten. *Kuchela* lehnte diese Idee entschieden ab und entgegnete, *Krishna* sei der Herr selbst. Daher könne er sich nicht vorstellen, ihn um irgendetwas anderes als um mehr Hingabe zu bitten. Seine Frau jedoch setzte ihn tage- und wochenlang mit dieser Idee unter Druck. Schließlich erklärte sich *Kuchela* bereit, den Herrn zu besuchen, um zumindest die Kinder vor dem Verhungern zu retten; den Herrn um irgendetwas zu bitten lehnte er allerdings nach wie vor ab. Er sagte zu seiner Frau, sie solle sich keine allzu großen Hoffnungen machen, da es sehr wahrscheinlich war, dass *Krishna* ihn nicht wiedererkennen oder gar einladen würde. Er bestand außerdem darauf, den Herrn auf gar keinen Fall mit leeren Händen zu besuchen, obwohl er ja eigentlich gar nichts besaß, was er ihm hätte darbringen können. Seine Frau erinnerte ihn daran, dass *Krishna* als Kind gerne avil (Reisfladen) gemocht hatte. Bevor *Kuchela* sich zu *Krishna* auf den Weg machte, bereitete seine Frau eine Handvoll avil zu, welches er dem Herrn darbringen konnte.

Als er das Haus verließ, gab ihm seine Frau den Reisfladen mit. Sie hatte nichts, worin sie ihn hätte einpacken können; also band sie ihn an einem Ende von *Kuchelas* Schal fest. Er brauchte mehrere Tage, um zu *Krishnas* Palast zu wandern und seine Unruhe wuchs mit jeder Stunde, die er sich ihm näherte. Er war sich sicher, man würde ihm im Palast keinen Einlass gewähren.

Doch vom Palast aus sah *Krishna* ihn kommen und eilte an den Vordereingang, um den Devotee und Freund aus alten Kindheitstagen zu empfangen. Mit überwältigender Freude hieß er ihn willkommen, kniete sogar nieder und wusch die Füße von *Kuchela*, der so viele Tage lang gewandert war, um ihm seine Ehrerbietung zu erweisen. Es war ihm unerträglich, seinem geliebten Herrn zu gestatten, seine Füße zu waschen, aber *Krishna* bestand darauf.

Dann führte der Herr ihn in seinen Palast und bot ihm einen Sitz an, während er ihm die glücklichen Tage, die sie gemeinsam in der Schule zu Füßen ihres *guru* verbracht hatten, in Erinnerung rief. Je länger *Krishna* sprach und je mehr *Kuchela* der luxuriösen Umgebung ansichtig wurde, desto mehr überkam ihn das Gefühl, er könne dem Herrn unmöglich die schlichte Gabe der Reisfladen anbieten. Doch während er noch versuchte, das Geschenk, welches in seinem Schal festgebunden war, zu verbergen, griff *Krishna* auch schon danach, band es los, nahm es in die Hand, aß es und ließ es sich schmecken. *Kuchelas* unschuldige Hingabe machte das einfache Reisopfer sehr wohlschmeckend für den Herrn.

Voller Freude, den *darshan* des Herrn und so viel von seiner Freundlichkeit und Herzlichkeit empfangen zu haben, verließ *Kuchela Dvaraka*; doch als er sich seiner Heimat näherte, wurde er traurig, da er sich an seine Familie und die hungernden Kinder erinnerte. Er fürchtete sich davor, was seine Frau wohl sagen würde, wenn sie erfahren würde, dass er *Krishna* um nichts gebeten hatte.

Ganz in Gedanken verloren wanderte er an seinem eigenen Haus vorbei, ohne zu bemerken, dass es sich völlig gewandelt hatte. Über Nacht war aus der einfachen Hütte ein funkelnder Palast geworden. Seine Frau sah ihn vorbeigehen und rief ihn zurück; sie erzählte ihm, wie sie durch *Krishnas* Gnade plötzlich mit Glück und Wohlstand überschüttet worden waren.

Gemäß der Tradition des *sanatana dharma* ist es nicht so sehr die äußere Form der Anbetung, die zählt, sondern die Unschuld und Liebe, mit welcher sie ausgeführt wird. Natürlich können Rituale und Zeremonien dabei helfen, Hingabe und Konzentration in unserem Geist zu entwickeln – doch ein Stein oder ein Grashalm, die mit Liebe und Hingabe dargebracht werden, sind dem Herrn kostbarer als das komplizierteste *yajña*, das mit einem Herzen voller Stolz und Ego verrichtet wird.

In der *Bhagavad Gita* sagt *Krishna*:

patraṁ puṣpaṁ phalaṁ toyaṁ yo me bhaktyā prayacchati
tad ahaṁ bhakty upahṛtam aśnāmi prayatātmanaḥ
(IX.26)

„Wer mir mit Hingabe ein Blatt, eine Blume, eine Frucht oder etwas Wasser darbringt, dessen hingebungsvoll und mit reinem Herzen gegebenes Opfer nehme ich an."

Auf einer von Ammas letzten Europatouren kaufte eine Devotee aus Hawaii eine Blumengirlande, um sie ihr darzubringen. Aus Zeitmangel war es ihr nicht möglich, an diesem Nachmittag zum *darshan* zu gehen; sie wurde gebeten, später wiederzukommen und Ammas *darshan* am Abend zu empfangen. Dies bedeutete, dass sie die Blumengirlande für mehrere Stunden mit sich herumtragen musste, bevor sie sie ihr überreichen konnte. Möglicherweise aufgrund ihres kulturellen Hintergrundes oder auch weil sie nicht wusste, dass so etwas gemäß indischer Tradition als unschicklich gilt, legte sie sich die Girlande um den eigenen Hals und trug sie, bis es Zeit war, Ammas *darshan* zu empfangen. Zufällig stand ich bei Amma, als sie zum *darshan* kam. Als sie sich in der Darshan-Reihe vorwärts bewegte, bemerkte ich, dass sie die Girlande, die inzwischen verwelkt war, am Körper trug. Als sie fast an der Reihe war, nahm sie sie ab. Als sie im Begriff war, sie Amma um den Nacken zu legen, versuchte ich, die Blumenkette zu ergreifen, um dies zu verhindern. Ich sagte ihr, es sei nicht richtig, Amma etwas darzubringen, nachdem wir es selbst getragen haben. Ich gab ihr den Rat, eine neue Girlande zu kaufen und sie Amma umzuhängen. Amma zog meinen Arm weg und bestand darauf, dass der Dame gestattet werden sollte, Amma die alte Girlande, die sie selbst getragen hatte, umzuhängen. In Tränen aufgelöst erklärte sie, dass sie die Girlande nur deshalb die ganze Zeit um den eigenen Hals getragen hatte, um sie sicher zu verwahren, bis sie Gelegenheit bekäme, sie Amma zu opfern. Während ich nur zu sehen vermochte, dass die Frau sich nicht traditionsgemäß verhielt und es so versehentlich Amma gegenüber an Respekt fehlen ließ, sah Amma den unschuldigen Wunsch der Frau, ihr die Blumenkette um den Hals zu legen.

Dieser Vorfall erinnert mich an eine Geschichte der indischen Heiligen *Andal*. Sie war die Adoptivtochter eines großen *Vishnu-bhakta* namens *Vishnucittar*, was bedeutet: „Jemand, dessen Geist ganz aufgegangen ist in *Vishnu*". *Vishnucittars* wichtigste spirituelle Übung war das Anfertigen einer Girlande für das *Vishnu-murti*[1] in einem nahe gelegenen Tempel. Eines Tages, als er sich im Garten aufhielt und Tulasi-Blätter (heiliges Basilikum) für die tägliche Blumengirlande pflückte, sah er ein kleines Baby auf dem Erdboden liegen. Er dachte zunächst, jemand habe das Baby zufällig dort liegen lassen und suchte in der ganzen Nachbarschaft nach den Eltern. Da niemand etwas von dem Kind gehört hatte, ging er davon aus, dass es sich um ein Geschenk seines geliebten Gottes *Vishnu* handeln musste und

---

[1] *murti:* Tempel-Standbild einer Gottheit; allgemein die Gestalt, das Urbild einer Gottheit

zog das Mädchen als sein eigenes Kind mit außerordentlicher Liebe und Zärtlichkeit auf.

Als sie heranwuchs, erfreute er seine Tochter *Andal* mit den Geschichten von *Krishnas* Kinderstreichen und seinen *lilas* mit den *gopis*. Bald entdeckte *Vishnucittar*, dass seine Tochter im Begriff war, ihr Herz an den bezauberndsten aller *avatare*, den Kuhhirten von *Vrindavan*, zu verlieren. Während *Vishnucittar* den Herrn als seinen eigenen Sohn empfand, betrachtete *Andal* *Krishna* als ihren Geliebten. Als sie älter wurde, verstärkte sich in ihr dieses Gefühl. Selbst als Teenager zeigte sie nicht das geringste Interesse an Jungen, sondern hatte nur ihren Geliebten *Krishna* im Sinn.

In all diesen Jahren behielt *Vishnucittar* seine Gewohnheit bei, eine Blumengirlande für das *Vishnu-murti* herzustellen. Es war seine Gewohnheit, die Girlande in den frühen Morgenstunden zu knüpfen und sie dann in seinem Puja-Raum aufzubewahren. Anschließend begab er sich zum nahe gelegenen Fluss, um ein Bad zu nehmen. Schließlich brachte er die Girlande zum Tempel. Was er nicht wusste, war, dass *Andal* ebenfalls eine Gewohnheit entwickelt hatte. Diese bestand darin, zu warten, bis *Vishnucittar* zum Fluss gegangen war und dann die Girlande, die er geflochten hatte, an sich zu nehmen und sie sich um den eigenen Hals zu legen. Sie tat dies in vollkommener Unschuld, indem sie in den Spiegel schaute und sich fragte, ob sie für ihren Herrn auch passend wäre.

Eines Tages, nachdem er sein morgendliches Bad genommen hatte, holte *Vishnucittar* seine Girlande von seinem Altar ab und entdeckte, dass ein langes schwarzes Haar in ihr steckte. Da er sich sicher war, dass es sich nicht um sein eigenes handelte, wusste er keinen Rat, wie so etwas hatte geschehen können. Da er das Gefühl hatte, man könne solch eine Girlande keinesfalls dem murti opfern, stattete er dem Tempel an diesem Tag keinen Besuch ab. Am nächsten Morgen wachte er auf, immer noch sehr beunruhigt über das Ereignis des vorherigen Tages. Obwohl er die Girlande wie gewöhnlich in den frühen Morgenstunden fertigte und sie auf seinem Altar liegen ließ, versteckte er sich anschließend in der Nähe, statt wie üblich zum Fluss hinunter zu gehen. Er hoffte, auf diese Weise den Schuldigen zu entdecken. Zu seiner großen Überraschung sah er, wie seine Tochter die Girlande nahm und sie sich um den Hals legte – ihr Spiegelbild bewundernd und auf selige Weise die Welt um sich herum vergessend. Erzürnt und abgestoßen von diesem Sakrileg gegen seinen geliebten Herrn stürmte er in den Puja-Raum und riss die Girlande der völlig verzückten *Andal* vom Körper. Auch an diesem Tag opferte er der Gottheit keine Blumengirlande. Er fasste den Entschluss, am folgenden Tag eine Girlande, schöner als alle seine bisherigen, zu knüpfen und sicherzustellen, dass seine blasphemische Tochter ihr nicht nahe kommen würde. In jener Nacht hatte er eine göttliche Vision *Vishnus*, der ihm mitteilte, er wünsche überhaupt keine Girlande von *Vishnucittar*, es sei denn *Andal* habe sie vorher getragen. Erst jetzt begriff er die Größe der Hingabe seiner Tochter. Obwohl das, was sie tat, nicht im Einklang mit der vorgeschriebenen Tradition stand, hatte der Herr sie allein aufgrund ihrer unschuldigen Liebe und Hingabe an ihn in sein Herz geschlossen.

Diese Geschichten aus alter wie neuer Zeit führen uns vor Augen, dass ein unschuldiges Herz mehr als alles andere zählt, um die Gnade Gottes zu erlangen. Selbst wenn wir die kompliziertesten Rituale und Texte auswendig aufsagen, ist es schwierig, ohne unschuldige Liebe zu Gott geistige Fortschritte zu machen.

Einer von Ammas *brahmacharis* erzählte mir eine sehr anrührende Geschichte. Eine arme Frau kam einmal mit Tränen in den Augen zu Ammas *darshan* in Amritapuri. Als Amma sie fragte, warum sie weinte, sagte sie: „Ich kann meine Sandalen nicht finden, Amma."

Als er dies hörte, war jener *brahmachari* ein wenig ungehalten und dachte: „Amma um ein Paar Sandalen zu bitten ist dasselbe, als wenn man einen König um eine Möhre bittet." Und doch nahm Amma den Kummer der Frau sehr ernst. Sie meinte, es sei auf die Nachlässigkeit der Ashram-Bewohner zurückzuführen, dass sie ihre Sandalen verloren hatte. „Die Leute, die im *ashram* leben, haben keine Ahnung von den Schwierigkeiten des weltlichen Lebens", bemerkte sie. „Diese Menschen machen in ihrem Leben so viele Qualen und seelische Erschütterungen durch; sie mühen sich ab, bloß um regelmäßige Mahlzeiten zu erhalten und finanziell über die Runden zu kommen. Es ist dieses hart verdiente Geld, von dem sie ihre Sandalen kaufen müssen."

Ein anderer *brahmachari*, der in der Nähe stand, erklärte Amma, dass einige Devotees nicht die vom *ashram* zur Verfügung gestellten Schuhboxen benutzten, sondern ihre Schuhe stattdessen unter den Treppenaufgängen, die zur Halle führen, stehen ließen. Da nun viele Sandalen ähnlich aussähen, sei es unvermeidlich, dass hin und wieder welche abhanden kämen.

Doch Amma war nicht so leicht von ihrer Meinung abzubringen. Sie wies die *brahmacharis* an, Plastiktüten bereitzustellen, in welchen die Devotees ihre Schuhe verstauen und sie dann mit zum *darshan* nehmen könnten.

Ein in der Nähe stehender *brahmachari* jedoch widersprach: „Amma, es ist nicht richtig, Sandalen mitzubringen, wenn man sich einem Meister nähert."

„Glaubst du, Sandalen seien etwas so Niedriges?" fragte sie skeptisch. „In Gottes Schöpfung gibt es nichts Niedriges. Amma betrachtet Sandalen als eine Form Gottes, denn sie schützen ihre Kinder vor Steinen und Dornen. Du versuchst, *brahman* überall zu sehen und vermagst nicht einmal ein paar Sandalen als göttlich zu erkennen." Daraufhin bat sie einen der *brahmacharis*, der armen Frau ein Paar neue Sandalen zu geben.

In *Krishnas* Leben gibt es eine ähnliche Geschichte. Zu Beginn des Mahabharata-Krieges richtete *Bhishma*, der General der Kaurava-Armee, in der Armee der *Pandavas* ein großes Gemetzel an. Angesichts dieses Ansturms schwand die Moral der *Pandavas* rasch dahin. *Krishna* entschied sich, *Bhishma*, der auch zu seinen Devotees gehörte, im Lager der *Kauravas* zu besuchen. *Draupadi*, die Frau aller fünf Pandava-Brüder[2], begleitete ihn auf dieser mitternächtlichen Mission.

Als sie *Bhishmas* Zelt erreichten, erklärte *Krishna Draupadi* ruhig, *Bhishma* schlafe gerade; sie solle hineingehen und sich vor

---

[2] Für Leser, die mit dem Mahabharata nicht vertraut sind, mag es seltsam erscheinen, zu hören, dass eine noble Frau wie Draupadi fünf rechtschaffene Männer heiratete. Doch besitzt diese Beziehung eine profunde Symbolik und zwar auf mehreren Ebenen. Auf der Ebene der Erzählung heirateten die Pandavas sie aufgrund ihrer Hingabe und Respekts gegenüber ihrer Mutter und ihren Anweisungen. Arjuna hatte das Recht, Draupadi zu heiraten, in einem Wettkampf für Bogenschützen erworben. Nach der Heirat brachten die fünf Brüder Draupadi mit sich nach Hause, um sie ihrer Mutter vorzustellen. In ihrem Eifer warteten sie nicht einmal, bis sie ins Haus eingetreten waren, um ihr die gute Nachricht mitzuteilen. Als sie sich dem Haus näherten, riefen sie laut aus: „Schaut her, liebe Mutter, was wir mitgebracht haben!"

Ohne aufzublicken und in der Annahme, es würde sich um einen Gegenstand handeln, sprach *Kunti* (die Mutter) zu ihnen: „Was immer es auch ist, teilt es unter euch fünfen auf, wie ihr es immer getan habt."

Die *Pandavas* waren schockiert, dies zu hören, doch weil diese Anweisung von ihrer Mutter kam, empfanden sie, dass sie keine andere Wahl hatten, als ihr zu gehorchen und so heirateten alle fünf dieselbe Frau: *Draupadi*.

Symbolisch repräsentieren die *Pandavas* verschiedene noble menschliche Charaktereigenschaften. *Sahadeva* steht für Intelligenz und Hingabe; Nakula personifiziert physische Schönheit; *Yudhishthira* ist die Verkörperung von *dharma*; *Arjuna* symbolisiert Tapferkeit; *Bhima* stellt körperliche Kraft dar. In diesem Sinne ist die Heirat *Draupadis* mit den fünf *Pandavas* eine Allegorie: Alle genannten Eigenschaften zusammengenommen stellen das Ideal des Menschseins dar.

ihm verbeugen. *Draupadi* zog ihre Schuhe aus und betrat das Zelt, wie *Krishna* es ihr aufgetragen hatte. Als sie hineinging, regte sich *Bhishma,* und als er sah, dass eine Frau sich vor ihm verbeugte, sprach er einen Segen aus: „Mögest du glücklich verheiratet bleiben." Als sie sich erhob, bemerkte er, dass er gerade die Frau seiner Feinde gesegnet hatte; er geriet in Zorn und sprach zu ihr: „Wie kannst du es wagen, hierher zu kommen? Wer ist deine Begleitung?" Als er die Tür seines Zeltes aufmachte, erblickte er seinen geliebten Herrn *Krishna,* der *Draupadis* Sandalen in der Hand trug. Nachdem *Draupadi* das Zelt betreten hatte, hatte es angefangen zu regnen, so dass *Krishna* nun völlig durchnässt war.

Bhishma war schockiert von dem Anblick, *Krishna* im Regen stehen zu sehen und mehr noch davon, dass er die Sandalen in seiner Hand trug. „Liebster Herr!", rief er aus, „was hat das zu bedeuten?"

Der Herr lächelte voller Süße: „Nun, es hat plötzlich angefangen zu regnen. Da ich befürchtete, *Draupadis* Sandalen könnten nass werden, habe ich versucht, sie mit meinem Halstuch zu bedecken."

Als ihr klar wurde, was passiert war, rief *Draupadi* in panischem Tonfall aus: „O Herr! Morgen wird die Welt dich vielleicht schmähen, dass du die Schuhe einer Frau in der Hand gehalten hast!"

Krishna erwiderte ruhig: „Die Welt mag erkennen, dass das Schuhwerk meiner Devotees tatsächlich überaus kostbar ist. Gott wohnt in jedem Ding. Diese Sandalen sind ein Abbild des Herrn."

Amma sagt, der *guru* lebt für den Schüler, für den Devotee. Wenn man diese Aussage recht bedenkt, ist es leicht zu begreifen, wieso unsere geliebte Amma und *Krishna* den Schuhen ihrer Devotees eine derart wichtige Bedeutung beimessen. Ist es am Ende nicht so, dass wir bestürzt sind, wenn wir unsere Schuhe verlieren? Bei Ammas Programmen habe ich oft bemerkt, wie

Menschen nach ihren verloren gegangenen Schuhen suchen, als ob es um ihr Leben ginge. Und dennoch sind wir nicht fähig, demselben Gegenstand einen großen Wert beizumessen, wenn er anderen gehört.

Wenn wir auch nicht in der Lage sind, Gott in Sandalen zu erblicken, so lasst uns wenigstens die Devotees lieben, welche sie tragen, indem wir uns daran erinnern, dass Gott allen Menschen innewohnt.

KAPITEL 18

Das Mysterium der Gnade

Ein Mann stirbt und findet sich wieder vor den Toren des Himmels. Der heilige Petrus teilt ihm mit:„Du benötigst hundert Punkte, um hier eingelassen zu werden. Erzähle mir von all den guten Dingen, die du vollbracht hast und ich gebe dir für jede deiner Taten eine bestimmte Anzahl von Punkten, je nachdem wie gut die Tat war. Wenn du hundert Punkte hast, darfst du hereinkommen."

„Okay", sagt der Mann, „ich war 50 Jahre lang mit derselben Frau verheiratet und habe sie niemals betrogen; ich habe eine andere Frau nicht einmal begehrt."

„Großartig", sagt Petrus, „das ist zwei Punkte wert!"

„Zwei Punkte?", sagt der Mann ein wenig entmutigt.

„Nun, ich bin jeden Sonntag meines Lebens in die Kirche gegangen und habe den Kirchenchor geleitet. Außerdem habe ich dort auch andere ehrenamtliche Aufgaben übernommen und regelmäßig Geld gespendet."

„Das ist gut für dich, das ist sicherlich einen Punkt wert", antwortet Petrus.

„Einen Punkt? Nun, was ist damit: Ich habe als Wohlfahrtsarzt gearbeitet, besuchte kriegsgeschädigte Gebiete und habe Hilfe für die Notleidenden organisiert. Außerdem habe ich auch noch drei missgestaltete Waisenkinder aus dem Ausland adoptiert."

„Phantastisch! Das sind noch einmal zwei Punkte."

„Zwei Punkte!?" Der Mann schlug seine Hände über dem Kopf zusammen. „Auf die Art kann ich nur durch die Gnade Gottes in den Himmel kommen."

„Genau so ist es", sagt Petrus.

Amma sagt, dass wir, in welchem Bereich wir auch immer nach Erfolg streben, die Gnade Gottes brauchen. Selbst um sicher über die Straße zu gelangen, bedarf es Gnade. In jeder Situation und bei allen Bemühungen gibt es so viele Faktoren, die wir nicht unter Kontrolle haben. Natürlich können wir kontrollieren, mit welchem Einsatz wir zu Werke gehen und auch, mit wie viel Achtsamkeit und Sorgfalt wir handeln. Doch ist es die Gnade, die all die anderen Faktoren auf eine günstige Weise zusammenfügt, damit unseren Bemühungen Erfolg beschert ist.

Im Sommer des Jahres 2004 befand ich mich während des morgendlichen *darshans* in Ammas San Ramon-Ashram im Tempelgebäude und sprach mit einem Devotee. In den Händen hielt ich das Material, welches ich für mein zweites Buch „Letztendlicher Erfolg" zusammengestellt hatte. Während ich mich im Gehen mit dem Devotee unterhielt, lenkte ich langsam meine Schritte zur Bühne hin. Als ich sie erreicht hatte, rief mich plötzlich Amma herbei. Sobald ich bei ihr war, griff sie nach dem kleinen Bündel von Papieren, das ich in meiner Hand hielt. Mit lauter Stimme machte sie sich über mich lustig und teilte allen Umstehenden mit, es sei meine Gewohnheit, ständig einen Beutel oder einige Papiere mit mir herumzutragen. Während sie dies sagte, begann sie, die Papiere, die sie mir aus der Hand genommen hatte, durchzusehen und fragte mich, was es damit auf sich habe. Ich sagte es ihr. Sofort rief sie aus: „Oh, du schreibst ein zweites Buch!"

„Ja, Amma", sagte ich, „soll ich nicht?"

Sie entgegnete: „Doch, doch, schreib es nur."

Als sie dies sagte, schloss sie ein paar Sekunden lang ihre Augen und spendete einen wunderbaren Segen, während sie die Papiere in den Händen hielt. Wenn die Leser von „Letztendlicher Erfolg" irgendetwas Nützliches oder Wohltuendes in dem Buch gefunden haben, dann ist es allein auf Ammas Gnade zurückzuführen.

Wir wissen niemals, wie und wann die göttlichen Segnungen zu uns gelangen. Vor vielen Jahren, als nur Wenige im *ashram* lebten, begannen die *Swamis*, *bhajans* zu komponieren, die wir allabendlich während der Dämmerung sangen. Zu jener Zeit hatten die meisten älteren *Swamis* außer mir selbst bereits Lieder komponiert. Ich betrachtete mich nicht als einen großen Musiker, daher kam es mir nie in den Sinn, einen *bhajan* zu komponieren. Eines späten Abends jedoch gingen mir sowohl ein Text als auch eine Melodie durch den Kopf und ich beschloss, mein erstes Lied für Amma zu schreiben. Ich hatte den *bhajan* fast beendet, als ich ein Klopfen an der Tür hörte. Ich öffnete und war sehr überrascht, Amma auf der Türschwelle stehen zu sehen. „Was machst du so spät noch?", fragte Amma voller Unschuld.

Ein wenig verlegen erklärte ich, dass ich gerade einen *bhajan* komponierte.

„Oh, gerade gestern Abend dachte Amma daran, dass die meisten anderen *Swamis* schon *bhajans* komponiert haben. Amma fragte sich, warum du es noch nicht getan hast." Ammas Bemerkung war anscheinend zufällig, doch ich zog daraus den Schluss, dass Amma sowohl den Text als auch die Melodie des Liedes in meinen Geist gepflanzt hatte und ich empfand mich buchstäblich als ein Instrument in ihren Händen.

Einer der Organisatoren des Programms in New Mexico weiß von einer wunderbaren Anekdote zu berichten. Als Amma New Mexico zum ersten Mal besuchte, holte er Amma vom Flughafen ab und fuhr sie zu seinem Haus. Als sie aus dem Flughafen kamen, regnete es. Bevor sie ins Auto stieg, stand Amma für einige Zeit da mit nach oben gerichteten Handflächen und sammelte damit die Regentropfen. Dann drehte sie sich zu diesem Devotee um und sagte:„Wie Regen fällt Gnade immerzu hernieder. Wir müssen nur offen werden, um sie zu empfangen."

Mit „offen werden, um sie zu empfangen" meint Amma nicht lediglich die bloße Bereitschaft, Gottes Hilfe in Anspruch zu nehmen, um Erfolg zu haben. Ihre Aussage trägt einen sehr wissenschaftlichen Charakter. Sie teilt uns mit, dass jeder von uns eine feine Aura besitzt; in dieser Aura sind subtile Eindrücke all unserer Gedanken, Worte und Taten gespeichert. In einem Menschen, der nur reine Gedanken hegt, förderliche Worte spricht und gute Werke tut, wird die Aura goldfarben und überaus empfänglich für die Gnade sein. Umgekehrt verhält es sich mit einem Menschen, dessen Gemüt mit negativen Gedanken wie Kritiksucht, Rachsucht, Neid oder Wollust angefüllt, der scharfzüngig und von gemeiner Denkungsart ist und der in seinen Handlungen einzig den eigenen Vorteil sucht. Seine Aura wird dunkel und umwölkt sein, so dass das Licht der Gnade nicht fähig ist, durchzudringen. Es sind die Eindrücke, die diese Person durch ihre eigenen Taten hinterlassen hat, welche das Fließen der Gnade von ihr fernhalten.

Nur die Menschen sind in der Lage, daran zu arbeiten, empfänglicher für die Gnade zu werden. Daher sagt man, das menschliche Leben sei ein gesegnetes Leben. Anderen Lebensformen mangelt es an der Urteilskraft menschlicher Wesen – sie haben keinen Sinn für richtig und falsch bzw. gut und schlecht. Wenn ein Hund einen Postbeamten ohne Grund beißt, steigert oder verringert das nicht seine Empfänglichkeit für die Gnade, da er kein Unterscheidungsvermögen besitzt. Wenn jedoch der Postbeamte den Hund grundlos tritt, hinterlässt die Handlung einen entsprechenden negativen Eindruck in seiner Aura; er besitzt nämlich Urteilskraft und man setzt voraus, dass er einen Sinn für *dharma* hat. Dies bedeutet nicht, dass wir uns entmutigt fühlen sollen, indem wir nun über unsere früheren Taten nachdenken, welche die Gnade möglicherweise von uns ferngehalten haben.

Stattdessen lasst uns froh sein angesichts der Möglichkeit, im gegenwärtigen Augenblick eine Anstrengung hin zum Positiven unternehmen zu können, die uns der Gnade gegenüber immer empfänglicher macht, so dass unser ganzes Leben zu einer Segnung wird.

Ein Mittel, empfänglicher für die Gnade zu werden, besteht darin, aufrichtig den Anleitungen eines wahren Meisters zu folgen. Einmal wollte Amma herausfinden, welcher der Ashram-Bewohner die meisten *mantren* ohne Unterbrechung rezitieren konnte. Es war zwar kein Wettbewerb, doch stellte es für jeden Einzelnen eine Herausforderung dar. Sie wies uns an, nicht sehr schnell zu rezitieren, sondern in einem einheitlichen, gemäßigten Tempo und zwar mit Liebe und Aufmerksamkeit. Manche Ashramiten rezitierten 5000 *mantras*, andere weniger und wiederum andere mehr. Schließlich jedoch, als die Nacht hereinbrach, gingen wir alle zu Bett – alle außer einem. Dieser blieb 24 Stunden auf und wiederholte sein *mantra* ununterbrochen. Hinterher gab ihm Amma zwei Bonbons als *prasad*. Klingt das vielleicht wie eine etwas spärliche Belohnung? Man mag einwenden, es seien schließlich nur zwei Bonbons für 24 Stunden Arbeit, aber tatsächlich war es ja viel mehr. Nicht das Bonbon als solches ist wichtig, sondern Ammas Wertschätzung. Jeder rezitierte für eine lange Zeit, doch niemand anderem fiel es ein, bei der Befolgung von Ammas Anweisung sogar den Schlaf zu ignorieren. Dieser jedoch dachte bei sich: „Amma sagte: ‚Versucht, so viele *mantren* wie nur möglich zu rezitieren' und sofern es möglich ist, eine Nacht ohne Schlaf auszukommen, will ich es versuchen." Es war dieser Gedanke, dieses Ausmaß an Hingabe, die Amma zu dieser speziellen Form der Anerkennung veranlassten. Und ob wir es nun wissen oder nicht, es ist diese Art von Anerkennung – nicht die Anerkennung von irgendjemandem, sondern die eines wahren

Meisters – nach der alle Ausschau halten. Die Anerkennung des *gurus* ist gleichbedeutend damit, dass uns seine Gnade zufließt.

Natürlich wird Amma nicht einmal den schlimmsten Kriminellen zurückweisen, aber Gutes zu tun erhöht unsere Empfänglichkeit im Hinblick auf ihre Segnungen und ihre Gnade ganz beträchtlich. Amma erzählt oft die Geschichte eines kleinen Jungen, der sich unwissentlich zu einem Magneten für ihre Gnade und Zuneigung machte. Eines Tages, als sie in Amritapuri gerade *darshan* gab, wurde jemand krank und übergab sich mitten in der Warteraihe. Die betreffende Person entschuldigte sich und beschloss, sich ins Ashram-Krankenhaus zu begeben, doch war sie nicht in der Verfassung, das eigene Erbrochene im Tempel wegzuwischen. Diejenigen, welche nahe dabei standen, fassten es ebenfalls nicht als ihre Pflicht auf, den Boden zu säubern, denn schließlich kannten sie den Betreffenden überhaupt nicht und es war nicht ihr eigenes Erbrochenes. Nach und nach verschwanden all diejenigen, die Zeugen des Vorfalls gewesen waren, doch das Erbrochene bedeckte weiterhin den Fußboden des Tempels, ziemlich in der Mitte der Reihe. Jedermann, der zu Ammas *darshan* wollte, musste einen Schritt darüber machen und viele hielten sich die Nase zu, kritisierten sogar den *ashram*, indem sie argwöhnten, es sei niemand da, der dafür sorgte, dass alles sauber blieb. Einige informierten Amma über das Missgeschick, aber niemand fand sich bereit, es freiwillig zu entfernen. Dann kam ein kleiner Junge, nicht älter als acht oder neun Jahre alt, an die Stelle, wo er einen großen Schritt über das Erbrochene hätte tun müssen, wenn er sich in der Reihe hätte vorwärts bewegen wollen. Statt seine Nase zu rümpfen und darüber hinwegzuspringen drehte er sich um und lief aus dem Tempel, nur um ein paar Augenblicke später zurückzukehren mit einem Lappen in der einen und einem Eimer Wasser in der anderen Hand. Ohne nach rechts und links zu schauen, kniete der Junge nieder und begann peinlich genau, das Erbrochene des anderen Devotees aufzuwischen. Mehrmals lief er hinein und hinaus, um den Lappen auszuspülen, bevor er schließlich den Boden trocken wischte. Er hinterließ eine glatt polierte, blitzsaubere quadratische Fliese, wo wenige Minuten zuvor noch das Erbrochene lag. Schließlich wusch er sich noch die Hände, bevor er sich wieder in die Darshan-Schlange einreihte.

Amma hatte den Vorgang die ganze Zeit über beobachtet und als der Junge schließlich in ihrem Schoß lag, überschüttete sie ihn mit all ihrer Liebe und Zärtlichkeit. Selbst nachdem sie die Halle verlassen hatte und wieder auf ihr Zimmer gegangen war, tauchte das Gesicht des Jungen, wie sie selbst sagte, trotz all der Besprechungen und Telefonate, die sie zu führen hatte, immer wieder in ihrem Geist auf. Über diesen Jungen sagte sie noch Folgendes: Zwar fließe ihre Gnade wie ein Strom überall hin, doch sei es gleichsam so, als ob er durch seine unschuldige und selbstlose Handlungsweise am Flussufer ihrer Gnade eine Rinne gegraben hätte, in welche besagter Fluss nun auf direkte und spontane Weise einströmen könnte.

Es gibt jene, die meinen, dass sie keinen *guru*, ja nicht einmal Gott benötigen und dass sie durch ihre eigenen Bemühungen in der Lage seien, die höchste Realisation zu erreichen. Doch sowohl die heiligen Schriften wie auch die Meister erklären, dass unsere eigenen Bemühungen begrenzt sind und dass allein Gnade uns über die Schwelle zur letzten Befreiung tragen kann. Als Vergleich führt Amma an, dass wir bis zur letzten Busstation fahren können – von da aus ist es nur noch ein kurzes Stück bis zu unserem Zielort. Jener letzte Abstand kann nur durch die Gnade des *gurus* oder Gottes überbrückt werden. Dazu folgende Geschichte:

Es gab einmal ein *dharmashala* (Pilgergasthaus), wo die Pilger täglich mit Nahrung versorgt wurden. Es gab dort die Regel, dass die Pilger eine Glocke betätigen mussten, die von der Markise herabhing, und wenn der Gasthausbesitzer das Klingeln hörte, öffnete er die Tore und Essen wurde ausgegeben. Eines Tages kam ein armer kleiner Junge, der von Almosen lebte, zu diesem *dharmashala* und versuchte mit einem langen Stab, die Glocke zum Klingen zu bringen, doch sie war außerhalb seiner Reichweite. Er bemühte sich, auf verschiedene Gegenstände zu klettern, um die Glocke zu läuten, doch ohne Erfolg. Am Ende versuchte er, die Glocke durch einen Sprung von einem der Gegenstände aus zu erreichen, aber es misslang ihm. Der Junge war erschöpft und setzte sich entmutigt auf den Boden. Ein Passant, der von einer Bank auf der gegenüberliegenden Straßenseite aus beobachtet hatte, wie hart dieser kleine Junge darum gekämpft hatte, die Glocke zu erreichen, empfand großes Mitleid mit ihm. Er stand auf, ging über die Straße und läutete die Glocke. Wenig später öffneten sich die Tore und der Junge bekam im *dharmashala* etwas zu essen.

Nachdem wir spirituelle Übungen praktiziert und alles getan haben, um uns selbst zu läutern, müssen wir am Ende einfach darauf warten, dass der Meister uns seine Gnade spendet. Doch sollten wir vorsichtig sein, die Bemühung nicht im Namen des „Wartens auf die Gnade" aufzugeben. Amma sagt: „Es ist schon richtig, in Ergebenheit auf das Kommen des Meisters zu warten, auf dass er uns mit seiner Gnade beschenke. Sorgt aber auch dafür, dass ihr während des Wartens achtsam seid. Wenn ihr mit anderen Dingen beschäftigt seid, wie kann Gott dann kommen? Wie soll so seine Gnade fließen? Es ist dumm, zu sagen: ‚Ich warte auf Gott, ich warte darauf, dass seine Gnade kommt. Er ist doch all-barmherzig, also wird er schon kommen. Bis dahin will ich mich mit anderen wichtigen Dingen befassen.' Weder werdet ihr jemals seine Gnade erlangen noch die Kraft besitzen, schwierige Situationen mit dieser Art von Vertrauen zu überstehen."

Am Ende kann nur Gnade uns die Erkenntnis der Wahrheit geben. Doch der einzige Weg, um sie zu erlangen, besteht in dem unablässigen Streben nach dem Ziel, so wie der Junge vor dem *dharmashala* alles in seiner Macht stehende tat, um die Glocke zu läuten. Es waren seine ernsthaften Anstrengungen, die überhaupt erst die Aufmerksamkeit des Mannes erregten und sein Herz bewegten. Wenn auch wir ernsthaft danach streben, das Selbst zu erkennen, werden wir sicherlich die Gnade des *gurus* anziehen, die uns zum letzten Ziel führen wird. Was unsere Seite anbetrifft, so sollten wir uns mit ganzem Herzen bemühen. Um alles andere kümmert sich der Meister.

KAPITEL 19

Getarnte Segnung

Im vorhergehenden Kapitel haben wir Gnade als denjenigen Faktor definiert, der unseren Bemühungen Erfolg verleiht und uns dazu verhilft, unsere Lebensziele zu erreichen. Es trifft zu, dass Gnade manchmal auf diese Weise wirkt, doch die Dinge nehmen nicht immer einen so einfachen Verlauf. Wenn wir auf dem geistigen Pfad voranschreiten, entdecken wir, dass die Gnade bei Fehlschlägen und in der Not – viel mehr noch als im Erfolg – am deutlichsten wird. Vielleicht war es dies, was den griechischen Tragödiendichter Äschylos zu der Aussage veranlasste:

Leiden muss der Lernende, und selbst im
Schlaf rinnt Schmerz, der nicht
vergessen kann, Tropfen um
Tropfen aufs Herz; doch unserer
Verzweiflung zum Trotz, wie
gegen unseren Willen, dämmert
Weisheit durch des Gottes
furchterregende Gunst."

Ab 1985 beauftragte mich Amma damit, außerhalb des *ashrams satsangs* zu geben, Devotees zu treffen und anderen Zweig-*Ashra*ms Besuche abzustatten. Von da an war es mir nur noch während ihrer Welt-Tour möglich, einen längeren Zeitabschnitt bei ihr zu verbringen. Heutzutage geht Amma während des Sommers gewöhnlich auf Japan- bzw. US-Tour, kommt für zwei Monate nach Amritapuri zurück und begibt sich dann im Oktober und November auf Europatour. In früheren Jahren jedoch folgte die

Europatour unmittelbar auf die US-Tour, so dass ich in der Lage war, drei aufeinander folgende Monate bei Amma zu sein. Dies war für mich immer eine glückselige Zeit, auf die ich mich jedes Jahr freute. 1989 jedoch geschah etwas, was diese Touren sehr schwierig für mich machte. Wann immer ich in Ammas Zimmer kam, fand sie irgendeinen Grund, mich wegzuschicken. Entweder sagte sie, sie sei beschäftigt oder sie wolle allein sein; zuweilen beschimpfte sie mich auch wegen Dingen, die ich nicht richtig erledigt hatte, ja es kam sogar vor, dass sie mich für etwas tadelte, das ich überhaupt nicht getan hatte. Nach einiger Zeit fiel mir auf, dass sie den anderen *Swamis* gegenüber nicht so abweisend war. Als Amma mich auf diese Weise behandelte, wurde ich sehr traurig. Als ich aber bemerkte, dass ich der einzige war, zu dem sie sich so verhielt, fühlte ich mich noch schlechter. Während der abendlichen *bhājans* machte ich Fehler beim Tablaspiel und war insgesamt nicht in bester Verfassung.

Diese Behandlung hielt während der gesamten Welttour 1989 an und setzte sich auch in der des Jahres 1990 fort. Schließlich – an einem Tag während der Welttour 1990 – rief mich Amma in ihr Zimmer. Zögerlich begab ich mich zu ihr; ich fragte mich, was wohl auf mich zukommen würde. Ich dachte sogar, sie würde mich vielleicht zurück nach Indien schicken, da ich die Trommel nicht mehr ordentlich spielen konnte.

Als ich in ihr Zimmer kam, war sie in freundlicher Stimmung. Sie erklärte mir geduldig, ich würde gerade eine ziemlich schlimme Phase durchmachen und dass es mir bestimmt sei, Leid und Not zu durchleben. Das war auch der Grund gewesen, warum sie mich so grob behandelt hatte.

Sie sagte auch, ich sollte zusätzlich zu meiner normalen spirituellen Praxis eine Art von Gelübde ablegen. Es sei eine so schlechte Phase, dass sogar die Möglichkeit bestünde, dass ich den *ashram* verließe.

Ich dachte über ihren Ratschlag nach. Sie war mein Ein und Alles, es gab für mich keinen anderen Gott als sie. So beschloss ich, jeweils donnerstags, am Tag, der symbolisch der Verehrung des *guru* vorbehalten ist, ein Schweigegelübde einzuhalten und zu fasten. Ich begriff auch, dass Ammas Verhaltensweise mir gegenüber nur dazu gedient hatte, mein *prarabdha karma* aufzulösen, ohne eine noch schlimmere Situation durchmachen zu müssen. Gemäß dem Gesetz des *karma* musste ich zu dieser Zeit ein gewisses Ausmaß inneren emotionalen Leidens und Qual durchmachen. Amma half mir dabei, diese Not zu durchleben, ohne sie verlassen zu müssen.

Vor kurzem kam ein *brahmachari*, der in einem ihrer Brahmasthanam-Tempel als *pujari* (Tempelpriester) dient, mit Tränen in den Augen zu Amma. Als sie ihn fragte, was nicht in Ordnung sei, erklärte er, dass die meisten Menschen aus der Umgebung des Tempels ihn zwar warmherzig aufgenommen hätten, dass es jedoch ein Ehepaar gebe, das sich ihm gegenüber fortwährend verletzend und beleidigend verhalte. Sie sagten ihm sogar, seine bloße Gegenwart widere sie an und wenn Amma keinen anderen Priester dorthin senden würde, um ihn auszutauschen, würden sie nicht mehr in den Tempel kommen. Als er seine Geschichte beendet hatte, fragte er Amma frei heraus: „Ist meine Gegenwart wirklich so widerwärtig, Amma?"

Sie wischte seine Tränen ab und tröstete ihn: „Wenn jemand dich beleidigt, so schenke seinen Äußerungen keinerlei Beachtung." Der *brahmachari* fühlte sich durch ihre Worte getröstet, doch was sie dann sagte, überraschte ihn sichtlich: „Bald kommt der Tag, da werden hunderte von Menschen darum wetteifern, deine Aufmerksamkeit zu gewinnen!" So schöpfte er wieder neuen Mut, als er am nächsten Tag zum Brahmasthanam-Tempel zurückkehrte. Ammas Worte hatten ihm wieder zu mehr

Selbstsicherheit verholfen, obwohl er sich nicht vorstellen konnte, inwieweit sich ihre Voraussagen bewahrheiten würden.

Mehrere Monate später, am Tag nach dem Tsunami, rief Amma diesen *brahmachari* zu sich und bat ihn, sich um das Wohlergehen von mehr als 700 Kindern zu kümmern, die ihr Heim und in vielen Fällen auch ein oder mehrere Familienmitglieder verloren hatten. In den folgenden Monaten entwickelten diese Kinder eine tiefe Zuneigung und Achtung gegenüber diesem *brahmachari*. Wo immer er auch hinging, ständig folgten ihm mindestens ein Dutzend dieser Kinder. Als deren Verwandte sahen, mit welchem Erfolg er es verstand, die Kinder zu inspirieren, zu unterhalten und zu disziplinieren, begannen sie ebenfalls, seinen Rat und seine Aufmerksamkeit zu suchen.

Manchmal haben wir aufgrund unseres *prarabdha karma* einfach keine Möglichkeit, eine schmerzhafte Erfahrung zu vermeiden; wir haben keine andere Wahl, als sie durchzustehen. Der Schriftsteller Chinua Achebe hat es höchst treffend auf den Punkt gebracht: „Wenn das Leid an deine Tür klopft und du ihm sagst, es sei kein Stuhl für es frei, dann antwortet es dir, dass du dir keine Sorgen machen sollst: Es bringe schon seinen eigenen Hocker mit." In solchen Fällen jedoch segnet uns Amma mit der Stärke, der Situation mit Mut und Gelassenheit zu begegnen.

Vor drei Jahren musste ich mich zweier Knieoperationen unterziehen. Vorher hatte Amma mir gesagt, es sei eine schlechte Zeit für mich und ich sollte auf meine Gesundheit achten. Da sie nicht sagte, um was genau es sich handelte und auf welches gesundheitliche Problem ich achten sollte, machte ich mir weiter keine Sorgen. Ich übergab das ganze Problem – worin es auch bestehen würde – einfach an sie. Einige Tage später, empfand ich plötzlich starke Schmerzen in meinem Knie. Als ich ihr davon erzählte, forderte Amma mich auf, sofort ins Krankenhaus zu gehen. Nachdem die Ärzte mich untersucht hatten, rieten sie mir, mich einer Knieoperation zu unterziehen. Obwohl es nur eine kleine Operation war, war ich doch ein wenig ängstlich, da ich niemals zuvor irgendwelche ernsthaften Verletzungen oder Unpässlichkeiten gehabt hatte.

Amma riet mir, ich sollte mich dem chirurgischen Eingriff unterziehen, also plante ich, die Operation in Angriff zu nehmen. Da ich mich zu der Zeit gerade in den USA befand, rief ich Amma beinahe jeden Tag an und betete zu ihr, sie möge mir irgendwie helfen, die Operation zu vermeiden. Wann immer ich mit ihr sprach, versicherte sie mir ständig: „Mache dir keine Sorgen, mein Sohn. Alles wird in Ordnung gehen."

Aus Ammas Worten schloss ich, dass ich die Operation irgendwie umgehen könnte. Als jedoch der anberaumte Termin für die Operation da war, hatte sich mein Zustand nicht gebessert. Ich hatte keine andere Wahl, als die Operation über mich ergehen zu lassen. Sie verlief glatt und hinterher rief ich Amma an. Sie sagte mir, sie sei während der Operation die ganze Zeit bei mir gewesen, auch wenn ich sie nicht sehen konnte. Als ich ihre Worte hörte, fühlte ich mich beruhigt. Nach der Operation ließen die Schmerzen im Knie rasch nach.

Sechs Monate später hatte ich erneut Schmerzen in dem selben Knie. Die Ärzte setzten mich in Kenntnis, dass eine zweite Operation erforderlich sei. Dieses Mal sagte Amma mir, ich sollte die Operation im AIMS vornehmen lassen. Das erste Mal war ich in den USA, weit entfernt von ihr gewesen und hatte sie viele Tage nicht sehen können. Wenn ich jetzt in AIMS operiert würde, könnte ich Amma schon nach ein paar Tagen besuchen, da sich AIMS nur drei Autostunden vom *ashram* entfernt befindet. Ich folgte Ammas Anweisungen und nahm die zweite Operation in Angriff. Diesmal wusste ich, dass Amma während der Operation auf subtile Weise bei mir sein und ich in der Lage sein würde, sie kurze Zeit später zu sehen; deshalb empfand ich nicht die geringste Unruhe. Früher hatte ich selbst gegen einen Stich in den Arm Widerwillen empfunden, doch nach dieser Erfahrung fühle ich überhaupt keine Spannung bei irgendwelchen Prozeduren, denen ich mich unterziehen muss. In diesem Fall half Amma mir nicht auf die Weise, wie ich es erwartet hatte: Sie beseitigte nicht das Problem. Stattdessen gab sie mir den Mut, der Erfahrung mit Gelassenheit zu begegnen.

Wahre Meister verletzen nur selten die universellen Gesetze oder greifen in sie ein, obwohl sie die Macht dazu besitzen. Sie respektieren sie und ordnen sich ihnen unter. Dies liegt einerseits daran, dass sie kein spezielles individuelles Interesse haben; andererseits begreifen sie von ihrer Bewusstseinsebene aus, dass diese Gesetze nur zum Guten der Welt wirken.

Doch gibt es Beispiele, wo Mutter Natur auf ein spontanes *sankalpa* (göttlicher Entschluss) eines Meisters wie Amma reagiert. In einem bestimmten Jahr gab es während Ammas Programm in San Ramon, Kalifornien, einen schrecklichen Brand in der Küche, wo man für hunderte von Devotees, die Amma besuchten, das Essen zubereitete. Einer der *brahmacharis*, der sich zur gleichen Zeit mit Amma auf der Veranda ihres Hauses befand, erzählte mir später, sie habe in einem bestimmten Moment das Feuer gesehen und mit gefalteten Händen gebetet.

Was danach stattfand, war wirklich erstaunlich. Der Wind wechselte plötzlich die Richtung und blies weg vom Zelt und den anderen Ashram-Gebäuden in die entgegengesetzte Richtung. Natürlich wurden einige Menschen bei dem Feuer sofort verletzt. Aber es wurden auch viele vor Schaden bewahrt, da das Feuer sich nicht weiter ausbreitete.

Amma besuchte alle verletzten Devotees im Krankenhaus und saß an deren Bett. Später erklärte sie, dass jedem von ihnen an jenem Tag weit schlimmeres Leid oder sogar der Verlust des Lebens vorherbestimmt gewesen war. Dadurch, dass sie den

Unfall in Ammas *ashram* erlitten konnten sie einem noch schlimmeren Schicksal entgehen.

Heute sind fast alle von ihnen wieder in der Küche, sogar mit mehr Enthusiasmus und Hingabe als je zuvor. Sie vertrauten mir an, dass sie Ammas Präsenz und Gnade während all ihrer Schwierigkeiten deutlich fühlen konnten und dass sich als Ergebnis dieser Erfahrung ihr Vertrauen in sie weiter vertieft habe. Das Feuer verletzte ihre Körper, nicht jedoch ihren Glauben oder ihren Geist. Ohne den Unfall auf eine negative Weise aufzufassen oder über ihr Schicksal zu klagen, betrachteten sie ihn als eine Gelegenheit, ihr Leben auf's Neue Amma zu Füßen zu legen. Sie ließen ihn nicht zu einem Stolperstein werden, sondern wandelten den Unfall stattdessen in ein Sprungbrett zu spirituellem Wachstum um.

Amma hat gesagt, dass der *guru* 90% unseres *karmas* beseitigt und nur 10% übrig lässt, welches wir durchleben müssen. Doch selbst dann mag man sich fragen: „Warum 10% übriglassen? Wenn der *guru* 90% wegnehmen kann, wieso nicht gleich 100%? Was ist so mächtig oder wichtig am Karmagesetz, dass wir immer noch 10% durchleben müssen?" Die Antwort ist, dass es genau diese 10% sind, welche uns wachsen lassen und es uns ermöglichen, uns geistig weiterzuentwickeln

Amma beschreibt die Haltung, welche ein geistig Suchender im Hinblick auf sein *karma* einnehmen sollte, so: „Ein Sucher sorgt sich nicht darum, ob ihm Glück oder Unglück zustößt. Er weiß, dass sein *prarabdha karma* einem Pfeil gleicht, der den Bogen schon verlassen hat. Nichts kann ihn anhalten. Der Pfeil mag ihm Schmerzen zufügen, ihn verletzen oder sogar töten, aber es macht ihm nichts aus. Es ist wie die Nadel eines Plattenspielers, die in den Rillen der Platte läuft. Das Lied muss weiter abgespielt werden, solange die Nadel des Lebens durch die Rillen läuft. Das Lied mag ein schreckliches sein oder ein gutes. In jedem Fall hat der Suchende es selbst komponiert, er hört seine eigene Stimme. Er wird vor seinem *karma* nicht davonlaufen, weil er weiß, dass es ein Prozess der Läuterung ist und dass es die Flecken beseitigt, die er in der Vergangenheit, in irgendeiner früheren Existenz erzeugt hat. Vor allem aber wird der wahre Suchende immer den Schutz und die Gnade des *gurus* an seiner Seite haben. Daher wird er selbst in schwierigsten Zeiten Trost und Hilfe bekommen."

Leid kommt nur dann als ein Schock auf uns zu, wenn es lange Zeit nicht anwesend war. Wir brauchen nur die Millionen Menschen in der Welt zu fragen, die in tiefster Armut oder in von Kriegen heimgesuchten Gebieten der Welt leben. Sie werden uns sagen, wie leidvoll das Leben ist. Oder wir fragen Amma. Sie weiß es besser als jeder andere. Millionen Menschen in der Welt kommen zu ihr mit zahllosen Problemen und bitten um ihre Gnade und ihren Ratschlag. Anstatt zu fragen, warum wir leiden müssen, sollten wir versuchen, zu bedenken, wie glücklich wir zu anderen Zeiten unseres Lebens gewesen sind und Gott dankbar sein, dass wir fähig waren, uns so lange des Glücks zu erfreuen.

Aufgrund ihres unendlichen Mitgefühls gibt Amma uns die Garantie, dass ihr Trost und ihre Hilfe in den schwierigsten Zeiten bei uns sind. Können wir mehr verlangen? Ich bete darum, dass wir, wann immer die Nöte des Lebens aufkommen, uns alle an diese Worte Ammas erinnern und dass sie uns die rechte Wahrnehmung dieser Erfahrungen gewähre, damit sie zu unserem Wachstum und unserer Entwicklung entlang des geistigen Pfades beitragen.

KAPITEL 20

Der Schauer der Gnade

Ein paar Monate nach dem Tsunami richtete Amma zwei Ferienlager für von der Katastrophe betroffene Kinder ein. Während dieser Camps verwandelte der *ashram* sich in eine riesige Kindertagesstätte mit über 10 000 Kindern, die an zahlreichen Yoga-, Sanskrit- und Englischkursen teilnahmen. Bevor sie in den *ashram* kamen, konnten viele Kinder nicht einmal schlafen, so traumatisiert waren sie durch die Erfahrung des Tsunami. Als sie jedoch hier eintrafen, schienen sie all ihre Sorgen zu vergessen, obwohl sie Amritapuri niemals zuvor besucht hatten und Amma auch noch nie begegnet waren. Über Nacht wurden sie wieder ausgelassen und froh, teilweise sogar ziemlich ungezogen: Sie neckten die Leute, indem sie die Schlösser an deren Türen auswechselten; sie fuhren den Aufzug hinauf und hinunter und ließen ihn dabei in jedem Stockwerk halten; ein westlicher *brahmachari*, der im Wohntrakt arbeitet, wurde sogar von einem Dutzend Achtjähriger, die ihre Stärke ausprobieren wollten, zu Boden gerissen.

Inzwischen brachte ein anderer westlicher Devotee den Kindern bei, Papierflugzeuge zu basteln. Am nächsten Tag gab es im *ashram* einen neuen Aufgabenbereich: den eines Flugverkehr-Koordinators. Die Kinder ließen nämlich hunderte von Papierflugzeugen aus dem 15. Stock der Wohngebäude fliegen.

Jeden Tag erwies Amma den Kindern die Gunst, ihre Fragen zu beantworten. Sie benutzte ihre unschuldigen Fragen als eine Gelegenheit, spirituelle Werte in sie einzuflößen. Eines Nachmittags erzählte zum Beispiel eines der Mädchen Amma, sie habe gehört, dass die Standbilder der Gottheiten in manchen Tempeln im Laufe der Jahre wachsen würden. „Ist das möglich?", wollte das Kind wissen.

„Gott ist ein Wunder", antwortete sie. „In Gottes Schöpfung ist alles möglich. Die Standbilder mögen wachsen, aber was ist mit dir? Bist du gewachsen, hast du dich verändert? Was für einen Sinn macht es, auf die Veränderung des Götterstandbildes zu achten? Du bist es, die sich ändern muss."

Ein anderes Kind stellte die Frage, welches Ammas richtiger Name sei. „Das habe ich mich auch schon gefragt", antwortete sie. „Ich habe keinen Namen. Es sind die Menschen, die mir verschiedene Namen geben."

Eine weitere Frage lautete: „Amma, wie lautet der Name deiner Mutter?"

Ammas Antwort offenbarte einmal mehr die Weite ihrer Schau: „Der Name meiner Pflegemutter ist Damayanti[1], doch für mich ist die Erde meine Mutter; das Meer ist meine Mutter; der Himmel ist meine Mutter; die Pflanzen sind meine Mutter; sogar das Gebäude, in dem wir gerade sitzen, ist meine Mutter."

Dann kam ein kleines Mädchen nach vorne. „Amma, man sagt, du besitzt göttliche Kräfte. Ist das wahr?"

„Was meinst du mit göttlichen Kräften?", fragte Amma zurück.

„Dass, was immer Amma auch sagt, wahr wird; dass Leute, die keine Kinder bekommen konnten, durch dich doch welche bekommen..."

„Frag' die Devotees", sagte Amma zunächst, weil sie nicht über sich selbst sprechen wollte. „Amma zieht es vor, ein kleines Kind, ein Anfänger zu sein. Jeder will der König des Dorfes

---

[1] Damayanti ist der Name von Ammas biologischer Mutter. Indem sie sie als ihre Pflegemutter bezeichnet, will Amma darauf hinweisen, dass wir mit jeder Geburt eine andere, vorübergehende Mutter bekommen, dass aber unsere ewige Mutter allein Gott ist.

werden und dann kämpfen alle gegeneinander. Man muss der König im Innern werden." Sie fügte noch hinzu, dass das Potenzial für solche Dinge in jedem von uns vorhanden ist, es aber an uns läge, ob wir es nutzen. Die Kinder waren fröhlich und bedachten Ammas Antwort mit Applaus.

Am letzten Tag des Camps stand ein Kind auf und fragte: „Amma, was geschieht mit uns, wenn wir morgen hier weggehen?"

Amma wollte wissen, was ihn dazu veranlasste, diese Frage zu stellen.

Der Junge antwortete: „Amma, die fünf Tage, die wir hier verbrachten, haben unser Leben vollständig verändert. Obwohl viele von uns Mutter, Vater, Schwester oder Bruder während des Tsunamis verloren haben, haben wir aufgrund deiner Liebe und Aufmerksamkeit nicht den Schmerz ihres Verlustes gespürt. Wir wollen hier nicht mehr weggehen. Wir wollen für immer hier bleiben."

Ein anderes Kind, das an einem dieser Camps teilnahm, erzählte Amma während des *darshan*: „Amma, durch den Tsunami haben wir alles verloren, aber wir haben dich gefunden. Und weißt du was? Das war es wert."

Nachdem das Ferienlager zu Ende war, haben viele der Kinder aus der Umgebung regelmäßig den *ashram* besucht. Sie haben nun das Gefühl, er gehöre ihnen. Ihre Eltern und andere Erwachsene aus der Ortschaft, die früher niemals einen Fuß in den *ashram* setzten, kommen nun wegen Milch, Lebensmitteln, medizinischer Versorgung, Kleidung, um sich Rat einzuholen und sogar wegen beruflicher Bildung. Der *ashram* ist zu einer Oase der Hoffnung in einem Gebiet geworden, welches andernfalls ein Ödland der Verzweiflung gewesen wäre, kahl und trostlos geworden durch eine der schlimmsten Naturkatastrophen der Weltgeschichte. Während ihrer Welttour 2004 sagte Amma, sie sähe, wie sich dunkle Wolken am Horizont versammelten; wir alle sollten dafür beten, dass sich diese Wolken in einen Schauer der Gnade verwandelten. Aus dem, was sich seither ereignet hat, können wir erkennen, dass diese Wolken zwar in Gestalt des Tsunami viele Menschenleben gepeinigt haben, dass sie jedoch vielen Menschen auch den Segen von Ammas Gnade gebracht haben.

Amma sagt, wenn alles glatt geht, wenn niemand tiefes Leid erfährt, sind wir uns der barmherzigen Natur des Meisters nicht gänzlich bewusst. Sobald aber Unglücksfälle auftreten, manifestiert sich sein Mitgefühl in seiner ganzen Fülle. Je größer das Unglück, desto mehr Barmherzigkeit strömt von ihm aus. In Wirklichkeit ist immer dasselbe Ausmaß von Mitgefühl vorhanden, doch wir sind nicht fähig, es wahrzunehmen. Ich glaube, vor dem Tsunami wusste tatsächlich niemand von uns, wie barmherzig Amma wirklich ist.

Ein Minister der indischen Regierung, der das gesamte Ausmaß von Aktivitäten am Tag des Tsunamis beobachtete, gab einen treffenden Kommentar ab über die Tatsache, dass Ammas unmittelbare Reaktion darin bestand, ihre Kleider zu wechseln, durch die heranwogenden Fluten zu waten und jeden dazu anzuhalten, sich in die höher gelegenen Stockwerke zu begeben und sich dort in Sicherheit zu bringen. Der Minister sagte, wäre er an Ammas Stelle gewesen, so hätte er sich zunächst selbst auf eine höhere Ebene begeben und dann alle anderen aufgefordert, ihm dorthin zu folgen. Amma tat das Gegenteil. Tatsache war, dass sie darauf bestand, die letzte Person zu sein, die den *ashram* an diesem Tag verlassen würde. Sogar die Elefanten und Kühe waren bereits evakuiert und ins Landesinnere gebracht worden, bevor Amma schließlich einwilligte, sich an einen sichereren Ort zu begeben.

Etwa 20 000 Menschen befanden sich an diesem Tag im *ashram* und obwohl er überflutet wurde, wurde kein einziger Mensch verletzt. Sogar die Patienten, die im Wohlfahrtskrankenhaus des *ashrams* in ihren Betten lagen, wurden gerettet. Weil Amma den *darshan* in letzter Minute in die alte Gebetshalle verlegt hatte, die sich anderthalb Stockwerke über dem Erdboden befindet, spielten auch keine Kinder in dem großen, offenen, ebenerdigen Bereich, der die Haupt-Darshan-Halle ausmacht. Weil Amma, wie bereits in Kapitel 15 erwähnt, die Verteilung der Witwenrenten auf einen anderen Termin verschoben hatte, wurden 9000 mittellose Frauen vor einer riesigen Katastrophe verschont, die mit Sicherheit ausgebrochen wäre, als das Wasser in die große Freilufthalle hineinflutete. Wenn ich mir diese vielen Beinahe-Zusammenstöße vor Augen führe, komme ich nicht umhin, an *Krishnas* Tat zu erinnern, der den Govardhana-Hügel über die Köpfe der Bewohner seiner Heimat hielt, um sie vor einer Überschwemmung zu schützen. Es war, als ob Amma buchstäblich alle Menschen – und in diesem Falle auch Tiere – aufgelesen und sie über den rauschenden Fluten in die Höhe gehalten hätte. Kann man dies anders bezeichnen als göttliche Gnade?

Sie verließ, wie gesagt, den *ashram* nicht, bevor nicht alle anderen fort waren und auch dies nur, weil einige ihrer Schüler es ablehnten, zu gehen, solange sie sich noch dort aufhielt. Schließlich überquerte sie kurz nach Mitternacht die Backwaters und begab sich ins Landesinnere.

Es war klar, dass sie den ganzen Tag noch nicht einmal Wasser getrunken hatte, da ihre Lippen völlig aufgesprungen waren. Als einer der *brahmacharis* sie bat, etwas zu trinken, antwortete sie schlicht: „Wie kann ich Wasser trinken, wenn so viele Menschen gestorben sind?"

Wir sind jederzeit bereit, uns zurückzulehnen und uns selbst für ein oder zwei gute Sachen, die wir gemacht haben, zu gratulieren, indem wir zu uns sagen: „Für den heutigen Tag habe ich meine gute Tat hinter mich gebracht." Amma jedoch hat niemals das Gefühl, es sei genug, egal wie viel Gutes sie auch getan hat.

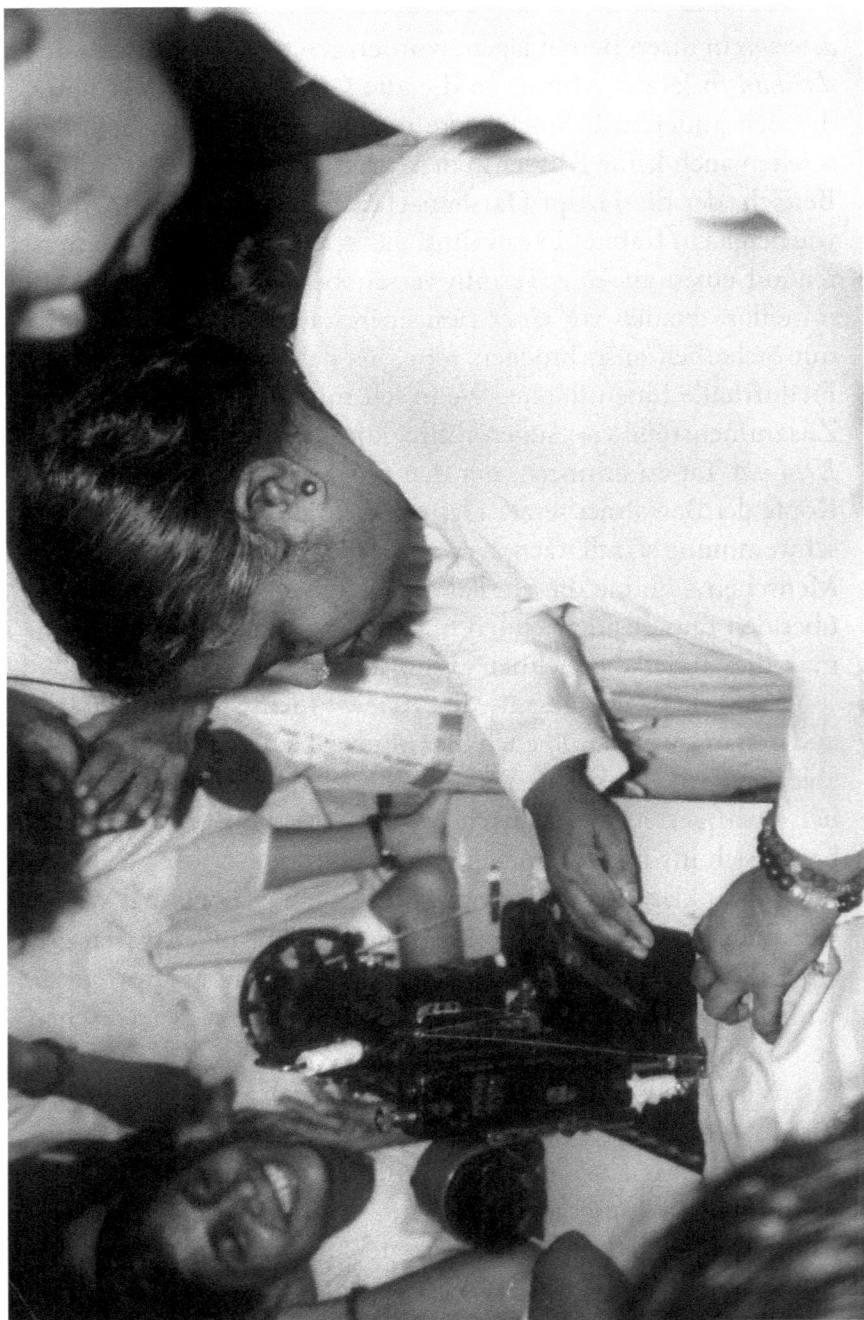

Vor einigen Jahren gab es eine kurze Zeit, in der Amma eine Bandage am Handgelenk trug, während sie *darshan* gab. Eines Tages entfernte sie die Bandage und fuhr fort mit dem *darshan*. Als einer der *brahmacharis* nachfragte, warum sie dies getan hatte, antwortete sie: „Wenn ich *darshan* gebe, soll meine Hand ihren Körper berühren, damit sie die Verbindung mit Amma spüren und ihr mütterliches Zärtlichkeit empfinden können. Eine Plastikbandage zwischen Ammas Hand und ihrem Körper wird dieses Gefühl nur blockieren." Amma ist immer bereit, ihr eigenes Leid um anderer willen zu ignorieren. Heute trägt sie diese Bandage nicht mehr.

Adi Shankara erklärt im *Viveka Chudamani*:

„Die mahatmas haben den Ozean von Geburt und Tod überquert .Ohne Grund und ohne jegliche Erwartung verhelfen sie auch anderen dazu." Ihr Erbarmen entspringt keinem logischen Entschluss oder einer Entscheidung, aus der sie irgendeinen persönlichen Nutzen ziehen könnten. Sie tun es einfach aufgrund ihres unendlichen Mitgefühls für uns. Als Amma gefragt wurde, warum sie ihr Leben dem Ziel gewidmet hat, die Tränen der leidenden Menschheit wegzuwischen und sie spirituell zu erheben, hat sie nur mit den Schultern gezuckt und gesagt: „Das ist so, als ob man den Fluss fragt, warum er fließt oder die Sonne, warum sie scheint. Das ist deren Natur. Sie können nicht anders."

Amma hat niemals das Gefühl, sie habe genug für ihre Kinder getan. Selbst vor dem Tsunami arbeitete sie härter und länger als irgendjemand zuvor in der Menschheitsgeschichte, ganz dem Ziel hingegeben, so viele Menschen wie nur möglich materiell und spirituell aufzurichten – manchmal sogar anscheinend die gesamte Menschheit.

Obwohl der größte Teil der Welt den Tsunami und seine Opfer bereits wieder vergessen hat, versichert Amma, dass ihr Geist nach wie vor mit dem Leid und den Nöten der

Tsunamiopfer befasst ist. Die meisten Leute glauben, sie gehe nach einem anstrengenden Darshan-Programm auf ihr Zimmer und lege sich hin, um auszuruhen. Die Wahrheit ist jedoch, dass sie die meiste Zeit überhaupt keine Ruhe hat. Während ihrer US-Tour im Jahr 2005 – sie fand sechs Monate nach der Katastrophe statt – dauerte ein *Devibhava-darshan* von 18.30 Uhr bis zum frühen Nachmittag des folgenden Tages an. Und doch ging sie, als sie ihn beendet hatte, geradewegs auf ihr Zimmer, wo sie vier Stunden am Telefon verbrachte und Gespräche mit denjenigen Ashram-Bewohnern führte, die mit ihren Tsunami-Hilfsaktionen befasst waren.

In den Monaten nach der Katastrophe erlaubte sich einer der *brahmacharis* die scherzhafte Bemerkung, dass man einen Satz nur mit dem Wort „Tsunami" beginnen müsse, wenn man überhaupt Ammas Aufmerksamkeit erlangen wolle. Über die Art ihres Einsatzes in dieser Angelegenheit sagte Amma, dass sie nicht zufrieden wäre, bis alle Tsunamiopfer, die sie unter ihre Fittiche genommen habe, sei es in Kerala, Tamil Nadu, Pondicherry, den Andaman-und Nicobar-Inseln oder *Sri Lanka*, wieder ein Zuhause hätten und in der Lage seien, ihr Leben in den Griff zu bekommen.

Jetzt, da dieses Buch niedergeschrieben wird, im August 2005, ist Ammas *ashram* die einzige Institution in Indien, die den Tsunamiopfern neue Wohnungen zur Verfügung gestellt hat. Der Tsunami war in der Tat eine schreckliche Tragödie und zerstörte das Leben und die Hoffnung von so vielen. Doch hätte Amma nicht den Kummer dieser Menschen zu ihrem eigenen gemacht, so hätten sie überhaupt kein Licht am Horizont gesehen und keinerlei Hoffnung gehabt, jemals wieder zu einem normalen Leben zurückzukehren. So brachte eine der heftigsten Naturkatastrophen, die die Erde jemals erlebt hat, das unendliche Mitgefühl

und die unendliche Gnade des größten *mahatmas*, den die Welt
je gekannt hat, zum Vorschein.

Es gibt ein schönes Gedicht, welches beschreibt, wie die
göttliche Gnade uns auf unerwartete Weise zu segnen vermag:

Ich bat Gott um Stärke, um Erfolg zu haben,
aber ich wurde schwach gemacht, damit ich lernte,
Gott demütig zu gehorchen.

Ich bat um Gesundheit, damit ich größere Dinge
tun könnte, doch mir wurde Gebrechlichkeit gegeben, um
bessere Dinge zu tun.

Ich bat um Reichtum, um glücklich zu sein,
doch mir wurde Armut gegeben,
dass ich weiser werden möge.

Ich bat um Macht, um das Lob der Menschen
zu bekommen, doch mir wurde Schwachheit gegeben, um
das Bedürfnis nach Gott zu empfinden.

Ich bat um alle Dinge, um das Leben genießen zu können,
doch mir wurde das Leben gegeben, um die Dinge genießen
zu können.

Ich bekam nichts von alledem, worum ich bat, aber alles,
worauf ich gehofft hatte. Beinahe trotz meiner selbst wurden
meine Gebete beantwortet.

Unter allen Menschen bin ich der am meisten gesegnete.

Immer gibt es Segnungen in unserem Leben – die Frage ist, ob wir
sie als solche erkennen. Amma sagt: „Gott ist da, der *guru* ist da
und die Gnade ist da. Ihr habt alle Fähigkeiten, dies zu erkennen

und zu erfahren. Ihr habt eine Landkarte und die Richtung ist euch in Gestalt der Worte des *gurus* vorgegeben. Der Wind der Gnade des *gurus* bläst immerzu; die Sonne seiner Erkenntnis scheint ohne Unterlass. Er hat seinen Teil getan; seine Arbeit ist schon lange vorüber."

Nun ist es an uns, unseren Teil dazu beizutragen. Wir werden ständig von göttlicher Gnade überschüttet. Ob wir uns dieser Gnade öffnen und unserem Herzen erlauben, in göttlicher Liebe zu erblühen oder uns selbst einschließen und immer tiefer in Selbstsucht, Verblendung und Verzweiflung versinken, hängt einzig und allein von uns ab.

Es ist Gnade, die uns erlaubt, einen Meister zu finden. Es ist Gnade, die uns erlaubt, den Meister zu erkennen, wenn er uns begegnet. Und es ist Gnade, die der Meister uns spendet. Durch Ammas Gnade sind die meisten von uns fähig, zumindest ein wenig von ihrer Göttlichkeit und Größe zu erkennen. Wenn wir uns an diese Göttlichkeit halten und uns selbst öffnen, indem wir gute Taten vollbringen und ein unschuldiges kindliches Herz entwickeln, wird unser Leben sicherlich gesegneter, friedvoller und reicher werden. Es kann nicht anders sein. Möge Amma jeden von uns mit ihren Segnungen überschütten.

Glossar

adharma – Ungerechtigkeit, Abweichung von der kosmischen Harmonie.

advaita – (wörtl.: „Nichtzweiheit"); die Einsicht, dass es einzig Sein gibt, dass Andersheit wesenlos ist. Verschiedenheit wird als Gegebenheit zwar anerkannt *(vyavaharika satta)*, doch ihre letztgültige Wahrheit *(paramarthika satta)* wird bestritten. Nichtzweiheit ist die Quintessenz der *Upanishads* und der vollendende Abschluss des veda *(veda-anta)*. Sie findet sich der Sache nach durchaus auch bei einigen antiken griechischen Denkern – doch nur in der indischen Religion war sie zu allen Zeiten integraler Bestandteil der Überlieferung.

Amrita Kutiram – Das Wohnungsbauprojekt des *Mata Amritandamayi Math*, welches freie Wohnungen für mittellose Familien zur Verfügung stellt. Bis jetzt sind schon über 30.000 Häuser in Indien gebaut und verteilt worden.

Amrita Vidyalayam – Grundschulen, die vom *Mata Amritandamayi Math* gegründet wurden; sie haben sich dem Ziel gewidmet, wertorientierte Bildung zu vermitteln. Z.Zt gibt es 50 solcher Schulen in ganz Indien.

Amritapuri – Der internationale Hauptsitz des *Mata Amritandamayi Math*, der sich in Ammas Geburtsort in Kerala befindet.

archana – Bezieht sich gewöhnlich auf das Rezitieren der 108 bzw. 1000 Namen einer bestimmten Gottheit (z. B. das *Lalita-Sahasranama*)

Amritavarsham 50 – Die Feier anlässlich Ammas 50. Geburtstages, die im September 2003 in Kochin als eine internationale Gebets- u. Dialogveranstaltung abgehalten wurde. Das

Motto war: „Die Welt umarmen für Frieden und Harmonie."
An der viertägigen Feier nahmen internationale Veranstalter,
Friedensaktivisten, Pädagogen, spirituelle Führungspersön-
lichkeiten, Umweltschützer, Indiens bekannteste Politiker und
Kulturschaffende teil; mehr als 200.000 Zuschauer aus vielen
Ländern der Welt besuchten täglich die Veranstaltungen.

Arjuna – Ein großer Bogenschütze, einer der Helden des Epos
Mahabharata. Ihm offenbarte *Sri Krishna* die *Bhagavad Gita*
auf dem Schlachtfeld von *Kurukshetra*.

asana – Meditationsteppich; auch Yoga-Stellung.

asura – Dämon.

Atman – (wörtl.: „Der Selbige".) Das absolute Wesen in seinem
Für-sich-Sein. Identisch mit Brahman.

AUM (OM) – Das *pranava-mantra*; gemäß den vedischen Schriften ist dies der ursprüngliche Klang im Universum und der
Keim der Schöpfung. Alle anderen Klänge entstehen aus *AUM*
und lösen sich wieder in Es auf.

avatar – (wörtl.: „Herabkunft"), göttliche Inkarnation. Ein
Begriff, der auf die Tradition der *vaishnava-puranas* zurückgeht
(*vaishnava*: jemand, der *Vishnu* als das höchste Wesen verehrt).
Der Sache, wenn auch nicht dem Namen nach findet sich die
Avatar-Idee jedoch auch schon im *Ramayana* und im *Mahabharata*. Das Göttliche nimmt freiwillig eine irdische Geburt
auf sich, um die spirituelle Höherentwicklung der Menschheit
zu unterstützen.

avil – Geglätteter Reis.

Bhagavad Gita – (wörtl.: „Gesang des Erhabenen"). Die Beleh-
rungen *Krishnas* an Arjuna zu Beginn des *Mahabharata* –
Krieges; sie werden von vielen als Essenz der vedischen Weisheit

betrachtet. Es handelt sich bei diesem Buch auch um eine praktische Anleitung, wie man mit persönlichen oder gesellschaftlichen Krisensituationen umgeht.

bhajan – (wörtl.: „Verehrung".) Spiritueller Gesang.

bhakti – Hingabe, Dienst und Liebe für den Herrn.

bhava – Sein, Gegenwart, Stimmung, Zustand.

bhiksha – Almosen.

Bhishma – Patriarch der *Pandavas* und *Kauravas*. Obwohl er während des *Mahabharata*-Krieges auf Seiten der *Kauravas* kämpfte, war er ein Verteidiger des *dharma* und den siegreichen *Pandavas* sehr wohlgesinnt.

brahmachari – ein enthaltsamer, in Ehelosigkeit lebender männlicher Adept, der sich unter Anleitung eines Meisters spirituellen Übungen hingibt. (Weibliche Entsprechung hierzu: *brahmacharini*).

brahmacarya – (wörtl.: „in *Brahman* wandelnd".) Keuschheit, Ehelosigkeit; allgemein Sinneskontrolle.

Brahman – (wörtl.: „Das Weite", „das Große", „das Sich Ausdehnende".) Der vedantische Name für das Sein in seiner Einzigkeit *(tad-ekam)*; jenseits aller Beziehungen, aller Differenz stehend, ist Es das Alleinige *(kevala)*, dessen Wesen Selbigkeit ist; somit ist es identisch mit *Atman*.

Brahmasthanam – wörtl.: „stehend in *Brahman*", „in *Brahman* verankert".

Brahmasthanam-Tempel – Hervorgegangen aus Ammas göttlicher Intuition, stehen diese einzigartigen Tempel jedermann offen. Das zentrale Standbild ist vierfältig und besteht aus *Shiva*, *Devi*, *Ganesha* und *Rahu*; hierdurch wird die innere Einheit betont, die den vielfältigen Aspekten des Göttlichen zugrunde liegt. Z.Zt. gibt es 17 Tempel in Indien und einen in Mauritius.

Brahmane – Angehöriger der Priesterklasse.

dama – Zügelung der Sinne.

dana – Wohltätigkeit.

darshana, darshan – 1. Das Zusammentreffen mit einer heiligen Persönlichkeit oder eine Vision, die einem Menschen vom Göttlichen gewährt wird. 2. Die Bezeichnung für die sechs klassischen indischen metaphysischen Systeme, die sich auf den *veda* zurückführen.

daya – Mitleid.

deva – (wörtl.: „Strahlender") Gott. Wie in anderen antiken Kulturen wird das Wort „Gott" auch im *veda* nicht in der Einzahl wie etwa im Christentum gebraucht; die Vielheit dieser Wesen ist immer mitzudenken (z.B. die *vishva-devas* oder All-Götter). *Devas* sind demnach Offenbarungsmächte des Seins und als solche unabtrennbar von Name, Form und Differenz. Eine eindeutige, endgültige Definition für das Wort gibt es jedoch im *sanatana dharma* nicht, der jeweilige Kontext entscheidet, was es jeweils bedeutet.

Devi – (wörtl.: „die Strahlende"). Zunächst einfach die feminine Form von *„deva"*; als solche ist sie der Beiname vieler weiblicher Gottheiten (z.B. *Sarasvati Devi* etc.). Doch kommt bei diesem Wort die „monotheistische" Tendenz stärker zum Tragen: „*Devi*" ist schon im *Rigveda (Devi-Suktam)*, vor allem aber in der *shakta*-Tradition, nicht bloße Gattungsbezeichnung für viele verschiedene Göttinnen, sondern der Name für d i e Strahlende (= Offenbarende) schlechthin. Sie ist *jagadishvari*, die Herrscherin des Universums und Manifestationsmacht *Brahmans*.

Devibhava – (wörtl.: „Die Stimmung der Strahlenden"). Der Zustand, in welchem Amma teilweise ihre Identität mit *Devi* oder der Göttlichen Mutter enthüllt.

dharma (wörtl.: „das, was aufrechterhält" oder „das einer Sache Zukommende".) – Gewöhnlich wird darunter die Harmonie im Kosmos verstanden. Weitere Bedeutungen sind: „Rechtschaffenheit", „Pflicht", „Verantwortung", aber auch „Eigenschaft" oder „Einzelseele".

Draupadi – Ehefrau der fünf *Pandava*-Brüder.

Duryodhana – der älteste der 100 Kaurava-Brüder. Er riss den Thron an sich, der eigentlich *Yudhishthira*, dem ältesten der *Pandavas*, zustand. Durch seinen Hass auf die *Pandavas* und seiner berüchtigten Weigerung, ihnen auch nur einen Grashalm zuzugestehen, machte er den *Mahabharata*-Krieg unvermeidlich.

gopi – Milchmädchen; die *gopis* lebten während *Krishnas* Kindheit im selben Ort wie er, und zwar in *Vrindavan*. Sie waren Seine glühenden Devotees und manifestierten auf der Erde die höchstmögliche Intensität der Liebe für das Göttliche.

gurukula – (wörtl.: „Familie des *guru*"). – Traditionelle indische Schulform, in welcher die Kinder bei einem *guru* lebten, der sie in vedischem und akademischem Wissen unterrichtete, während er ihnen gleichzeitig spirituelle Werte vermittelte.

homa – Feuerzeremonie.

japa – Mantra-Rezitation.

jiva – (wörtl.: „Das Lebendige", das „Lebewesen".) Die Einzelseele, die sich aufgrund der kosmischen Unwissenheit mit der Körperwelt anstatt mit ihrem wahren Ich, dem *Atman* identifiziert; im *advaita vedanta* werden die vielen *jivas* als phänomenale

Spiegelungen *(pratibimba)* des einzigen *Atman* innerhalb der *maya* betrachtet. Wird hingegen die trinitarische Beziehung von Kosmos, Einzelseelen und Gott akzeptiert – und auch der konsequenteste Nichtdualismus lässt sie auf einer bestimmten Ebene gelten – spricht man vom Individuum als *jivatman*.

jñana (sprich: gnyaana) – (wörtl.: „Kenntnis"). Im *vedanta* die befreiende Erkenntnis des Absoluten.

kaimani – Handzymbel.

karma – (wörtl.: „Tat"). 1. Die Handlungen eines bewussten Wesens. 2. die Kette der Nachwirkungen, die wir durch unsere Handlungen produzieren. 3. Im alten Indien wurden darunter auch vedische Riten verstanden, durch die der Mensch Einfluss nimmt auf andere Daseinsebenen.

karma-phala – (wörtl.: „Die Früchte der Handlungen"). Dasjenige, was als Ergebnis unserer eigenen Taten infolge des kosmischen Kausalgesetzes auf uns zurückkommt.

Kauravas – Die Hundert Kinder König *Dhritarshtras* und Königin *Gandharis*, von welchen der ungerechte *Duryodhana* der älteste war. Die *Kauravas* waren die Feinde ihrer Vetter, der *Pandavas*, mit denen sie im *Mahabharata*-Krieg kämpften.

Krishna – Die achte Inkarnation *Vishnus* gilt als der *purna-avatar* oder als der vollkommene *avatar*. Er wurde zwar in eine königlichen Familie hineingeboren, doch wuchs er bei Pflegeeltern auf und lebte als junger Kuhhirt in *Vrindavan*, wo er von seinen Freunden, den ihm ergebenen gopas und *gopis*, verehrt und geliebt wurde. Später errichtete er die Stadt *Dvaraka*. Er war Freund und Berater seiner Vettern, der *Pandavas*, besonders von *Arjuna*, dem er im Mahabharata-Krieg als Wagenlenker diente und die Lehren der *Bhagavad Gita* offenbarte.

Krishnabhava – „Die göttliche Stimmung *Krishnas*". Der Zustand, in welchem Amma ihre Wesens-Identität mit *Krishna* offenbarte.

Kurukshetra – Das Schlachtfeld des *Mahabharata*-Kriegs.

Lalita-Sahasranama – (wörtl: „Die tausend Namen der Spielenden"). Die tausend Mantren *Devis*; sie werden täglich in allen *ashrams* und Zentren Ammas rezitiert.

lila – (wörtl: „Spiel"). Der Kosmos als Spiel des Göttlichen Wesens.

lokah samastah sukhino bhavantu – Das Friedensmantra. Es bedeutet: „Mögen die Wesen aller Welten voller Freude sein." Es wird täglich von Ammas Schülern und Devotees in aller Welt rezitiert um den Frieden und die Harmonie in der Welt zu mehren.

mahatma – „Großes Selbst"; „Große Seele"; obwohl der Ausdruck heutzutage in einem weiten Sinne verwendet wird, bezieht sich *mahatma* in diesem Buch auf jemanden, der um seine Identität mit dem universellen Selbst weiß.

Mahabharata – Eines der beiden großen Epen des antiken Indien (das andere ist das *Ramayana*). Es ist auch eine große Abhandlung über den *dharma*. Die Geschichte behandelt hauptsächlich den Konflikt zwischen den rechtschaffenen *Pandavas* und den ungerechten *Kauravas*. Es besteht aus ca.100.000 Versen.

mala – Aus 108 Perlen bestehende Gebetskette.

mananam – Betrachtung, Vergegenwärtigung; die zweite Stufe innerhalb des vedantischen Dreischritts *sravanam - mananam – nididhyasanam*.

Mata Amritandamayi Devi – Ammas offizieller Name; er bedeutet „Vom Seligkeits-Nektar erfüllte göttliche Mutter" oder auch „Von todloser Wonne erfüllte göttliche Mutter". Oftmals wird diesem Namen noch das Wort *Sri*(glücksverheißend) vorangestellt.

maya – Schein, Phänomenalität.

Minakshi Devi – das in dem gleichnamigen Tempel in Madurai verehrte Standbild der göttlichen Mutter.

nididhyasanam (wörtl.: „im Zustand des Bedenkens" oder „im Zustand der Besinnung".) – Meditation; die letzte Stufe des vedantischen Dreischritts mystischer Erkenntnis, der in die unterschiedslose Versenkung *(nirvikalpa-samadhi)* münden soll.

nirguna – qualitätslos, eigenschaftslos; *Brahman (Atman)* ist deshalb eigenschaftslos, weil Es frei ist von allen Unterschieden, sowohl in sich selbst als auch in Bezug auf anderes.

pada Puja – Rituelle Waschung der Füße oder Sandalen des *guru* als Ausdruck der Liebe und Achtung. Gewöhnlich unter Verwendung von Wasser, Yoghurt, Ghee, Honig und Rosenwasser.

Pandavas – Die fünf Söhne des Königs *Pandu*; die Helden des Epos *Mahabharata*.

payasam – Süßer Pudding, der aus Reis, Nudeln, Cashew-Kernen und Milch besteht.

prarabdha karma – Das in früheren Existenzen geschaffene *karma*, welches bestimmt ist, sich in diesem Leben auszuwirken.

prasad – Gesegnete Gabe von einer heiligen Person oder auch von einem Tempel.

puja – rituelle oder zeremonielle Verehrung.

Rama – (wörtl.: „Der Entzückende"). Ein Name des Herrn; als historisch-menschliche Persönlichkeit gilt er als ein *avatar Vishnus*; er ist der Held von *Valmikis* Epos *Ramayana*; man betrachtet ihn als ideale Verkörperung von *dharma* und ethischer Vollkommenheit.

Ravana – Ein mächtiger Dämon; *Vishnu* inkarnierte sich in Gestalt von *Rama*, um *Ravana* zu töten und auf diese Weise die Harmonie auf Erden wiederherzustellen.

rishi – Ein Seher oder Weiser, welcher die vedischen Mantren wahrnimmt und wiedergibt.

sadhana – Spirituelle Übung.

saguna – qualitativ bestimmt, mit Eigenschaften behaftet; nimmt *Brahman* oder *Atman* aufgrund seiner Verbindung mit *maya* Eigenschaften an, so wird Es zum Herrn des Kosmos *(maheshvara)*.

sakshi-bhava – (wörtl.: „Zeugen-Zustand".) Diejenige vedantische Realisation, bei welcher man sich als Zeuge von Körper, Gemüt und Verstand erfährt.

samadhi – Versenkung. In System des *yoga* ist *samadhi* das Sich-Loslösen des individuellen *purusha* von der Natur *(prakriti)*, um endlich in einen befreiten Zustand des Alleinseins *(kevala)* einzugehen. Im *vedanta* wird *samadhi* konkret als Aufgehen im Absoluten *(brahma-nirvana)* aufgefasst, ausser welchem nichts existiert.

samsara – Der Kreislauf von Geburt und Tod.

sanatana dharma – „Die ewige Essenz", „das ewige Gesetz". Die moderne, auf westlichen Ursprung zurückgehende Bezeichnung für diese Religion ist „Hinduismus".

sankalpa – Göttlicher Entschluss.

sannyasin – Entsagung. Ein Mönch, der die Gelübde der Entsagung abgelegt hat, wird ein *sannyasin (Swami)* genannt. Im alten Indien war *sannyasa* die vierte Alters -und Lebensstufe, die den Menschen dazu befähigen sollte, noch vor dem Tod die endgültige Befreiung *(moksha)* und damit das höchste Lebensziel zu erreichen.

sadguru – (wörtl.: „Der Lehrer, der zum Sein führt"). Alle *sadguru* sind *mahatmas*, doch nicht alle *mahatmas* sind auch *sadgurus*. Letzterer ist jemand, der die Wonne des *Atman* erfährt, sich jedoch dazu entschließt, auf die Ebene gewöhnlicher Menschen herabzukommen und sie zu befähigen, spirituell zu wachsen.

satsang – (wörtl: „In Verbindung zum Sein *(sat)* treten"). Man kann darunter das Zusammensein mit einem Meister, das Hören eines spirituellen Vortrags oder auch die Teilnahme an gruppenmäßiger spiritueller Praxis verstehen.

seva – Selbstloser Dienst, dessen Ergebnisse Gott geweiht werden.

Shankaracarya – Er gilt als der größte indische Denker und wird von vielen als eine Teilinkarnation *Shivas* betrachtet. Sein System des *kevala-advaita* oder der absoluten Nichtzweiheit ist die radikalste metaphysische Darstellung der upanishadischen Mystik. *Shankara* bringt die gesamte vedantische Tradition auf die knappe Formel: *brahma satyam, jagan mithya.* „Das Absolute ist real – die Welt (als das Nichtabsolute) ist eine Täuschung".

Shiva – (wörtl.: „Der Gütige", „der Gnädige", „der Verheißungsvolle"). *Shiva* ist ein Name für das höchste Absolute und als solcher synonym mit *Brahman* oder *Paramatman*. In manchen auf die *puranas* zurückgehenden Traditionen wird er auch als diejenige Gottheit betrachtet, die für die Auflösung des Kosmos sorgt.

sruti – (wörtl: „Das Gehörte"). *sruti* ist nicht eine von menschlichem Denken hervorgebrachte Lehre, sondern direkte Seins – Offenbarung. Als solche steht sie außerhalb der Zeit und kennt keinen Anfang. Ihr Medium ist der Spruch *(mantra)*, der vom *rishi* wahrgenommen, nicht „erfunden" wird. Als eigentliche *sruti* gilt der *veda* einschließlich der *Upanishads*.

Sita – Ramas heilige Gefährtin. In Indien gilt sie als Ideal weiblicher Tugend.

sravanam – (wörtl.: „Hören"). Der erste Schritt des dreistufigen Weges zur vedantischen Verwirklichung; *sravanam* meint in erster Linie das Hören auf die großen Aussagen der *Upanishads (mahavakyas)*.

Srimad Bhagavatam – Ein vishnuitisches *purana*, welches den Hingabe-Pfad *(bhakti-marga)* als höchsten aller Wege zu Gott anpreist. Geschrieben wurde es vom Weisen *Vyasa*, der auch das *Mahabharata* verfasste.

Sudhamani – Ammas Name, der ihr von ihren Eltern bei der Geburt gegeben wurde; er bedeutet soviel wie „Nektar-Juwel".

tapas (wörtl.: „Hitze") – Askese, Buße.

Upanishad – Der vierte abschließende Erkenntnis-Teil der Veden, der das letzte der vier Lebensziele *(purusharthas)*, nämlich die Befreiung von Geburt und Tod, zum Thema hat. Deshalb werden die *Upanishads* auch als *veda-anta*, als „Ende der Veden" bezeichnet.

vairagya – Nicht-Anhaftung. Gemeint ist die Loslösung von aller vergänglichen Scheinexistenz, mit anderen Worten, von der sichtbaren Welt.

vasana – Latente Neigung oder subtiles Verlangen im Gemüt, das sich in Handlungsweisen und Gewohnheiten niederschlägt.

vedanta – (wörtl.: „Wissens-Ende", Veda-Schluss"). In erster Linie bezieht sich dieser Begriff auf die *Upanishads*, die die Erkenntnis und Vereinigung mit *Brahman* zum Gegenstand haben; doch werden auch die späteren Kommentare zu den *Upanishads*, die selbst nicht mehr als autoritative Offenbarungsquelle gelten, wie etwa das *Brahmasutra* oder die *Bhagavad Gita*, als zum vedantischen Kanon gehörig aufgefasst.

vedantin – Ein Adept der vedantischen Erkenntnis; ein Sucher nach dem höchsten *Brahman*.

veda – (wörtl.: „Wissen"). Älteste indische heilige Schrift; die Quelle ihrer Offenbarung gilt als zeitfrei, als *apaurusheya* – ohne Autor, da es sich bei diesem WISSEN um die Selbstauslegung des Absoluten handelt. Insgesamt gibt es vier Veden.

vishva-rupa – Kosmische Gestalt; der Begriff bezieht sich auf die spirituelle Form des Herrn *(isvara)*.

viveka – Urteilskraft, Unterscheidungsvermögen; in vedantischem Zusammenhang handelt es sich um die Unterscheidung zwischen dem Unveränderlichen *(nityam)* und dem Vergänglichen *(anityam)*.

Viveka Chudamani – „Das Stirnjuwel der Urteilskraft". Ein Werk *Shankaras*, das sich gut als Einführung in seine anspruchsvollen Upanishad-Kommentare eignet.

yajña – Opfer; der Begriff ist weit gefasst und kann sowohl ein vedisches Ritual, eine Darbringung an die eigene Lieblingsgottheit als auch eine selbstlose Handlung meinen.

yoga – (wörtl: „Vereinigen"). Im weitesten Sinne jede Art von Übung, die zur Erleuchtung führt. Im engeren Sinne ist darunter das System *(darshana)* des *Patañjali* gemeint, wie es in seinem *yoga-sutra* festgehalten ist.

yogi – Jemand, der *yoga* ausübt.

Yudhishthira – Der älteste der fünf *Pandava*-Brüder und der rechtmäßige Erbe des Kuru-Thrones, den sich der übelgesinnte *Duryodhana* widerrechtlich aneignete. *Yudhishthira* gilt als eine Inkarnation von *dharma* und Gerechtigkeit.